AF381298

DIE
EISENBAHN
IN
DER
KUNST

Hugbert Flitner

DIE EISENBAHN IN DER KUNST

Ellert & Richter Verlag

INHALT

VORWORT

Die Idee zu dieser Ausstellung in Buchform kam mir, als ich mir anlässlich der Lebensgeschichte meines Vaters darüber klar wurde, dass ich einer Familie entstamme, die den Übergang vom Zeitalter des Pferdes als der vorherrschenden Naturkraft für Zwecke der Fortbewegung und der Arbeitserleichterung zur Maschinenkraft am eigenen Leben hautnah erfahren hatte. Der Großvater meines Vaters, Johann Friedrich Flitner (1816 – 1882), war nämlich Gastwirt und „Anspänner" in Straußfurt/Thüringen gewesen, wo er eine Pferderelaisstation unterhielt, in der Post- und Kutschpferde verliehen und gewechselt wurden. Er wusste aber schon, dass deren Zukunft durch die Eisenbahn bald abgelöst sein würde, die in seiner Jugend erfunden war. Seinem Sohn Wilhelm Hugo (1860 – 1942) gab er daher den Rat, seinen Beruf bei der Bahn oder der Post zu suchen. Dieser aber bevorzugte eine Ausbildung am Lehrerseminar in Erfurt, das 1880 neu eingerichtet worden war. Nach ihrem Abschluss waren die nach dem Deutsch-Französischen Krieg von 1870/71 unterzubringenden Unteroffiziere mit den freien Lehrerstellen an preußischen Volksschulen versorgt worden. So fand er zunächst keine Anstellung in seinem Beruf und bewarb sich bei der Thüringer Eisenbahn, die als „Stammbahn" gerade den Ausbau ihrer Nebenstrecken im Westen Thüringens betrieb. Unter Beteiligung des Staatsministeriums des Großherzogtums Sachsen-Weimar-Eisenach und den anliegenden Gemeinden gründete sie die-Berka-Blankenhainer Eisenbahn (WBBE), kurz Berkaer Bahn genannt.[1] Der Personenverkehr begann am 15. Mai 1887 auf der normalspurigen Strecke Weimar Staatsbahnhof–Weimar Berkaer Bhf.–Bad Berka–Blankenhain mit Zweigbahn Bad Berka–Tannroda, Der Güterverkehr folgte am 13. Juni 1887. Außerdem führte anfangs in Weimar eine 700 m lange Stichbahn vom Berkaer Bahnhof zum Erfurter Tor in der Innenstadt von Weimar, die jedoch auf Drängen der Anlieger schon im Jahre 1908 wieder stillgelegt und abgebaut werden musste. Vollendet war die WBBE, nachdem am 14. Oktober 1888 das Reststück Tannroda–Kranichfeld fertiggestellt werden konnte.

Inzwischen hatte mein Großvater Hugo es zum Bahnassistenten gebracht und den Bahnhof Tannroda geleitet, wo mein Vater Willy Flitner (1889 – 1990) geboren wurde. Die Laufbahn seines Vaters brachte ihn dann über den Bahnhof Blankenhain schließlich nach Weimar, wo er Vorstand des Berka`schen Bahnhofs und schließlich Bahnverwalter der ganzen Strecke wurde. In seinen „Erinnerungen" hat mein Vater sehr anschaulich die Spiele beschrieben, die er mit seinen jüngeren Brüdern auf dem Bahngelände machen konnte.[2] Hinzu kommt, dass auch meine Großmutter väterlicherseits aus einer Familie stammt, die mit dem Fuhrwesen insofern eng verbunden war, weil ihr Vater Johann Andreas Stötzer (1827 – 1916) in Friedrichroda Stellmacher war und unter anderem Wagen baute. Er hat mir als seinem Urenkel noch eine Schiebkarre gebaut, nachdem er sich zur Ruhe gesetzt hatte. Wagen wurden dann nicht mehr von ihm hergestellt.

Seitdem hat mich das Interesse an der Eisenbahn nicht verlassen, und ich bin zum Beispiel bei Besuchen von Kunstmuseen auch daran interessiert gewesen, Eisenbahnbilder zu entdecken, sie zu fotografieren und nachzuforschen, wie sie zustande gekommen waren, von wo aus sie erfasst wurden, um welche Linien es sich dabei gehandelt hat und was sie dem Künstler bedeuteten, der sie gemalt hat. Bahngeschichte und Kunstgeschichte gaben sich dabei die Hand.

Eisenbahn und Kunst, das Thema ist mit der Industrialisierung aufgekommen, die im Wesentlichen durch die Eisenbahn bewirkt worden ist. Als Erste hatte sich die Literatur dieses neuen Themas angenommen. Einen guten Überblick dazu enthält das Buch von Johannes Mahr: „Eisenbahnen in der deutschen Dichtung. Der Wandel eines literarischen Motivs im 19. und im beginnenden 20. Jahrhundert", in dessen Exkurs auch die Eisenbahn in der Malerei einbezogen wurde.[3]

Auch von der Musik her bestehen Verbindungen zum Eisenbahnthema, die aber noch nicht übergreifend bearbeitet worden sind. Hier sind vor allem die Lieder bekannt, etwa von der „schwäbschen Eisebahne". 1836 komponierte erstmalig Vater Johann Strauß einen „Eisenbahn-Lust-Walzer" op. 89, der in Österreich zur Beliebtheit des Bahnwesens wesentlich beigetragen haben soll. Aus den 20er Jahren des 20. Jahrhunderts stammen dann die berühmten Jazz- und Swing-Nummern von Glen Miller (Chattanooga Choo Choo) oder Duke Ellington (Take the A Train), die zu Weltruhm führten. Von Paul Dessau sind die Stücke für Kinder (Kleine Eisenbahn) und von Ernst Krenek der Streamliner op. 83 Nr. 7 bekannt. In einem größeren Werk „Pacific 231" hat Arthur Honegger 1923 die Fahr- und Betriebsgeräusche einer amerikanischen Lokomotive verarbeitet. Karin von Maur hat in ihrer Arbeit „Vom Klang der Bilder" Brücken von der Musik zur Kunst geschlagen.[4]

Bei den Malern dauerte es etwas länger, bis sie sich diesem Thema zuwandten. Zunächst begleiteten sie vor allem die festlichen Eröffnungen neuer Eisenbahnlinien in einfachen Darstellungen des Geschehens, wobei der Volksfestcharakter neben der Bewunderung der Technik vorherrschte. Bei dieser waren es zunehmend die Lokomotiven, deren imposante Form, ihr entweichender Dampf und die von außen sichtbare Antriebstechnik, die ihr Interesse weckten .Später

kamen die mit dem Rauch und dem Dampf verbundenen Lichteffekte dazu, die sich mit den Wolken am Himmel verbanden oder in der Landschaft ihre Spuren hinterließen. Aber auch die Menschenmassen, die sich in den Bahnhöfen oder im Inneren der Waggons drängelten, anfangs noch nach Klassen getrennt, fanden ihr Interesse.

Für die Maler ergab sich das Problem, dass sich ihr Gegenstand nur dort erfassen ließ, wo er still stand oder gerade ein- oder ausfuhr, also in Bahnhöfen. Zugleich lockte sie aber auch die Bewegung der Eisenbahn und besonders ihre Geschwindigkeit zu zeigen. Dafür boten sich die Dampf- und Rauchfahnen an, die sich über und hinter den Zügen bildeten und diese manchmal sogar verhüllten. Hier haben bald Fotografie und Film die künstlerische Darstellung übernommen.

Die Kunstgeschichte nahm sich des Eisenbahnthemas erst in der Mitte des 20. Jahrhunderts an. In diesen Jahren kamen erste Ausstellungen, die sich mit „Eisenbahn und Kunst" beschäftigten. Das war die Zeit, als die Tage der Dampflokomotiven zu Ende gingen und ein gewisses nostalgisches Flair sich mit ihnen verband.

In zeitlicher Reihenfolge stehen hier zwei Bildwerke am Anfang, die von der Deutschen Bundesbahn herausgegeben wurden: Das erste ist ein Jahrbuch von 1956 mit zahlreichen Fotografien von zeitgenössischen Lokomotiven und Zügen der DB. Zwei Jahre darauf erscheint ein weiteres Bild-Jahrbuch „Die Eisenbahn in der Kunst" von Johannes Kurze, zu dem der Bonner Kunsthistoriker Günter Bandmann eine sehr kundige Einleitung verfasst hat. Es umfasst 71 schwarz-weiße und zwei farbig fotografierte Gemälde und Zeichnungen bedeutender Maler.[5] Von 1965 stammt eine Arbeit des damaligen Leiters der Abteilung für das 19. und 20. Jahrhunderts am Deutschen Nationalmuseum

Nürnberg, Wulf Schadendorf: „Das Jahrhundert der Eisenbahn"[6]. Obwohl sie in der Eisenbahntechnik, von der Entwicklung von Lokomotiven bis zu Bahnhofs- und Brückenbau ihren technischen Schwerpunkt hat, trägt er darin einigen herausragenden Künstlern Rechnung, die auch hier vertreten sind.

1971 publizierte der Bonner Kunsthistoriker Heinrich Lützeler: „Die Eisenbahn in der Malerei"[7]. Sie deckt das Thema ebenfalls umfassend ab: Hier sind 51 Gemälde von Malern überwiegend in farbigen Fotos vorgestellt und unter stilgeschichtlicher Zuweisung kunsthistorisch eingeordnet. Dabei wird auch die technische und soziale Seite der Eisenbahn betrachtet.

Wer sich mit der kulturhistorischen Seite der Eisenbahn befasst, kommt an dem Buch des Historikers Wolfgang Schivelbusch „Geschichte der Eisenbahnreise" nicht vorbei.[8] Dieses Werk umfasst in knapper Darstellung die gesamte Geschichte der Eisenbahn von der Mechanisierung der Triebkräfte und der Entwicklung der Lokomotiven bis zu den Bahnbauten und ihrem Einfluss auf den Städtebau, von der Vernichtung von Raum und Zeit durch die Bahn bis zur Veränderung des Sehens auf Natur und Landschaft und lässt auch nicht die Pathologie der Reise aus, die von der „industriellen Ermüdung" bis zum Unfall und seinen Traumata reicht. Eine im Internet veröffentlichte Dissertation von Peter Paul Dahms zu den Anfängen des Personenverkehrs in Preußen ergänzt diese Darstellungen vor allem hinsichtlich der wirtschaftlichen Entwicklung.[9]

Besonders aber sei auf den voluminösen Katalog zu einer Ausstellung „Eisenbahn in der Kunst" hingewiesen, die 1987 im Kunstforum der Länderbank Wien gezeigt wurde.[10] Er umfasst unser Thema mit grundlegenden Beiträgen zum gesamten Spektrum der Eisenbahntechnik und -kunst in 112, meist farbigen Abbildungen, vielen Randbildern und einem umfangreichen Apparat von Anmerkungen und Künstlerbiografien.

Wenn sich die Künstler einem Thema zuwenden, dann ist es zuweilen erst visionär in Sicht und wurde von ihnen schon erahnt, ehe es offen in Erscheinung trat. Das sagt man zu einigen Bildwerken, die die Schrecken eines Krieges bereits in den Friedenszeiten vor 1914 gezeigt haben, ehe die geahnte Realität dann wirklich eintrat. Solche Bilder gibt es etwa bei George Grosz, der die heraufziehende Katastrophe voraussah. Demgegenüber entstehen aber auch Kunstwerke in Zeiten der aufkommenden Nostalgie, welche sich dem Zustand widmen, der im Schwinden begriffen ist. In der Malerei sind das die Anklänge an die ins Biedermeier übergehenden Romantiker, die sich oft schon mit ironischen Zitaten verknüpfen, oder in der Moderne Twombly`sche Kritzelbilder in Zeiten der aufkommenden Mechanisierung und Digitalisierung der Handschrift.

An der Eisenbahnmalerei lässt sich zeigen, wie die Betrachtung dieser Technik vom Dampfross bis zu ihrer Elektrifizierung sich zunächst skeptisch, dann euphorisch und zuletzt nostalgisch gegeben hat. Ihre wirtschaftlichen Folgen haben zur Globalisierung beigetragen, mit der unsere Gegenwart ringt.

Sowohl die Bahn als auch die bestehenden Kunst-, Kultur- oder Technikmuseen haben neben ihren thematischen Ausstellungen zur Eisenbahn einen Gesamtüberblick zu diesem Thema bisher nicht angeboten. Diese Lücke möchte die „ Virtuelle Ausstellung" schließen, die hier zusammengestellt ist. Um sie nicht zu voluminös ausfallen zu lassen, beschränkt sie sich auf die ersten 100 Jahre der Dampfeisenbahn, deren Zeit zur Mitte des vorigen Jahrhunderts abgelaufen ist und die damit einen Museumswert erhalten hat, mit dem sich auch Nostalgie verbinden lässt.

Charles Sheeler:
American Landscape, 1930
Öl auf Leinwand, 61 x 78, 8 cm
Museum of Modern Art (MoMA), NY, USA
(Ausschnitt)

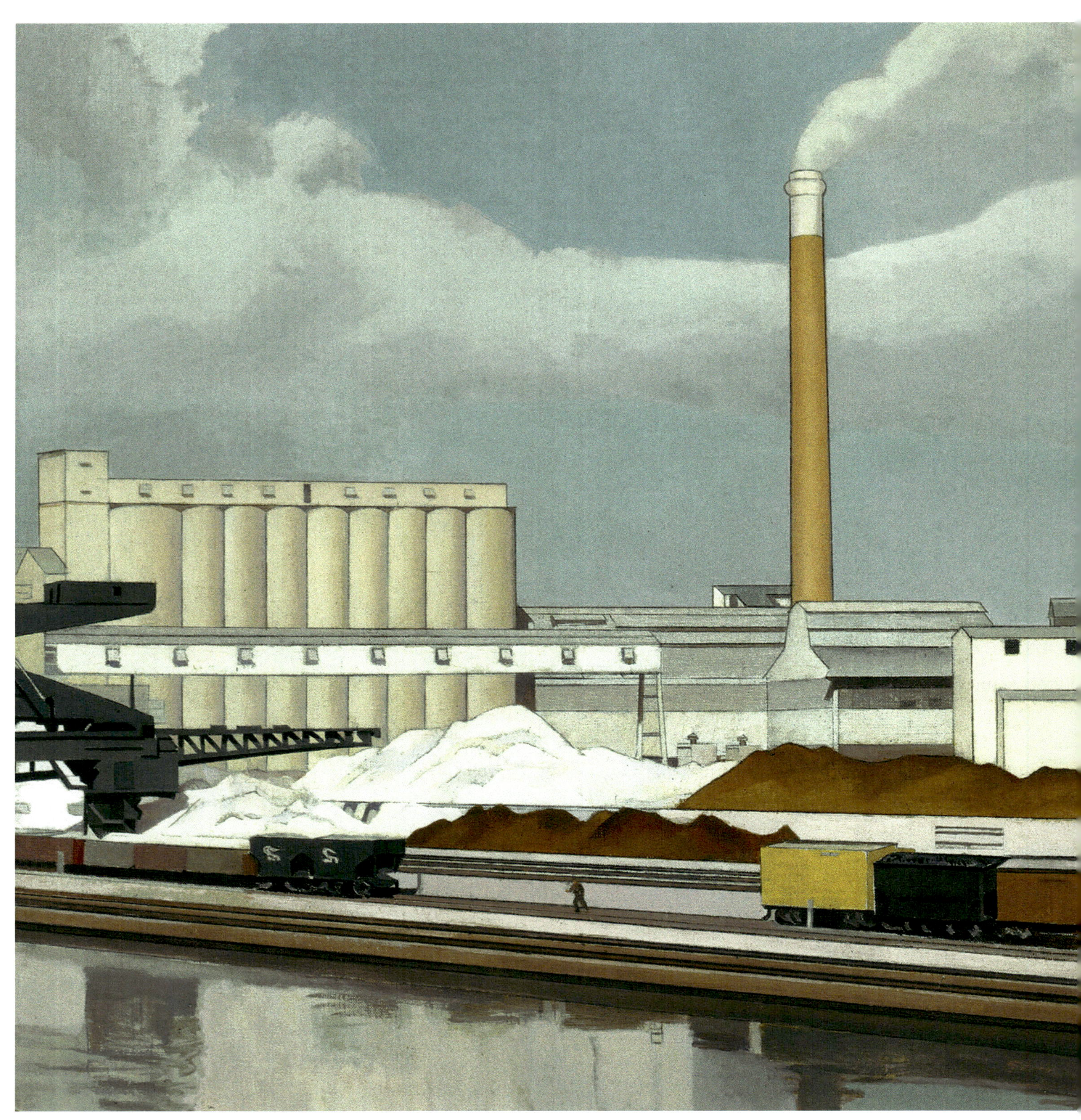

DIE TECHNIK

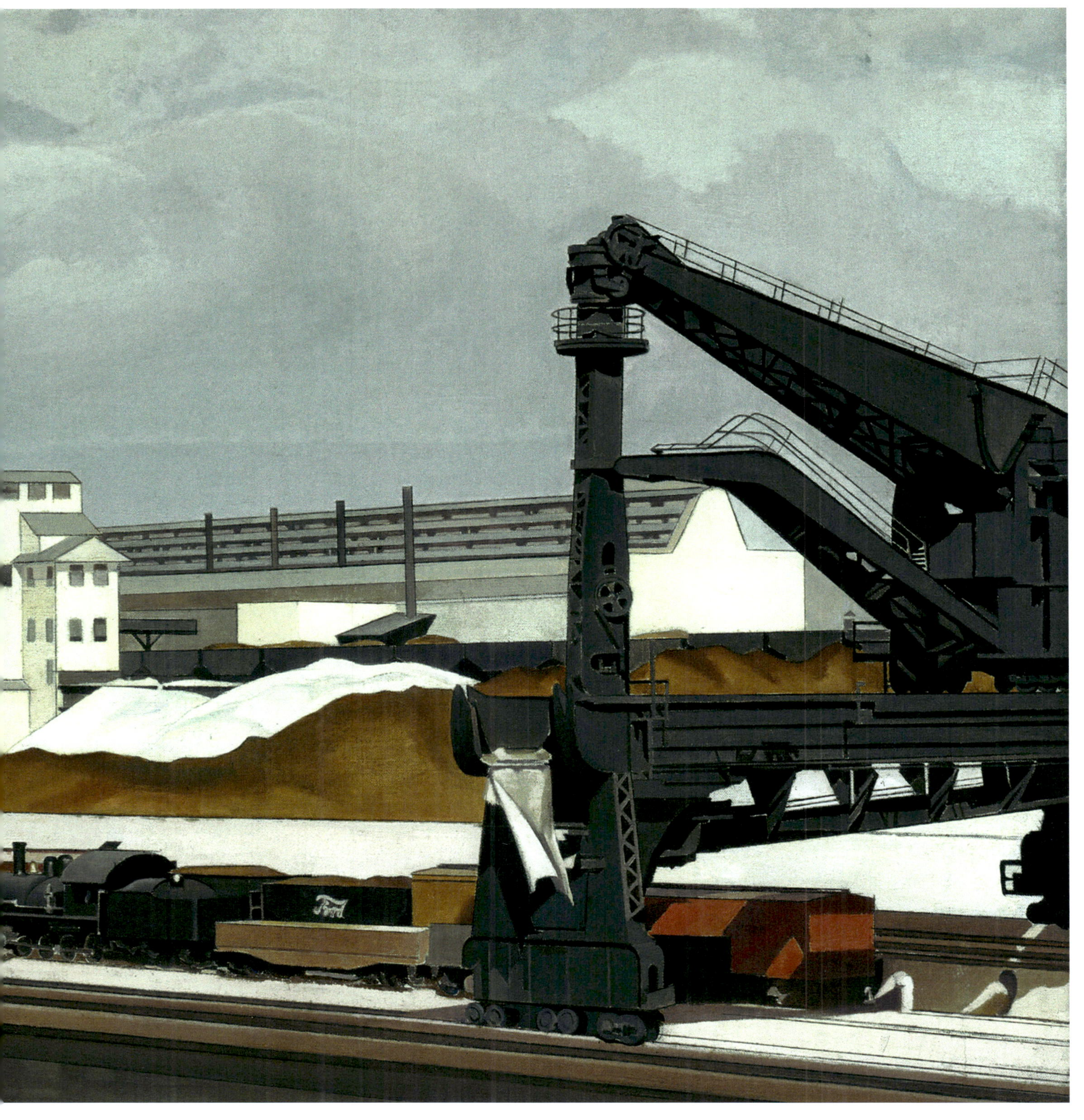

DAMPFMASCHINE

Mit der Erfindung der Dampfmaschine durch James Watt im Jahre 1769 wurden das Jahrhundert der Eisenbahn und damit die industrielle Revolution vorbereitet. Daran erinnerte die sogenannte Pferdestärke (PS), die von James Watt geprägte Maßeinheit für eine Leistung, mit der er die Anzahl an Pferden bezeichnen wollte, die durch die Dampfkraft ersetzt werden konnte. Ihm zu Ehren wurde zum 1. Januar 1978 „PS" durch „Watt" ersetzt.

Ihr Prinzip bestand in der Erwärmung von Wasser durch Feuer, das durch seine Verdunstung Dampf erzeugt. In einem Kessel wird dieser Dampf unter Druck gesetzt und wechselweise in Zylinder gepresst, um dort Kolben hin und her zu bewegen. Diese bringen über Kuppelstangen ein Antriebsrad zur Drehung, mit der Arbeitsvorgänge verrichtet werden können.

Als man die bereits im Bergbau zum Lorentransport benutzte, stehende Dampfmaschine mit einem Fahrgestell versah, entstand die Lokomotive.[11] Diese Maschine löste das bisherige, aus dem frühen Altertum stammende Zeitalter des Pferdes als Kraftquelle der räumlichen Fortbewegung innerhalb weniger Jahrzehnte ab.[12] Die Bezeichnung der Lokomotive ist ganz im Geist des ausgehenden 18. Jahrhunderts aus ihrer lateinischen Wortzusammensetzung abgeleitet, die das „örtlich Bewegende" bezeichnet. Sie diente dazu, die Loren und dann später auch Wagen zu bewegen. Werden mehrere Wagen miteinander verbunden und von einer Lokomotive gezogen, entsteht ein „Zug", der noch heute so heißt, selbst wenn er von hinten geschoben wird.

Im Februar 1804 fuhr der erste mit Dampfkraft bewegte Eisenbahnzug der Welt auf der Hüttenwerksbahn von Merthy Tydfil in Süd-Wales. Die Lokomotive hatte Richard Trevithick (1771–1833) gebaut. Er wird in der eisenbannhistorischen Literatur heute überwiegend als Erfinder der Dampflokomotive genannt.[13]

Der Lokomotive ging die Erfindung der Stahlschiene voraus, die nach einigen Experimenten schließlich die heutige, vom Querschnitt her beschriebene Pilzform fand. Erst die Verbindung beider Erfindungen schuf die Eisenbahn, mit der dann das aufkommende System aus Zug und Schienen einschließlich aller damit zusammenhängenden Einrichtungen wie Signal- und Telegrafenanlagen, Bahnhöfen und Haltestationen, Versorgungs- und Sicherheitsvorkehrungen usw. als Bahn verstanden wird.[14]

Die Bezeichnung Eisenbahn hat ihren Ausgang vom englischen „Iron-Railroad" oder „Railway" genommen, was ursprünglich dem Lorentransport auf eisernen Gleisen im Bergbau galt, der zuvor auf hölzernen Balken stattfand. Auf dem europäischen Festland kam für den Schienenverkehr das französische Wort „Chemin de fer", italienisch „Ferrovia", auf. Das deutsche Wort „Eisenbahn" kombiniert ebenfalls das Eisen der Schiene mit dem Wort „Bahn" als eine erst im Mittelalter aufkommende Bezeichnung für einen geebneten, geraden Weg.[15]

Der Aufstieg der Eisenbahn begann zunächst in England, wurde dann zur Mitte des 19. Jahrhunderts vor allem in den USA fortgesetzt.[16] In Europa vollzog er sich zur selben Zeit in zunächst kleinen Schritten durch Einzellinien privater Unternehmer oder Körperschaften zwischen wenigen Orten. Die Verbindung hieß in Anlehnung an ihren Gebrauch im Bergbau „Strecke".[17] .Daraus gingen dann sehr schnell größere Verkehrsnetze mit vielen Strecken hervor. Sie wurden von privatkapitalistischen Gesellschaften gebaut und betrieben, an denen sich schließlich auch die einzelnen Staaten beteiligten, in denen die Strecken lagen.[18] Deren Beteiligung war insofern wichtig, weil der Bau der Gleiskörper auch Enteignungen zugunsten der Bahnen erforderlich machte, die einen möglichst kurzen und gerade verlaufenden, kaum Steigungen enthaltenden Streckenbau rentabel machten. Auf diese Weise entstanden auch die ersten Staatsbahnen.

Die weltweit erste Eisenbahnstrecke mit Personenverkehr war die 1825 eröffnete englische Stockton-Darlington Railway. Mit der 1830 in Betrieb genommenen Linie von Liverpool nach Manchester wurden erstmals zwei Großstädte miteinander verbunden. In Belgien wurde die erste Eisenbahnlinie am 5. Mai 1835 zwischen Brüssel und Mechelen eröffnet. Daraus entwickelte sich dort bis Mitte des 19. Jahrhunderts das dichteste Eisenbahnnetz des Kontinents.

In Frankreich schlug 1838 der Ingenieur Baptiste Alexis Victor Legrand ein System sternförmig auf Paris zulaufender Eisenbahnlinien vor, das zur Grundlage des französischen Eisenbahngesetzes von 1842 führte. Noch heute sieht man dem französischen Bahnsystem diese zentrale Planung an.

In Italien verzögerte sich die Entwicklung durch die innenpolitischen Auseinandersetzungen und Kämpfe unter Garibaldi um die staatliche Einheit der Nation. Lange Zeit war das Bahnsystem dort noch sehr gestückelt und kam erst zum Ende des 19. Jahrhunderts zu einem, das ganze Land verbindenden Netz.

In Deutschland war es das Konzept des Ökonomen und Diplomaten Friedrich List „Ueber ein sächsisches Eisenbahnsystem als Grundlage eines allgemeinen deutschen Eisenbahnsystems" von 1833, das den Anstoß gab.[19] Ihm folgte die Eröffnung der ersten Eisenbahnlinie von Nürnberg nach Fürth, die „Ludwigsbahn", am 7. Dezember 1835. Welche rasanten Fortschritte der Ausbau der Bahn danach erfuhr, zeigt die Karte im Anhang. Zum Ende des 19. Jahrhunderts war in Europa praktisch das gesamte, zum Teil noch heute bestehende west- und mitteleuropäische Verkehrsnetz fertig.

Bewundernswert ist, mit welcher technischen Voraussicht diese Strecken bereits in ihrer Anlage gegen Hochwasser und Bergrutsche gesichert worden waren und welches einheitliche Gesicht die Stationen, Brücken und Bahnwärterhäuschen erhielten. Viele von ihnen stehen inzwischen unter Denkmalschutz und werden von den nationalen Eisenbahngesellschaften entsprechend restauriert. In Deutschland leistet die Deutsche Stiftung Denkmalschutz hierzu beträchtliche Hilfe, zumal viele Bahnhöfe von bedeutenden Architekten entworfen worden waren.

In Preußen wurde nach 1848 die erste staatliche Eisenbahnlinie aus militärischen Gründen in mehreren Einzelschritten als Ostbahn von Berlin über Danzig nach Königsberg und weiter über Insterburg bis Eydtkuhnen zur Reichsgrenze gebaut, woran noch heute der Berliner Ostbahnhof erinnert. Beim weiteren Ausbau der „Königlich Preußische Staatseisenbahnen" (K.P.St.E.) wurden die zum Teil privat betriebenen Eisenbahnen in den Ländern, die zu Preußen kamen, vom Preußischen Staat übernommen. Durch den Zusammenschluss mit den Großherzoglich Hessischen Staatseisenbahnen entstand ab 1897 bis Ende des Ersten Weltkriegs die „Königlich Preußische und Großherzoglich Hessische Staatseisenbahn" (K.P.u.G.H.St.E. – Preußisch-Hessische Eisenbahngemeinschaft), und schließlich die „Preußische Staatsbahn" (P.St.B.). In der Weimarer Republik gingen dann zum 1. April 1920 alle Länderbahnen und die einzige Reichseisenbahn im Elsass in den Deutschen Reichseisenbahnen auf. Mit Erlass vom 27. Juni 1921 legte der Reichsverkehrsminister formell für sie den Namen Deutsche Reichsbahn fest. 1922 folgte die Umbenennung der bisherigen Eisenbahndirektionen in Reichsbahndirektionen.

In den USA entwickelte sich die Eisenbahn anders als in Europa. Das lag an den niedrigeren Grundstückspreisen. Weil die Erstinvestitionen in das Schienennetz in Europa bei den Grundstücken und Arbeitskräften hoch waren, mussten die Gleisstrecken möglichst grade, eben und kurz angelegt werden. Deshalb wurden bei hügeligem oder bergigem Land Einschnitte und Tunnel angelegt, sind Vertiefungen, Flüsse und Schluchten überbrückt worden. Das erfolgte im Gegensatz zu den USA, die Umwege nicht scheuten und längere Strecken in Kauf nahmen, um Hindernisse zu umfahren, weil dort neben dem Boden vor allem die Sklaven als Arbeitskräfte billiger waren. Auch hier beherrschten zunächst die Engländer mit ihrer langjährigen Erfahrung in der Eisenbahntechnik den Markt. So wurden in den Anfangsjahren 114 englische Lokomotiven in die USA exportiert. Am 24. Mai 1830 eröffnete die „Baltimore & Ohio Railroad"(B&O) zwischen Baltimore und Ellicott's Mills in Maryland mit der in den USA gebauten Lokomotive „Tom Thumb" ihren Betrieb. In dieser Ortschaft gab es damals in den USA die erste industrielle Getreidemühle (gristmill). Ihr Bahnhof ist die

älteste, erhaltene Eisenbahnstation in den USA und steht inzwischen unter Denkmalschutz.

Aus den USA kamen auch wichtige technische Erfindungen. Um 1868 entwickelte George Westinghouse die Druckluftbremse, für deren Produktion er 1869 die „Westinghouse Air Brake Company (WABCO)" gründete und sich sein System 1872 patentieren ließ. Mit ihrer Hilfe konnten jetzt die vorher den Waggons zugeteilten Bremser entbehrt und der Zug von der Lokomotive aus abgebremst werden. Es wurde nicht nur in den USA, sondern auch weltweit zum am weitesten verbreiteten Bremssystem für Bahnfahrzeuge. Ebenfalls wurde die automatische Wagenkupplung in den USA erfunden und patentiert.

LOKOMOTIVE

In der Frühzeit des Eisenbahnwesens wurden überwiegend englische, davon vor allem Stephensons Lokomotiven eingesetzt, bis dann einzelne Länder dazu übergingen, eigene Nachbauten sowie Weiter- und auch Neuentwicklungen von Lokomotiven voranzutreiben. So entstanden in Deutschland die August Borsig Werke Berlin (1841), die Maschinenfabrik Kessler & Martiensen, Karlsruhe (1841) und die Maschinenfabrik Esslingen (1846) sowie J.A. Maffei in München (1844). Es folgen kurz darauf die Maschinenfabrik Georg Egestorff (später HANOMAG) in Hannover (1846), Richard Hartmann, Chemnitz (1846) und Henschel & Sohn in Kassel (1848). Sie bestehen zum Teil fort, allerdings mit anderen Eigentümern und Schwerpunkten.

Die frühen Loks hatten offene Führerstände, die mit der Zeit und zunehmender Geschwindigkeit verkleidet wurden. Die anfangs hohen und sich oben weitenden Schornsteine gerieten später

kürzer, die Kessel wurden mit „Windleitblechen"
versehen.

Für die Lokomotiven hat sich eine einheitliche Bauartbezeichnung durchgesetzt, die zwischen
den Laufachsen (Laufrädern) und den Antriebsachsen (Antriebsrädern) unterscheidet. Die kleinen
Laufachsen tragen einen Teil der Masse der Lokomotive und dienen zu ihrer Führung auf dem
Gleis. Die großen Antriebsachsen werden mit den
Dampfkolben durch Kuppelstangen verbunden,
sodass aus der waagerechter Stoßbewegung eine
Drehbewegung entsteht. Die Laufräder werden in
arabischen Zahlen angegeben, die Antriebsräder in
Großbuchstaben des Alphabets. (Beispiel: 2 D 1=
zwei Laufräder, vier Antriebsräder, ein Laufrad).

Für die Personenwaggons der Eisenbahn
wurde das Konzept der Kutsche fortgeführt, das
Abteile vorsah, die einander gegenüberliegende
Sitze oder Bänke hatten. Zunächst hatten sie bei-
derseits Außentüren, wie ich sie noch in meiner
Schulzeit bei der Hamburger Vorortbahn erlebt
habe. Die Waggons waren nach Klassen unterschieden, die von der I. Klasse bis zur IV. im Komfort abgestuft waren und auch hierbei die Post
zum Vorbild hatten.[21]

Bei den Fernzügen wichen bald die Außentüren einem Seitengang, der zu einer Plattform am
jeweiligen Waggonende führte, wo dann die Aus-
gänge waren. Als sie dann durch die Übergänge
mittels der „Ziehharmonika" miteinander zum
durchgehenden Zug verbunden wurden, kam für
den Durchgang die Bezeichnung D-Zug auf. Die

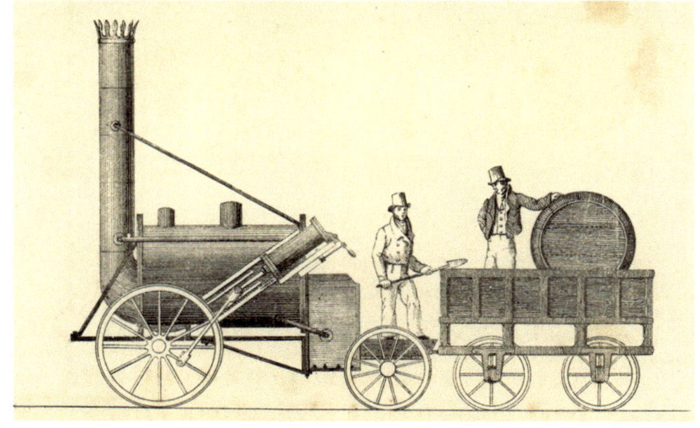

The Rocket von Robert Stephenson[20]

Abteile blieben bestehen und wurden vom Gang
durch eine Glasschiebetür abgetrennt, damit sie
aus Sicherheitsgründen und zur Kontrolle besser
einsehbar sind. Sie gibt es noch bei den heutigen
IC Zügen. Immer neue Kombinationen und Innen-
gestaltungen lösten sich ab, um einerseits das
Transportvolumen, andererseits den Komfort zu
erhöhen. Die ICE Züge zeigen eine Verbindung beider Systeme, indem sie Sechser-Abteile und Groß-
raumabteile mit Doppelsitzen und einem Mittelgang enthalten. Inzwischen gibt es auch ICE
Doppeldecker mit Mittelgang.

Bis die heutigen Gleise entwickelt waren,
gab es zahlreiche Übergangsformen, um die
Gefahr zu vermindern, dass die Züge entgleisen
oder auf Schrägen ausgleiten. Während man
zunächst bereits im Bergbau mit der Schienen-
form experimentierte, kam 1789 die Pilzschiene
auf, die das Rad führte. Dieses erhielt ein Füh-
rungsprofil (Spurkranz) zur Innenseite, wie es noch
heute üblich ist.[23]

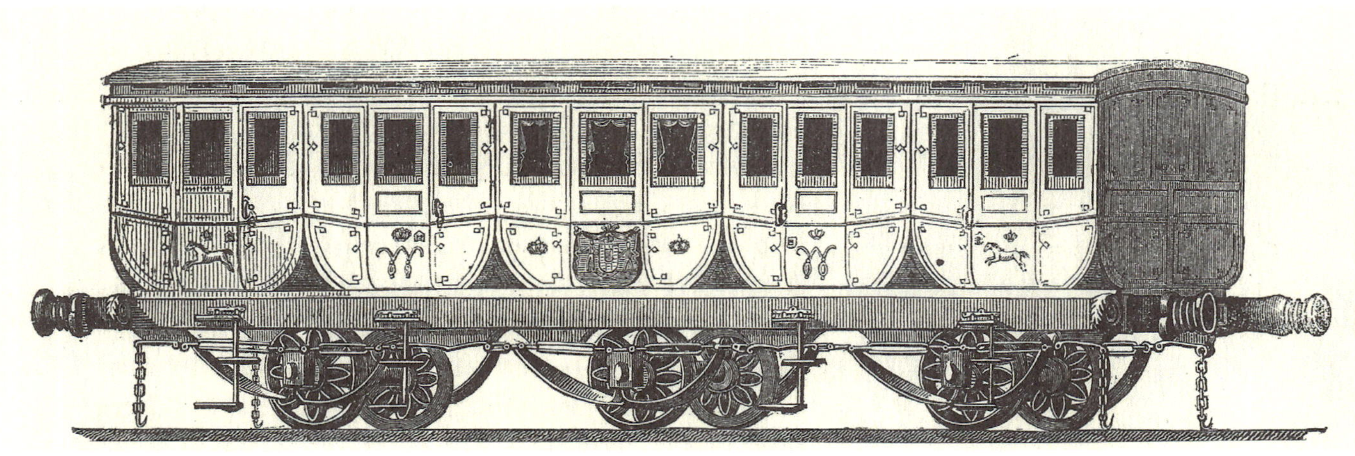

Galawagen des Herzogs von Braunschweig [22]

GLEISSPUR

Voraussetzung für die weitere rasante Entwicklung war die Normung der Gleisspuren auf 1435 mm, die von England ausgehend (4 Fuß 8½ Zoll) den europäischen Kontinent, aber auch Kanada und China umfasste. Diese Spurbreite ergab sich aus dem Radabstand der englischen Postkutschen, der dort bis 1836 sogar durch einen Parlamentsbeschluss gesetzlich festgelegt war.[24] Da die meisten von Stephenson konstruierten Lokomotiven für diese Spur gebaut worden waren und weltweit bezogen oder nachgebaut wurden, setzte sich dieses Spurmaß durch. Russland blieb bei seiner Breitspur, um etwaige Angriffe aus den genannten Ländern zu erschweren.

Im Vordergrund des Ausbaus der Strecken standen wirtschaftliche und militärische Interessen an Massentransporten von Material und Waren, aber auch von Personen. Der Ausbau der Strecken wurde staatlicherseits vor allem im Hinblick auf ihre Nutzung für den Fall einer Mobilisierung von Armeen gefördert, um im Kriegsfall Massentransporte von Soldaten und Kriegsgerät zu ermöglichen. In Friedenszeiten diente er dem Transport zu sportlichen, kulturellen oder politischen Großveranstaltungen. Von Anfang an aber entwickelte sich die Bahn zum Verkehrsmittel für den überörtlichen Individualverkehr, dem Weg zur Arbeit, zum Einkauf, zum Besuch von Verwandten, Freunden und für Urlaubsreisen.

Nachdem das Auto erfunden war und für dieses auch mit Hilfe der Autolobby die Straßen und Autobahnen vordringlich ausgebaut wurden, stagnierte der Ausbau von Nebenstrecken in die Provinz bis hin zu umfangreichen Stilllegungen, eine Entwicklung, bei der die Gleise mit der Zeit zuwuchsen und oft sogar abgebaut wurden. Schon darin, dass der Straßenverkehr, obwohl überwiegend von Privaten verursacht, bei Bau und Unterhaltung der öffentlichen Hand, der Bahnverkehr aber zunehmend privatwirtschaftlichen Trägern überlassen wurde, obwohl er öffentliche Aufgaben erfüllt, zeigt sich, wie sehr die Verkehrspolitik europaweit von der Autolobby beherrscht wurde, bei der die Vielzahl der Autofahrer und im Autobau Beschäftigten durch ihre mächtigen Interessenvertretungen dominieren. Wieweit diese Entwicklung im Verlauf der gegenwärtigen Umweltdiskussion aufgehalten und umgedreht werden kann, müssen die kommenden Jahre erweisen.

RECHTS-LINKSVERKEHR

Grenzen fand die Normung bei der Entscheidung über die Seite eines Weges, auf der ein Verkehr stattzufinden hat. Aus der Antike und dem Mittelalter wissen wir, dass in Europa Linksverkehr herrschte.[25] Man erkannte das an den linken tieferen Wagenspuren, die aus Bergwerken herausführten. Ihre Lasten drückten sich in den Boden tiefer ein als bei den daneben einführenden rechten Spuren.

In der Revolutionszeit erließ Robespierre für Frankreich ein Gesetz, das für Paris den Rechtsverkehr vorschrieb. Napoleon erweiterte dieses Gesetz auf Militärfahrzeuge. Das führte dazu, dass sich auch der übrige Verkehr dem anpasste. Mit den Eroberungen durch Napoleons Truppen wurde dann in allen von ihnen besetzten Ländern Europas auf den Straßen der Rechtsverkehr eingeführt. So blieb es auch, als Napoleon abgezogen war. Die nicht besetzten Länder wie England und Schweden blieben beim Linksverkehr. Da die Eisenbahn erst nach Napoleon erfunden und in England als erste mehrspurig wurde, blieb es dort und in seinen Kolonien beim Linksverkehr. Er hat sich bei der Bahn auch in anderen europäischen Ländern erhalten. Einen Gesamtüberblick bietet die Europakarte dazu (Anhang).

SIGNALSYSTEME

Eine Veröffentlichung von Max Maria Freiherr von Weber „Das Telegrafen- und Signalwesen der Eisenbahnen" von 1867[26] gab den Auftakt für die Bemühungen, das Signalwesen der Eisenbahnen zu normieren. In Deutschland setzte sich bald das Flügelsignal durch, das später durch Lichtsignale ergänzt und dann ersetzt wurde. Inzwischen gibt es sehr viel mehr Signale. Die dicken Handbücher dazu muss ein Lokführer beherrschen. Hierzu ist inzwischen ein digitales Zugleitsystem (ETCS) entwickelt worden, das auch bei der Deutschen Bahn eingeführt werden soll.

Die Einführung des „European Rail Traffic Management Systems", kurz ERTMS, ist eines der großen Projekte der europäischen Eisenbahnpolitik. Mit Hilfe dieses weltweit führenden Signalsystems will die EU den grenzüberschreitenden Verkehr erleichtern und damit die Kapazitäten auf der Schiene erhöhen. Jetzt kündigt sich die „Digitale Schiene Deutschland" an, mit der die DB die Auslastung ihres 33 000 km langen Eisenbahnnetzes bis zum Jahr 2040 wesentlich steigern möchte.

UHRZEIT

Bei der Vereinheitlichung des europäischen Bahnsystems spielte eine wichtige Rolle die Normierung der Zeitmessung. Ursprünglich hatte jeder Ort nach seinem höchsten Sonnenstand um 12 Uhr seine eigene Uhrzeit. Die Notwendigkeit, bei Verkehrsverbindungen über Land und Wasser die Abfahrts- und Ankunftszeiten als „Standardzeit" miteinander kompatibel zu machen, führte dazu, dass die einzelnen Länder für ihren Bereich die Ortszeiten ihrer Hauptstädte zum Standard erhoben. Beispiele sind die Berliner, Hamburger, Münchener, Prager, Berner und Genfer Zeit. Erst mit dem die Ländergrenzen überschreitenden Verkehr wurde eine gemeinsame Regelung erforderlich. 1890 einigten sich die im „Verein Deutscher Eisenbahnverwaltungen" organisierten Staatsbahnen auf die Mitteleuropäische Zeit (MEZ) als gemeinsame Betriebszeit. 1891 wurde die MEZ dann im österreichischen Eisenbahn- und Telegrafendienst eingeführt.[27] Ab dem 1. April 1892 galt die MEZ auch für die deutschen Bodenseeanrainer Großherzogtum Baden, Königreich Bayern und Königreich Württemberg als allgemeine Zeit im Alltag. In der Schweiz erließ der (kantonale) Berner Regierungsrat eine Weisung, nach der die Mitteleuropäische Zeit ab dem 1. Juni 1894 für das bürgerliche und amtliche Leben der Schweiz Gültigkeit erhielt. Von 1895 an gab es dann am ganzen Bodensee nur noch die MEZ, nach der sich auch das allgemeine öffentliche Leben richtete.

Der Anstoß für die Vereinbarung weltweiter einheitlicher Zeitzonen kam aus Nordamerika, deren Eisenbahngesellschaften ihre quer über den Kontinent geführten Bahnlinien mit Standardzeiten versehen mussten, damit Abfahrt und Ankunft mit der Dauer der Bahnreise kompatibel wurden. Eine Folge dessen war die 1884 auf der internationalen Meridiankonferenz von Washington getroffene internationale Vereinbarung, Greenwich als Nullmeridian festzulegen, auf den sich dann alle 24 weltweiten Zeitzonen bezogen.

Die Harmonisierung der Uhrzeiten wirkte sich natürlich auf die Fahrpläne der Züge aus. Sie unterstützte die Tendenz, die Anschlüsse für die Fernverbindungen sicherzustellen. Das allerdings erwies sich mit dem weiteren Ausbau der Strecken als zunehmend schwierig. Schon der Verkehr mit Postkutschen bemühte sich um Regelmäßigkeit. In Preußen wurde zum Beispiel durch eine neue Verfassung des Postwesens vom 18. Juni 1821 festgelegt, dass die sogenannten „ordinären fahrenden Posten" mit festen Fahrplänen Reisende und auch Briefe zu befördern haben. Daneben gab es die „Schnellposten" und „Eilwagen" zwischen Berlin und Brandenburg sowie Koblenz und Trier. Auch die regelmäßig zwischen zwei Städten fahrenden „Journalieren" mit je drei, einander gegenüberliegenden Sitzplätzen fuhren täglich, so die von Berlin nach Potsdam sechsmal hin und zurück.[28] Ihnen allen machte die aufkommende Eisenbahn Konkurrenz, brachte aber mit der Zeit nur die Hauptstrecken zum Erliegen.

Der Vorteil der Eisenbahn bestand darin, dass sie die Dauer ihrer Fahrt genauer planen konnte als die Kutschen, die auf die zum Teil sehr schlechten Straßenverhältnisse und Wetterbedingungen eingehen mussten. Reichere Staaten wie Preußen haben sie durch eigene Straßenbauten erweitert. Das diente zunächst militärischen Planungen, hat aber auch den Straßenverkehr wesentlich verbessert. Aber im Allgemeinen wurde der Straßenzustand nicht nur in Deutschland für den bisher üblichen Verkehr mit Wagen und Kutschen als beklagenswert angesehen. Nach längeren Reisen fühlten sich die Passagiere oft wie „gerädert". Daher war es für die Eisenbahn leicht, nicht nur mit ihrer besseren Bequemlichkeit zu werben, sondern auch mit ihrer Pünktlichkeit. Ihr guter Ruf: „Pünktlich, wie die Eisenbahn", stammt vor allem aus ihren Hochzeiten zum Ende des 19. Jahrhunderts

Das erste „Amtliche Coursbuch" für das deutsche Eisenbahnnetz erschien, vom Königlichen Generalpostamt Berlin herausgegeben, im Jahre 1860. Es enthielt auf 128 Seiten Fahrpläne von 200 deutschen und ausländischen Eisenbahnlinien sowie wichtige Schiffsanschlüsse und sogar die nach Entfernung und Zeit berechneten Beförderungstarife. 1878 wurde es vom Reichspostministerium als „Amtliches Reichskursbuch" mit einem Umfang von 1650 Seiten veröffentlicht.[29]

Die Normung der Bahn bei Gleisen und Zeiten war eine Hilfe bei dem grenzüberschreitenden innerdeutschen Verkehr, der durch die Kleinstaaterei mit ihren Zollgrenzen enorm erschwert worden war. Das entstehende Eisenbahnverkehrssystem unterstützte sehr wesentlich die Schaffung des Deutschen Zollvereins, der am 1. Januar 1834 in Kraft trat. Daraus entwickelte sich unter Führung Preußens der Norddeutsche Bund und 1871 das Deutsche Reich. Insofern hat sich die Voraussage von Goethe in einem 1828 mit Eckermann geführten Gespräch bewahrheitet: „Mir ist nicht bange, dass Deutschland nicht eins werde; unsere guten Chausseen und künftigen Eisenbahnen werden schon das Ihrige tun."[30]

TELEGRAFIE

Unterstützt wurde diese Entwicklung durch die Erfindung der Telegrafie. Den Göttinger Gelehrten Wilhelm Weber und Carl Friedrich Gauß gelang 1833 die erste telegrafische Nachrichtenübertragung vom Physikgebäude der Universität neben der Paulinerkirche in der Göttinger Innenstadt zur Göttinger Sternwarte außerhalb der alten Stadtmauer. Dadurch konnte man nun überall die Bahnhofsuhren einheitlich stellen. Als 1838 Carl August von Steinheil an der Ludwigsbahn in Fürth die elektrische Erdrückleitung entdeckte, vereinfachte und verbilligte das die Telegrafie enorm.[31]

TARIFE

Als die ersten Eisenbahnen ihren Betrieb aufnahmen, orientierten sie sich an den Tarifen, die für den Postverkehr galten. Von ihm wurden auch die Klasseneinteilung auf die Bahn übertragen: 1843 zahlte man in der I. Klasse für die Strecke Berlin-Potsdam pro Deutsche Meile 4,35 Silbergroschen (Sgr), in der II. Klasse 3,60 Sgr und in der III. Klasse 1,09 Sgr. Eine IV. Klasse war noch nicht eingerichtet. Wulf Schadendorf hat für die Strecke Leipzig–Dresden die Tarife der Post mit denen der Eisenbahn verglichen.[32] Danach kostete die Fahrt mit leichtem Fuhrwerk von Leipzig nach Dresden im Cabriolet (Halbchaise u.dgl.) 10 1/3 Thaler, in der I. Klasse der Bahn 72 Groschen. Ein Vergleich mit der Postkutsche, bei der sich die Verkehrswege stark unterschieden, ist erschwert. Auch die Längenmaße der Meile wichen regional voneinander ab, bis sie dann 1872 im Deutschen Reich vereinheitlicht wurden. Vorher maß die Meile übergangsweise 7,5 Kilometer.

Das Problem bei der Festlegung beim Bahntarif bestand darin, dass zu den Investitionen für Landerwerb, Streckenbau und die gesamte Infrastruktur einschließlich der Bahnhöfe usw. Erfahrungswerte nur aus England vorlagen, die nicht einfach auf deutsche Verhältnisse übertragen werden konnten. Die Eisenbahnunternehmer hofften, mit den Zügen vor allem am Gütertransport zu verdienen. Es zeigte sich aber bald, dass hier zunächst der Transport auf der Straße bevorzugt wurde und zwar wegen der Notwendigkeit, Frachten von der Straße auf die Schiene und danach umgekehrt wieder auf die Straße umladen zu müssen, um das Endziel zu erreichen. Die Erfindung des Containers durch den amerikanischen Spediteur Malcolm McLean (1956) hat das Problem weitgehend gelöst.

Es ergab sich, dass der Personenverkehr an Attraktivität gewann, da er dank der Druckluftbremse höhere Geschwindigkeiten zuließ und damit Zeitersparnisse, die dem Passagier auch Kosten zum Beispiel für eine Übernachtung am Reiseziel ersparten.

FAHRTAUSWEISE

Für den Bahnreiseverkehr wurden zunächst mit der Hand ausgefüllte Fahrscheine verkauft, die den Abfahrts- und den Zielort verzeichneten. Der englische Stationsvorsteher Thomas Edmondson erfand zum Ende der 1830er Jahre ein System mit kleinen Pappkarten, auf denen die Stationen bereits vorgedruckt waren und die schnell vom Verkäufer aus speziellen Schränken entnommen werden konnten. Seitdem nannte man die Fahrtausweise „Fahrkarten", was im Volksmund noch bis heute gilt, obwohl die Zahlung des Fahrpreises über elektronische Medien dokumentiert und auch mit einem Mobiltelefon nachgewiesen werden kann.

Der Fahrausweis ist rechtlich eine Urkunde und unterliegt dem Schutz des § 267 des deutschen Strafgesetzbuchs. Auch das Handyticket wird als eine solche Urkunde angesehen. [33]

Die ständische Gesellschaft, die bis dahin und darüber hinaus trotz aller demokratischen Bemühungen in vielen Institutionen ihr Fortleben zeigte, hat sich bei der Eisenbahn in der Bezeichnung von Klassen manifestiert. Sie waren schon immer auch Ausdruck unterschiedlicher Stände gewesen, die sich finanziell über den Fahrpreis differenzierten. Ursprünglich gab es bei der Bahn vier Klassen, gemäß dem Abzählreim, den wir noch als Kinder für ein Abbild der Gesellschaft verstanden hatten: „Kaiser, König, Edelmann, Bürger, Bauer, Bettelmann". [34]

Die Klassen waren nach Waggons getrennt. Die Erste Klasse war die teuerste und hatte gepolsterte, zum Teil bewegliche Sessel, während die Zweite mit Stoff bespannte, die Dritte aus Holzlatten geformte Bänke führte. Die in Preußen 1852 für die Arbeiterschicht eingeführte Vierte Klasse fuhr in offenen Waggons mit Stehplätzen und beförderte auch Gepäck. Mit der Zeit entfiel schrittweise erst die Vierte, danach die Dritte Klasse, sodass ab 1964 in Deutschland nur noch zwei Klassen bestehen. Das gilt grundsätzlich auch im übrigen Europa, allerdings mit zahlreichen Varianten in der Bezeichnung, vor allem für die Erste Klasse.

BAHNHOF

Die Bezeichnung Bahnhof gibt es nur im Deutschen für das, was überall und in allen Sprachen „Station" oder ähnlich heißt. Das Wort „Hof" leitet sich im Altdeutschen von „hufe" ab, eigentlich ein Landflächenmaß, das einen umgrenzten Platz bezeichnet und dann vom Hühnerhof bis zum Schlosshof auf viele Varianten übertragen wurde. Dass es sich für die Eisenbahn anbot, lag sozusagen in der Luft, weil verschiedene öffentliche Einrichtungen vom Schlachthof bis zum Schulhof schon länger diesen Zusatz benutzten.

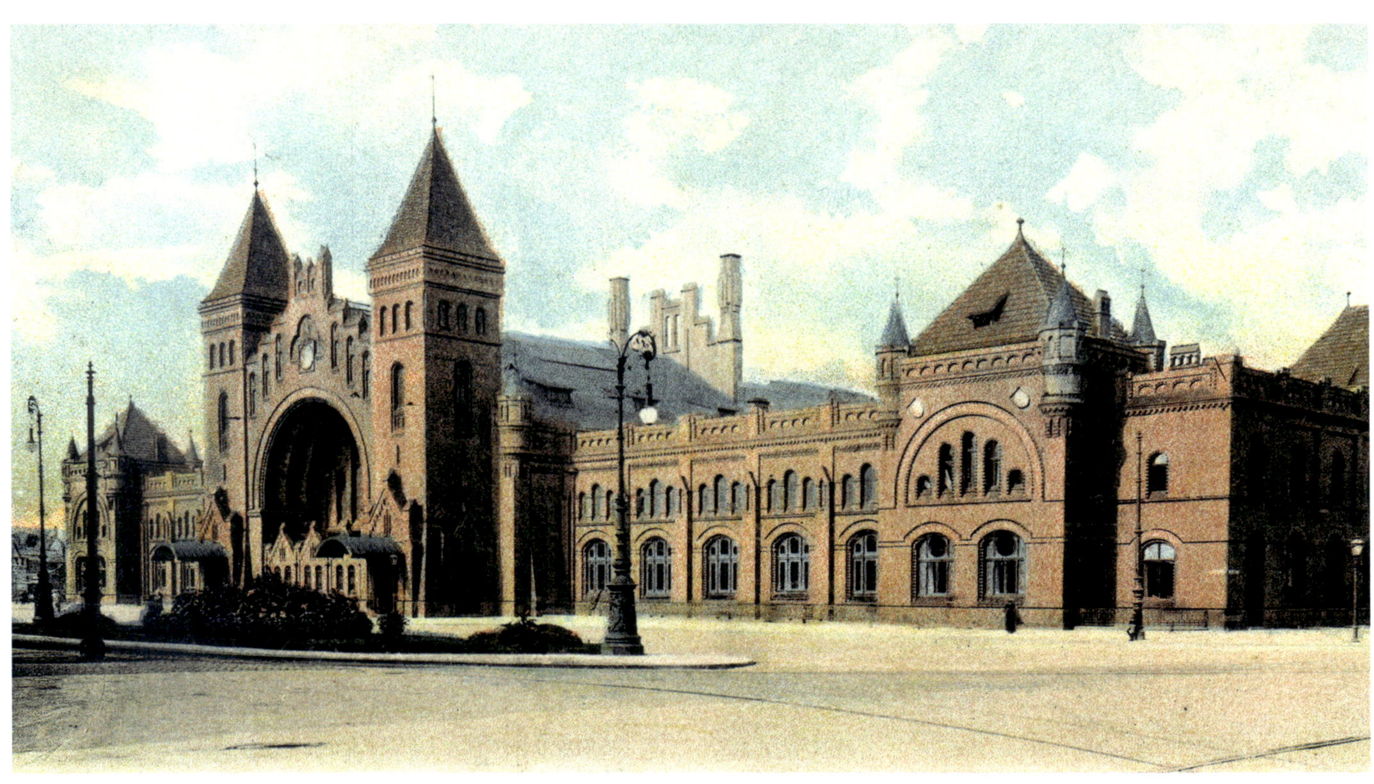

Postkartenansicht von der Südseite des Kopfbahnhofs Altona, um 1906[35]

Man kann sich Gedanken darüber machen, was die Äußerung besagt: „Ich verstehe immer nur Bahnhof", wenn man etwas nicht verstanden hat. Es wird behauptet, dass sei ein Ausdruck aus dem Ersten Weltkrieg gewesen, als sich die Soldaten zum Ende den Heimtransport wünschten. Mehr leuchtet ein, dass es Ausländer in Deutschland sind, die nach der Eisenbahnstation fragen und immer nur dazu „Bahnhof" zur Antwort bekommen.

Die ersten Eisenbahnlinien bestanden zunächst in der Bahnverbindung zweier Städte mit wenigen Stationen oder Haltepunkten dazwischen. Sie endeten jeweils in einem „Kopfbahnhof".

Diese Kopfbahnhöfe trugen meistens den Namen des Zielortes ihrer Linie. Bei größeren Städten wie Berlin, Hamburg oder Paris, bei denen mehrere Bahnlinien zu diametral gelegenen Orten führten, erhielt jede dieser Linien ihren eigenen Kopfbahnhof, so z. B der Anhalter Bahnhof in Berlin. In manchen Fällen, besonders im Ausland, hießen die Bahnhöfe auch nach ihrer Umgebung wie etwa der italienische Bahnhof „Roma Termini" nach den benachbarten Diokletian-Thermen. Als die Städte mit mehreren Kopfbahnhöfen diese untereinander verbanden, wie das in Paris und in Berlin erforderlich wurde, behielten sie in der Regel ihre alten zielbestimmten Bezeichnungen bei. Erst in neuerer Zeit entstand das Bedürfnis, einen von ihnen zum Hauptbahnhof (Hbf.) zu erklären und entsprechend auszubauen. Das jüngste Beispiel dazu ist der Umbau des früheren Lehrter Bahnhofs in Berlin zum jetzigen Hauptbahnhof.

Die Standorte dieser Bahnhöfe lagen meistens vor der eigentlichen Innenstadt, oft im Bereich der ehemaligen Festungsanlagen, die sich in der Regel im öffentlichen Besitz befanden und für diese Zwecke genutzt werden konnten. So wurde der Hauptbahnhof in Hamburg im ehemaligen Wallgraben der Stadtbefestigung errichtet, wie auch andere städtische Einrichtungen, etwa der alte Botanische Garten „Planten un Blomen", die Kunsthalle und mehrere Museen.

Bahnhöfe haben zwei Gesichter: ein nüchtern-technisches zu den Gleisen und Bahnsteigen hin orientiertes, mit gewölbten Gusseisenhallen und Rauchabzügen für die Lokomotiven. Sie waren verglast, um das Tageslicht einzulassen, solange noch keine elektrische Beleuchtung zur Verfügung stand, die erst 1881 aufkam. Vorbild war der für die Weltausstellung von 1851 gebaute Londoner Crystal-Palace, zu der ein aus Modulen zusammengesetzter Hallenbau aus Eisen und Glas geschaffen worden war.

Das andere Gesicht der Bahnhöfe wendete sich der Stadt zu und enthielt ein Empfangsgebäude von städtischem Aussehen. Es umfasste die Schalterhalle mit den Wartesälen und den Zugang zu den Bahnsteigen. Später kamen Zeitungskioske und Läden dazu. Diese auch der Repräsentation dienenden Gebäude waren überwiegend Stein- oder Ziegelbauten der lokalen Bauweise in Form von Burgen, Schlössern oder Stadttoren. Die Reisenden waren, entsprechend dem damaligen Verständnis von Klassengesellschaft, anfangs in drei Beförderungsklassen mit unterschiedlichem Komfort eingeteilt. Auch die Wartesäle waren nach Klassen unterschieden und unterschiedlich bequem ausgestattet. Sie bestehen gewissermaßen in den DB-Lounges für die privilegierten Vielfahrer als „Komfort"-Reisende noch heute fort. In ihnen verweilte der Fahrgast, bis er über eine „Sperre" mit Fahrausweiskontrolle an den Zug gelassen wurde. Bei dem wachsenden Verkehr und Andrang der Passagiere erwies es sich als zweckmäßiger, die Sperren zu den Bahnsteigen zu verlegen. Da Kinder mit Begleitpersonen freie Mitfahrt hatten, waren an diesen Sperren Größenmaße angebracht: Wer kleiner war als die Markierung, galt als Kind. Als wir im entsprechenden Übergangsalter waren, machten wir uns klein, um noch umsonst mitfahren zu können.

Schließlich verzichtete man in Deutschland ganz auf Bahnsteigsperren zugunsten der Zugkontrolle während der Fahrt. In einigen Ländern, wie beispielsweise Italien, traten Stempelautomaten zur Entwertung der Fahrscheine an die Stelle der Sperren, was auch die spätere Fahrtausweiskontrolle erleichtert und inzwischen für den Regionalverkehr auch in Deutschland üblich ist.

BAHNHOFSVIERTEL

Mit den Menschenströmen, die von den Bahnhöfen ausgehen oder dorthin streben, veränderten sich auch die Städte. Es entstanden breite Bahnhofsstraßen zur Innenstadt, die oft durch die noch bestehenden Viertel der mittelalterlichen Häuser gebrochen wurden, wie das in Hamburg mit der Mönckebergstraße und in Paris mit dem Boulevard de Strasbourg geschah. Beide führen von den Bahnhöfen meistens direkt ins Zentrum der Stadt.

An diesen Bahnhofsstraßen kam es bald zur Errichtung des neuen Typs großer Kaufhäuser. In ihnen war ein breites Spektrum der viel nachgefragten Waren im Angebot, die, mit Preisschildern ausgezeichnet, vom Kunden selbst ausgesucht und an einer zentralen Kasse bezahlt werden konnten. Das ging zu Lasten des Kleinhandels, der mit der Zeit von diesen Straßen vertrieben wurde. Er wich in die Seitengassen aus, weil er die steigenden Mieten für den früheren Standort nicht mehr tragen konnte. An seine Stelle traten Hotels, Restaurants, Bars, Vergnügungsstätten, Automatenspiele und solche Gewerbe, die auf einen Mengenumsatz mit durchreisendem Publikum setzten.

Da das auch für Gauner attraktiv ist, verkamen solche Bahnhofsviertel oft zu Umschlagplätzen für Taschendiebstahl, käuflichen Sex und Drogen. Auch die Wohnqualität verschlechterte sich dort. Für Künstler war dieses Milieu jedoch interessant, insbesondere, wenn sie damit kritische Aussagen zum Milieu verbinden können, die sowohl die reisende Oberschicht als auch die Arbeiterklasse betrafen.

FINANZIERUNG

Das Eisenbahnwesen entwickelte sich anfangs über private Unternehmen, die entweder bereits als Finanzier bestanden oder zu dem Zwecke der Errichtung einer Bahnlinie gegründet wurden. Zur Geldbeschaffung dienten dann Aktiengesellschaften oder Unternehmensanleihen. Da sich sehr bald herausstellte, dass der Bau von Strecken und deren Unterhaltung sehr aufwendig war, gingen die Unternehmen dazu über, zunächst die Landesherren um Unterstützung für kostenlosen Landerwerb, notfalls durch Enteignung, zu gewinnen und ihnen diese Aufgabe später ganz zu übertragen. Es stellte sich bald heraus, dass die unterschiedlichen Linien auch unterschiedlich rentabel waren. Vor allem wurden Bau und Unterhaltung der Gleisanlagen und ihres Zubehörs für die betreibenden Gesellschaften so teurer, dass sie auch den Staat dafür mit in Anspruch nehmen mussten. Staaten wie Italien gingen dazu über, ihre Bahn zu verstaatlichen, wofür auch militärische Aufgaben sprachen. Dem folgten die meisten anderen europäischen Länder.

Käthe Kollwitz:
Arbeiter vom Bahnhof kommend, 1897–99
Pinsel in Wasserfarben, weiß gehöht, auf Ingres
Käthe-Kollwitz-Museum, Köln
(Ausschnitt)

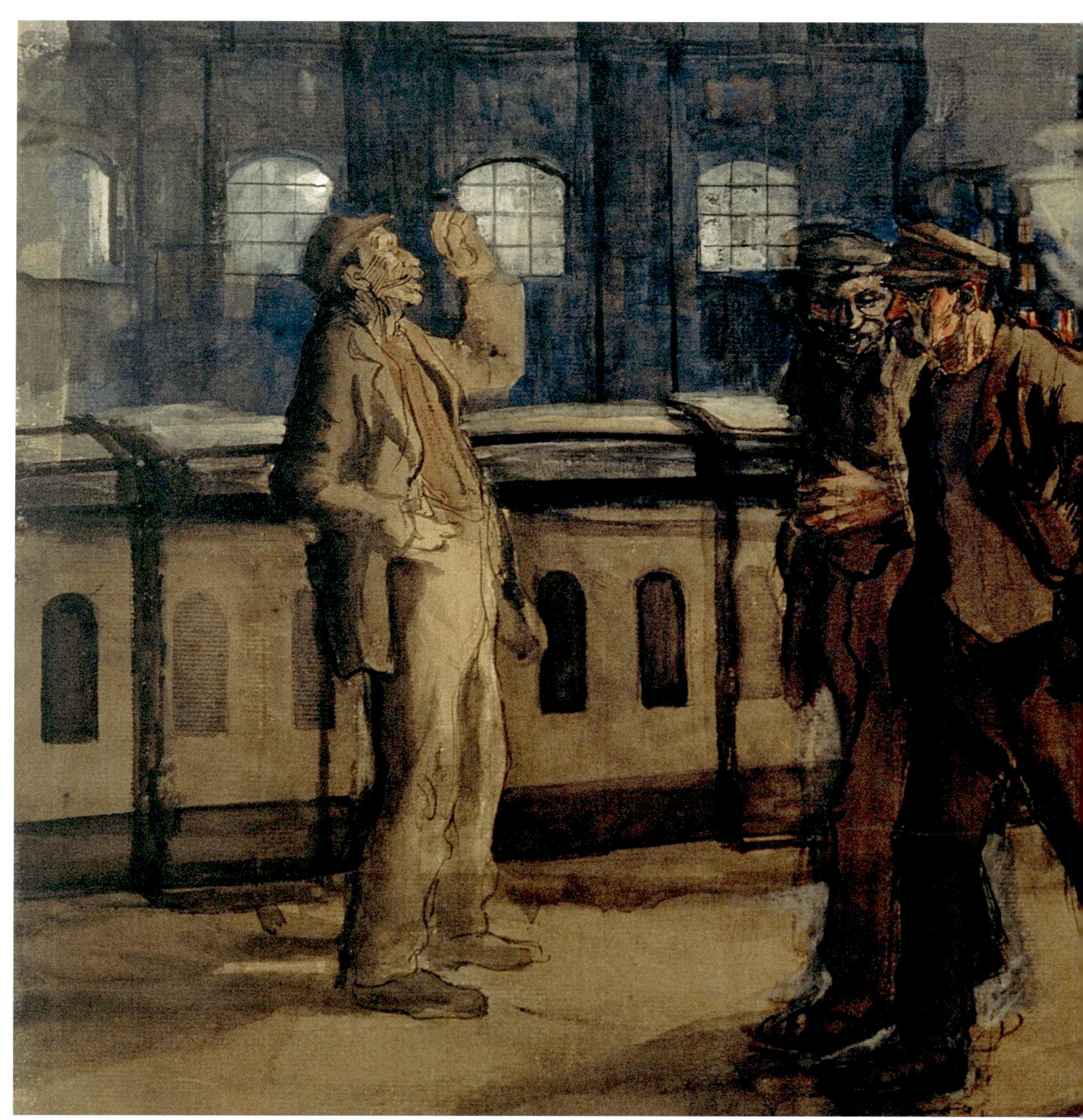

DER MENSCH

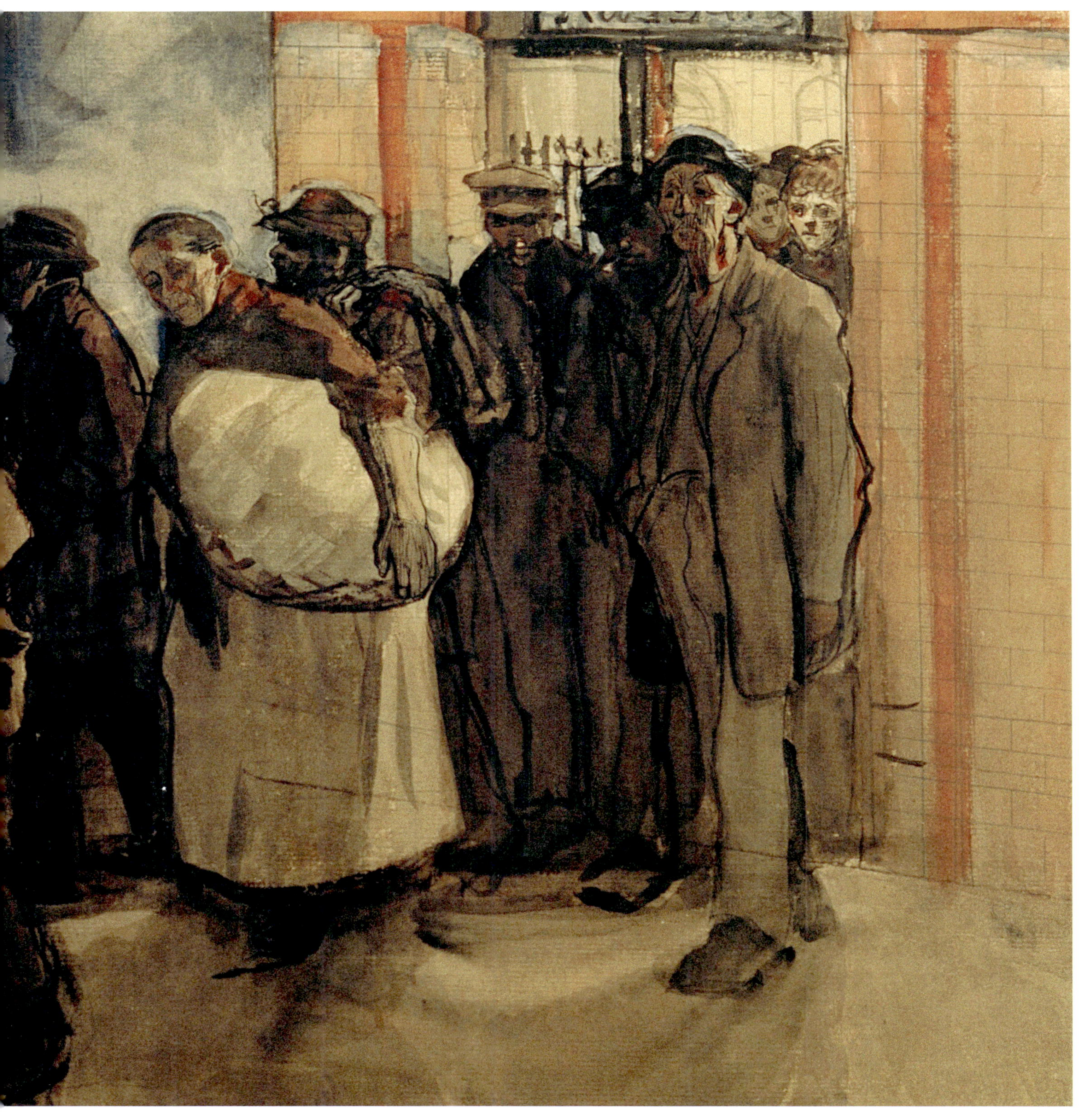

MENSCH UND MASCHINE

Mit der Aufklärung kommt zunächst in Frankreich die Auseinandersetzung darüber auf, ob der Mensch nicht selbst eine Art Maschine sei und seine Seele ihren Sitz in den Organen habe.[36] Die Diskussion hierüber setzt sich über die industrielle Revolution des 19. Jahrhunderts, die durch die Eisenbahn wesentlich gefördert wurde, bis in unsere Gegenwart als Gegenüberstellung und gegenseitige Beeinflussung fort und wird sogar darauf hin betrachtet, wie sie im Spiegel der Kunst erscheint.[37] Mit der „Künstlichen Intelligenz" bekommt sie neue Nahrung mit der Folge, dass jede technische oder digitale Neuerung zum Anlass für die Sorge Vieler wird, die orwellschen Visionen damit verbinden.

In unserem Zusammenhang erscheint wichtig, auf die Veränderung des Blickwechsels einzugehen, der mit der neuen Technik der Eisenbahn auf die Natur vom Menschen als Reisenden stattgefunden hat. Dabei ist zu bedenken, dass das menschliche Auge zwar die Realität der Natur sieht, das Gehirn aber das Gesehene individuell interpretiert und abspeichert. Der Mensch erfasst das Bild nach seiner Vorstellung und Empfindung, die zugleich seine Interpretation enthält. Beim Maler zeigt sich die Höhe seiner Kunst darin, wie sehr es ihm gelingt, das Gesehene in seiner Interpretation zum Ausdruck zu bringen. Ob der Betrachter des Werks die gleichen Gedanken und Empfindungen hat wie er, mag er hoffen, weiß es aber nicht. Der Betrachter versucht es möglichst in des Malers Sinn zu verstehen, erkennt aber immer nur, was er mit seinen eigenen Vorstellungen verbinden kann. Er kann sich mit Hilfe eigener Überlegungen oder der von Fachleuten dem annähern, was dem Künstler vorschwebte, wird sich dessen aber letztlich nie ganz gewiss werden. Das gilt übrigens auch für den Kunstkenner und Fachmann als Vermittler, sogar wenn dieser Gelegenheit hatte, den Künstler danach zu befragen. Denn auch der Künstler kann es oft nicht in Worte fassen, was er im Bild zur Aussage gebracht hat, denn deswegen malt er ja und beschreibt es nicht. Immerhin kann das Wissen um die gesamten Umstände der Entstehung eines Bildes und deren Umfeld eine Annäherung zum Verständnis leisten. Mit diesem Ansatz nähere ich mich auch den hier vorgestellten Malern und ihren Bildern, wobei mir daran liegt, ihren Standort zu finden, von dem aus sie es gemalt haben, ihrem Blick zu folgen und die Eisenbahn zu benennen, die und wie er sie gemalt hat. Das führt auch zu einer starken Annäherung an den Künstler und dem, was er gemalt hat. Jedenfalls möge das den Besucher der virtuellen Ausstellung anregen, seinerseits darüber nachzudenken.

EISENBAHNKRANKHEIT

Mit den Anfängen des Eisenbahnwesens ist auch die sogenannte Eisenbahnkrankheit verbunden. So wird ein pathologisches Verhalten bezeichnet, das sich aus dem Betrieb des modernen Verkehrswesens und den damit verbundenen erhöhten Anforderungen an den Körper des Menschen ergibt. Da sie zunächst bei dem Personal der Eisenbahn, insbesondere den anfangs im Freien stehenden Lokomotivführern beobachtet wurde, brachte man diese Krankheiten zunächst auch mit der Eisenbahn in Zusammenhang. Entdeckt wurde sie 1866

von englischen Chirurgen, nachdem sie bei Eisen-
bahnunfällen zunächst auftrat und deswegen
„railway-spine" genannt wurde.[38] Sie wurde dann
auch mit den Erschütterungen in Verbindung
gebracht, die sich während der Fahrt anfangs von
den wenig gefederten Waggons und der überhaupt nicht gefederten Lokomotive auf das
Rückenmark der Reisenden übertrug. Erst später
kam man darauf, sie mit der Reizung des Nerven-
systems zu verbinden und als traumatische Neurose zu benennen. Die Krankheit beginnt mit
einem Schweregefühl in den Beinen und im
Unterleib, zeigt sich dann auch bei Drehbewegun-
gen des Körpers und kann zu starken Beeinträchti-
gungen des Wahrnehmungsbereichs der Augen
und Ohren führen. [39]

GESCHWINDIGKEIT

Von Anfang an gab den Menschen die Geschwindigkeit der Eisenbahn zu denken. In ihr sah man
die Ursache für die Vernichtung von Raum und
Zeit.[40] Die Beschleunigung der Fortbewegung vom
Fußgänger zum Pferd und zur Pferdepost war
schon dreifach. Sie wurde mit der Bahn nochmals
um ein Mehrfaches erhöht. Dadurch schrumpfte
der Zeitaufwand für die Überwindung von Entfer-
nungen. Die Ziele wurden in kürzerer Zeit erreicht.
Aber schrumpfte dadurch auch der Raum, der in
kürzerer Zeit durchmessen wird? Zeit und Raum:
Was sind das überhaupt für Größen, mit denen wir
so unbedacht umgehen?[41] Beide wurden schon seit
Urzeiten der Menschheit vermessen und als Maß

verwendet, die Zeit nach Sonne und Mond, der
Raum nach drei Dimensionen. Sie bleiben beides
Konstrukte, auf die sich die Menschheit in vielen
Übergangsstadien und sehr unterschiedlichen
Zeiträumen und Gegenden geeinigt hat. Seitdem
es Uhren gibt, bezieht sich für die Zeit diese Eini-
gung auf die Uhrzeit. Daneben gibt es noch unend-
lich viele weitere Zeitdefinitionen, die letztlich
darauf hinauslaufen, dass wir „derzeit" die Zeit
noch nicht begriffen haben. Der Beginn zu dieser
Einsicht aber fällt mit dem Erlebnis der Eisenbahn
zusammen. Mit ihr bekam das Philosophieren
über die Zusammenhänge von Zeit und Raum eine
neue Richtung, die schließlich bei Albert Einstein
zu seiner Relativitätstheorie geführt haben mag.
Der Blick aus dem Fenster von zwei sich begegnen-
den Zügen war für unsere Physiklehrer immer das
Anschauungsmaterial, bei dem sie die vom
Betrachter unterschiedlich wahrgenommene oder
sogar gemessene Geschwindigkeit als Anwen-
dungsfall darstellten.

Die Eisenbahnreise verkürzte auch die Ver-
weildauer der Passagiere im Abteil während der
Fahrt. Die früher bei der Postkutsche noch übliche
Konversation der Reisegefährten untereinander
nahm damit ab. Die Reisenden verzogen sich hinter ihre Bücher und Zeitungen oder beugen sich
über ihre Handys und Laptops. Oder sie machen
ein Schläfchen, denn Reisen mit schnell wechselnden Bildern vor dem Fenster ermüden.[42] Bald entstanden auf den Bahnhöfen Buchhandlungen und
Zeitungskioske, welche die Reisenden vor Ort mit
Literatur versorgten.

In England gab es anfangs sogar Leihbüche-
reien, die damit vor allem wohl den Pendlern Lese-
stoff boten. In Deutschland kam der Reclam Verlag, Leipzig, 1912 auf die Idee, sich von dem Berliner

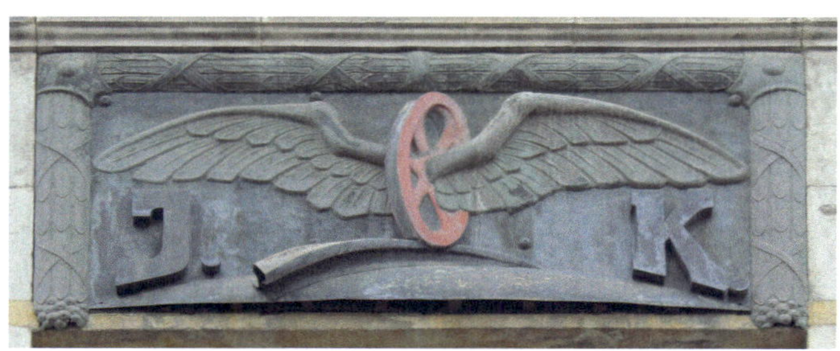

Flügelrad der Deutschen Bahn am Haus zum Goldenen Schwan in Erfurt

Architekten Peter Behrens Buchautomaten für Bahnhöfe entwerfen zu lassen, mit denen dann eine begrenzte Zahl von Reclam Bändchen vertrieben wurde.[43]

Eine schnell fahrende Eisenbahn lässt sich vielleicht skizzieren, besser noch fotografieren und am besten filmen, sie aber zu malen, ist besonders schwierig. Zeichner, vor allem Karikaturisten, benutzen gerne bestimmte Flitz-Zeichen, die jedermann als Kennzeichnung der Schnelligkeit erkennt: fliegende Schals und Haare bei schnell laufenden Menschen und Tieren, unscharf geschriffelte Räder mit nach hinten weisenden Strichbündeln, Staubwölkchen oder sprühende Feuerschweife aus röhrenden Raketenantrieben, auch das Flügelrad der Bahn weisen darauf hin.

Die Maler in unserer Ausstellung verwenden andere Aussagen. Bei ihnen sind es die langen Rauchfahnen über und hinter den Lokomotiven. So haben schon Turner und Menzel ihre dahineilenden Züge mit Rauchschwaden versehen, welche die Waggons nahezu verschwinden lassen. Auch bei Giuseppe de Nittis sieht man nur den Dampfwirbel hinter der Lok, ohne dass überhaupt ein Zug zu sehen ist. Bei Vincent van Gogh fährt am Horizont eine Art Spielzeugeisenbahn mit langem Dampfschweif über die Felder. Dieses Motiv hat er vielfach variiert. Bei Guillaumin begegnen sich zwei Züge in einer langgestreckten Kurve, von denen er nur den zur Seite verwehenden Dampf zeigt. Edward Hoppers „Railroad Train" von 1908 lässt eine schwere braune Rauchfahne über den letzten beiden Wagen eines Zuges stehen, dessen schnelle Fahrt sich nur aus der Strichrichtung des Kornfelds im Vordergrund und der Gegenbewegung des Grases der Böschung ergibt.

In seinem Buch über die Geschichte der Eisenbahnreise beschreibt Wolfgang Schivelbusch, wie sich mit der Reisegeschwindigkeit die Gegenständlichkeit der Landschaft auflöst. Auch erklärt er, dass sich in den Reiseberichten des frühen 19. Jahrhunderts das Reiseerlebnis auf die Erfassung der Ferne und des Horizonts richtet, da der Vordergrund zu schnell vorbeizieht.[44]

Die Geschwindigkeit war es auch, die bei den Futuristen Bedeutung erlangte. Hier wurde sie als Ausdruck einer neuen Zeit bewundert, die durch das aufkommende Automobil geprägt war.[45] Als

Tomaso Marinetti und Umberto Boccioni am 20. Februar 1909 im „Le Figaro", Paris, ihr Manifest des Futurismus veröffentlichten, indem sie die Geschwindigkeit als höchsten künstlerischen Wert ausriefen, setzten sie sich von der bisherigen impressionistischen Kunst deutlich ab. In seinem Bild „Treno che passa" von 1908 zeigt Boccioni mit der aus dem Horizont ins Bild hereinfahrenden Eisenbahn bereits, dass der Futurismus sich ankündigt. Ihm folgte auf dem Umweg über die Kubisten der Expressionismus. Bei deren Werken ist aber die Geschwindigkeit ein Zeichen der aus den Fugen geratenen Welt. Für Wassily Kandinsky hebt der dahineilende Zug in Murnau von der umgebenden Landschaft nahezu ab.

Dass die Geschwindigkeit der Eisenbahn mit latenter Gefahr verbunden ist, stand von Anbeginn fest. Technik und Dämonen sitzen nahe beieinander. Das ist schon in der romantischen Literatur eine gängige Überzeugung und war neben der Literatur auch immer wieder Thema der Malerei. Vor allem die Gefahr eines Unfalls mit den schweren Lokomotiven und ihrer Wagenlast auf so dünnen Schienen hatte die Ängste geschürt. Am 18. Dezember 1879 kommt es zu einem katastrophalen Eisenbahnunglück auf der Brücke am Firth of Tay in Dundee, Schottland, das vor allem durch eine Ballade Theodor Fontanes dramatisch beschrieben worden ist.[46] Als erstes stellt sich nach einem solchen Unglück die Frage, wer dafür haftet und für den Personen- und Sachschaden aufkommt.

Grundsätzlich ist derjenige für einen Schaden verantwortlich, der ihn fahrlässig oder vorsätzlich, also schuldhaft, verursacht hat. Bei zugelassenen Unternehmungen, die mit Gefahr verbunden sind, gilt aber der Grundsatz der Gefährdungshaftung, der besagt, dass auch haftet, wem die Verantwortung für den Betrieb des Unternehmens durch Gesetz auferlegt worden ist. Für die Betriebsgefahr der Eisenbahnen geschieht das durch die Eisenbahngesetze der jeweiligen Staaten. Im Königreich Preußen wurde im Zusammenhang mit der Genehmigung der Berlin Potsdamer-Eisenbahn das „Königlich Preußische Gesetz über die Eisenbahn-Unternehmungen" vom 3. November 1836 erlassen. Es orientierte sich an den „Fundamentalbestimmungen für sämtliche Eisenbahnstatuten in Bayern" aus demselben Jahr. An seine Stelle trat ein Reichsgesetz vom 7. Juni 1871 (RGBl. S. 207), das von der Bundesrepublik Deutschland durch ein Haftpflichtgesetz vom 4. Januar 1978 (BGBl. I S. 145) erneuert wurde und seit dem mit leichten Änderungen fortgeschrieben wird. Obwohl es viele literarische Beschreibungen von Eisenbahnunglücken gibt[47], haben nur wenige Maler sich dieses Themas angenommen. In unserer Ausstellung ist es Kirchner gewesen, der es für die Illustration eines literarischen Werkes verwendete.

Als mit der Zeit die Eisenbahn immer sicherer wurde, wuchs auch das Vertrauen in sie. Heute sind es eher äußere Einflüsse wie Stürme oder Überschwemmungen und vor allem die Überlastung des ganzen Systems, die zwar zu Verspätungen führen, aber die Sicherheit im Zug kaum bedrohen. Stattdessen treten die Bedenken in den Vordergrund, die bereits bei den frühen Eisenbahnmalern in ihren Bildern angesprochen wurden: Die Störung der Landschaft und der Umwelt.

ABSTURZ

Die größte aller Katastrophen ist aber die Tatsache, dass sich die Deutsche Reichsbahn in die geheimen Aktivitäten der nationalsozialistischen Staatsregierung bei der Vernichtung der europäischen Juden hat einbinden lassen. Während sie sich anfangs noch gegen das Schild „Juden unerwünscht" wehren konnte, hat sie bald danach in aktiver Weise daran mitgewirkt, dass aus allen europäischen Ländern willkürlich als jüdisch definierte Menschen, aber auch Minderheiten wie Sinti und Roma, unter oft entsetzlichen Transportbedingungen in die Vernichtungslager verbracht und sogar unterwegs aus den Zügen geholt und umgebracht wurden. Obwohl die DR schon seit Beginn des Kriegs pausenlos für militärische Zwecke eingesetzt wurde und mit dem Slogan „Erst siegen, dann reisen", den entsprechenden Vorrang vor zivilen Leistungen propagierte, steigerte sie noch mit dem Beginn des Holocaust ab 1941/42 ihre entsprechenden Transporte. Begleitet wurde dies mit dem Slogan „Räder müssen rollen für den Sieg", der ab 1942 mit weißen Großbuchstaben auf den Kesseln der Lokomotiven stand.

Forschungen haben noch nicht ergeben, dass die Bahn entgegen aller Vermutungen durch die Vernichtungstransporte ihre eigentlichen Aufgaben zurückstellen musste. Bisher „lässt sich mit der durch die Vorläufigkeit der Resultate gebotenen Vorsicht lediglich feststellen, dass zehn bis zwanzig Deportationszüge täglich in den Augen der Bahnbürokratie angesichts eines Gesamtaufkommens von 20 000 Zügen pro Tag (1942) beinahe wie ein Randproblem gewirkt haben mögen." Gleichwohl ist das Ausmaß des Verbrechens anhand sorgfältig belegter Transporte, die der Bahn von ihrem Auftraggeber Reichssicherheitshauptamt oder der SS vergütet wurden, sicher zu belegen: „Bis Mitte des Jahres 1943 wurden über 400 000 Menschen nach Belzec, etwa 200 000 nach Sobibor und fast 900 000 nach Treblinka gebracht und getötet. Und im Sommer 1944 wurden noch einmal mehr als 40.000 Juden aus Ungarn in die Gaskammern von Auschwitz transportiert. Insgesamt wurde mehr als die Hälfte aller ermordeten Juden, ca. 3 Millionen Menschen, mit der Eisenbahn in die Todeslager im Osten transportiert.[48]

Die Besatzungsmächte haben nach der Kapitulation am 8. Mai 1945 alles daran gesetzt, die Bahn in Gang zu halten. Als DR führte sie in der Deutschen Demokratischen Republik ihre Tradition fort. Im Westen kam nach Gründung der Bundesrepublik Deutschland die Deutsche Bundesbahn (DB) in Fahrt. Beide Bahnsysteme wurden je nach Kräften repariert und modernisiert. Die DR musste allerdings in großem Umfang Schienen als Reparationen an die UdSSR liefern und damit viele Strecken einschränken oder stilllegen.

Einen Sonderstatus erfuhr die Berliner S-Bahn. Mit ihrer über 70 km Streckenlänge blieb sie ab Mai 1945 Teil der Deutschen Reichsbahn (DR). Deren Name wurde in der Sowjetischen Besatzungszone (SBZ) und der späteren DDR aus rechtlichen Gründen beibehalten.[49]

Ab dem Bau der Berliner Mauer im August 1961 wurde die S-Bahn weiter von der DR, aber in zwei geteilten Netzen betrieben und 1980 in West-Berlin von zehn auf drei Teilstrecken reduziert, während sie in Ost-Berlin weiter ausgebaut wurde. Nach Verhandlungen zwischen Senat, den (West-) Berliner Verkehrsbetrieben (BVG) und der DR übernahm von 1983 bis zum Fall der Mauer 1989 mit Erlaubnis der Alliierten die BVG (West) deren Betrieb. Im selben Jahr wurde mit den dringend notwendigen Sanierungsarbeiten im südlichen Ringbahnbereich begonnen. Nach der Wiedervereinigung Deutschlands wurden DB und DR zur Deutschen Bahn DB vereinigt. Deren Tochter S-Bahn Berlin GmbH betreibt seitdem das gesamte, sanierte und weiter ausgebaute Netz.[50] Inzwischen hatte die Autolobby die Bahn zunehmend beiseite gedrängt. Vorrang erhielt mit Unterstützung der Regierung der Ausbau von Autobahnen und Straßen.[51] Hier ist erst in allerjüngster Zeit aus Gründen der „Klimaneutralität" ein Wandel zu erhoffen.

Paul Cézanne:
La tranchée du chemin de fer, 1869–71
Öl auf Leinwand, 80,4 x 129,4 cm
Bayerische Staatsgemäldesammlungen, München
(Ausschnitt)

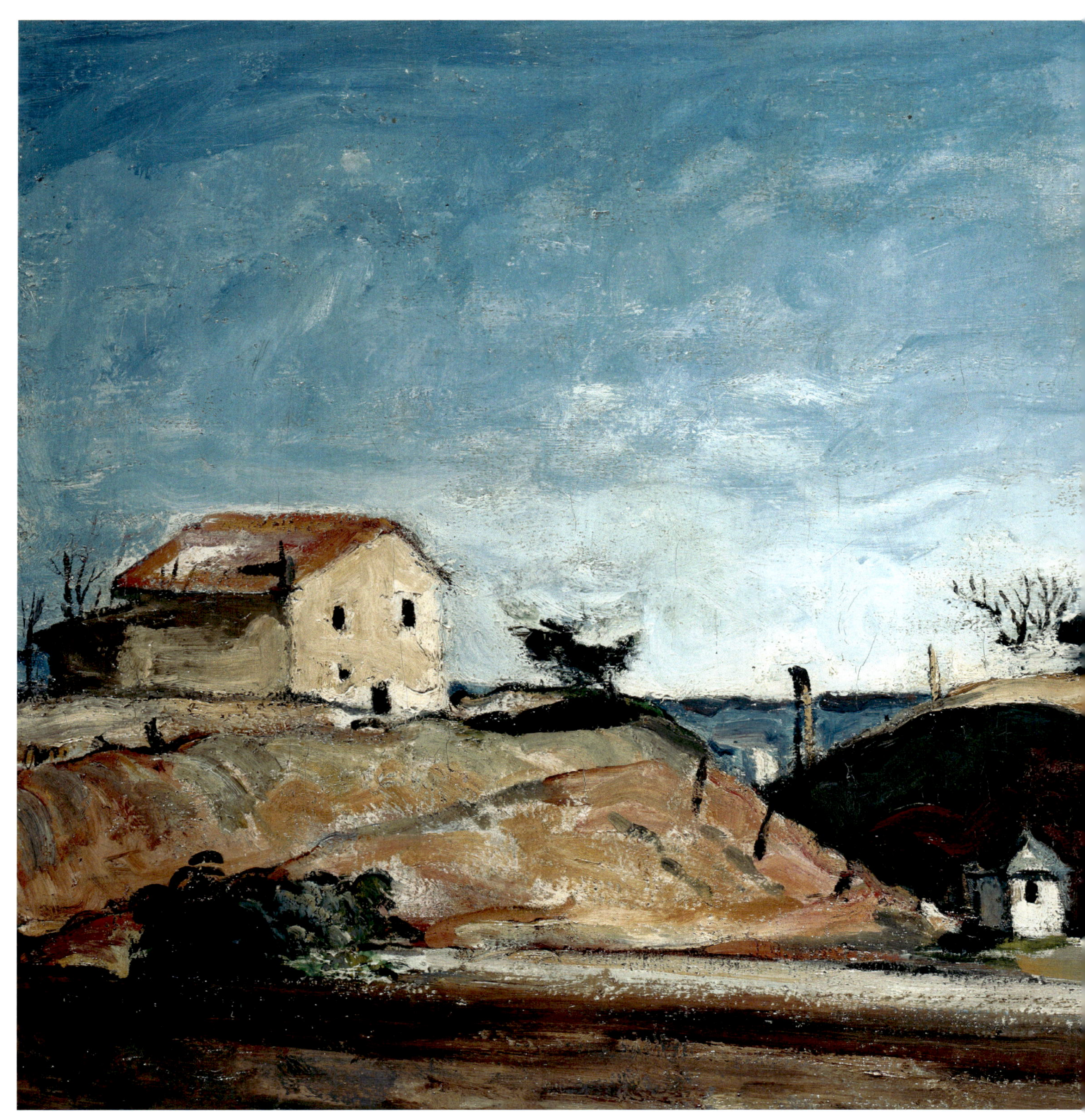

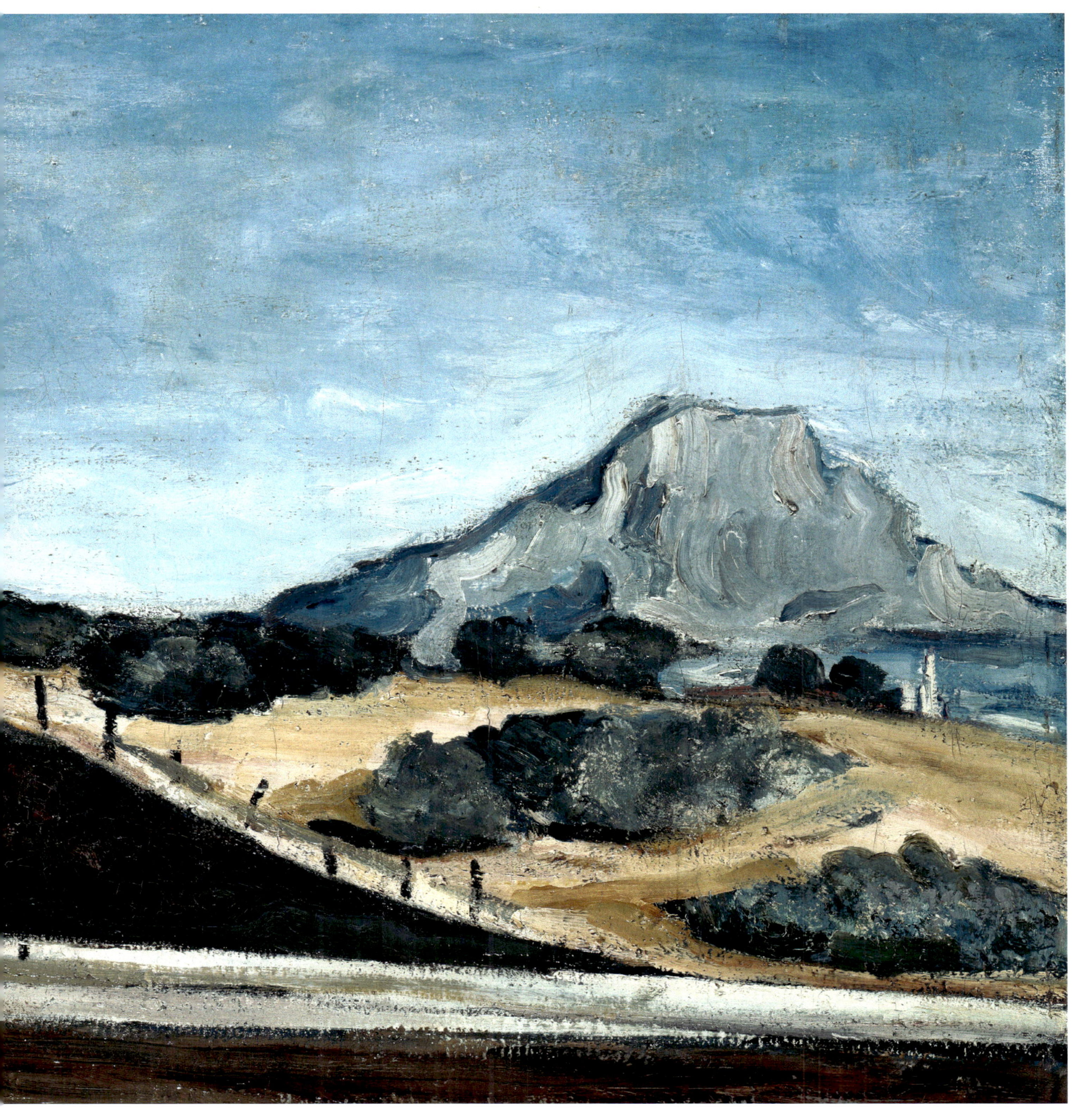

DIE MALER

DAS BILD ALS DING

Von Tilman Rothermel[52] stammen die Überlegungen zum „Bild als Ding". Darin unterscheidet es sich von anderen künstlerischen Erzeugnissen wie der Musik oder dem Buch. Während bei diesen die sie tragende Materie gegenüber der inhaltlichen Aussage kaum Bedeutung hat, ist sie beim Bild maßgebend mit ihr verbunden. Walter Benjamin hat darauf hingewiesen, dass nur das Original die „Aura" des Bildes enthält.[53] Musik und Bücher können auch in Kopien des Originals gelesen und erlebt werden, obwohl auch bei ihnen die Handschrift des Originals oder eine Erstausgabe durchaus auch eine „Aura" haben kann. Der Künstler ist bei Rothermel jemand, der Sachverhalte zum Ausdruck bringt, die für ihn Bedeutung haben. Das Besondere am Kunstwerk ist, dass es sich zwar mit Sprache beschreiben lässt, darin aber unüberprüfbar bleibt, ob und wieweit es damit der „Aussage" des Künstlers gerecht wird. Der hat eben das Bild dazu gewählt, weil es für ihn die Form seiner Aussage enthält. Es ist ähnlich, wie bei der Musik, die sich auch nicht in Worte oder Bilder übertragen lässt, was zuweilen versucht wurde. Dabei ist der Künstler auf der Suche nach Erfolg, indem er etwas gestaltet, was ihm wichtig ist und er zum Ausdruck bringen oder anderen vermitteln möchte. In den folgenden Kurzbiografien der Maler wird dieser Aspekt angesprochen.

Dass die Künstler in aller Regel als Selbständige arbeiten und ihren Lebensunterhalt mit ihrer Kunst verdienen müssen, wird gern verschwiegen. Martin Warnke[54] hat in seinem Buch über den „Hofkünstler" sehr überzeugend dargestellt, wie es dazu gekommen ist, dass sich der Wert eines Kunstwerks von der bei Handwerkern noch heute üblichen Berechnung nach Zeitaufwand und Material ablösen und bis zur „Hype"[55] verselbständigen konnte. Die meisten unserer mit Eisenbahnbildern beschäftigten Künstler waren offenbar von dem neuen Verkehrsmittel ähnlich fasziniert wie ihre Zeitgenossen. Manche dürften dieses Thema aufgegriffen haben, weil sie sich einen guten Markt für Eisenbahnbilder versprachen. Während die meisten der hier auftretenden Maler nur gelegentlich ein solches Bild schufen, haben sich einige, wie Hans Baluschek oder Hermann Pleuer, in hoher Meisterschaft fast vollständig darauf konzentriert. Auch Lyonel Feininger hat in seinen zahlreichen Eisenbahnbildern einen Schwerpunkt seiner Zeichenkunst gefunden. Andere haben sie in ihre sehr viel breitere thematische Palette oft nur deshalb aufgenommen, weil die Bahn oder ihre Bauten zur Landschaft gehörten, die sie malen wollten. Aber auch hier werden sie zuweilen mit Aussagen verbunden, welche deren Auswirkungen auf Gesellschaft oder Natur gelten.

Zum Bild als Ding gehört auch, dass Bilder obwohl sie in der Regel bereits auf Rahmen gespannt sind, ihrerseits noch gerahmt wurden. Das wird auf die Altarbilder zurückgeführt, denen neben dem Halt auch Glanz verliehen werden sollte. Im Mittelalter verwandte man dafür oft auch vorhandene Möbelteile und sogar Türeinfassungen. Im Barock bekam der Rahmen neben der Stabilität des Gemäldes einen eigenen Gestaltungswert zur Hebung seines Ansehens und wurde zum Teil von hochkarätigen Künstlern übernommen.

In der Neuzeit wurde der Rahmen oft schon Bestandteil oder auch Gegenstand des Bildes, verlor aber auch manchmal seine Eigenständigkeit als optisch nahezu verschwindender Bildträger. Das mag damit zusammenhängen, dass jetzt die Freilandmalerei begann, bei der der Gegenstand der Darstellung sozusagen aus der Landschaft ausge-

schnitten werden musste, damit ein Bild entsteht.
Auch wurden dabei gelegentlich die Perspektiven
verändert. Oft waren das zunächst Skizzen, die später im Gerümpel des Ateliers zu Gemälden wurden.
Der Rahmen unterstrich dann den Ausschnitt und
schuf eine Art Fenster zum Bild. Bei manchen
Künstlern wurde der Rahmen zum Teil des Bildes
und passte sich sogar dessen Form an. Verkauft
wurden die Werke jedoch in der Regel ohne Rahmen, der vom Händler oder Erwerber dazu kam
und dann vom Künstler selbst nicht mehr beein-
flusst werden konnte. Auch entstand im Laufe der
Zeit eine besondere Kunst der Bildpräsentation in
Ausstellungen, Sammlungen und Museen mit
identischen Rahmen, die dem „Ansehen" der Bilder
dienen soll und sie zur Serie zusammenfasste, um
damit eine bestimmte Aussage zu verbinden.

Rahmen haben schließlich dazu beigetragen,
dass Bilder in Räumen zu Möbeln wurden, indem
sie nebeneinander und übereinander aufgehängt
wurden bis zur sogenannten „Petersburger Hän-
gung", die eine ganze Wand überbedeckt.

POLYTECHNIK

Bei den hier vorgestellten Malern drängt sich auf,
dass viele von ihnen aus Familien stammen, die
beruflich mit Technik zu tun hatten, einige sogar
aus Eisenbahnerfamilien. Das gilt für Hans Baluschek und Giorgio de Chirico als Söhne von Inge-
nieuren, die beim Eisenbahnbau tätig waren.
Armand Guillaumin arbeitete selbst acht Jahre bei
der französischen Eisenbahnlinie Paris-Orléans,
während er sich autodidaktisch das Malen bei-
brachte. Bei Edward Hopper erklären sich die Eisenbahnbilder, ähnlich wie bei Feininger und Pleuer,
aus der Zeit, als sie Illustrationen zum Eisenbahnbereich anfertigen mussten.

Zahlreiche Maler hatten vor ihrer Betätigung
in der Kunst eine Ausbildung zum Architekten
begonnen. Diese fand, solange es noch keine Technischen Hochschulen oder Universitäten gab, vornehmlich in den Gewerbeschulen statt. Nach den
Freiheitskriegen und dem Abzug der französischen
Besatzung kam in Deutschland der Begriff der Poly-
technik auf, der aus Frankreich stammte. Die
damals entstehenden Polytechnischen Anstalten
und Schulen legten Wert auf die Verbindungen
aller in ihr zusammengeführten technischen Aus-
bildungsgänge. So ergab sich schon aus dieser
engen Nachbarschaft der Disziplinen eine gegenseitige Aufmerksamkeit für die jeweils anderen. In
aller Regel sind neben den (Poly-)Technischen
Hochschulen auch die späteren Kunsthochschulen
aus diesen Gewerbeschulen hervorgegangen.[56]

Paul Signac ist ausgebildeter Architekt gewesen, ehe er zum Maler wurde. Bei Franz Radziwill
mag seine Ausbildung an der „Höheren Technischen Staatslehranstalt für Architektur" in Bremen
dafür bestimmend gewesen sein. Jedenfalls enthalten viele seiner Bilder technische Details oder Vor-
gänge. In gewisser Hinsicht ist auch Ernst Ludwig
Kirchner als anfänglicher Student der Architektur
dieser Entwicklung zuzurechnen, der er mit seinen
Eisenbahn-Bildern Rechnung getragen hat. Ob
Zufall oder Absicht: Baluschek in Berlin, Monet in
Paris, van Gogh in Arles und auch Kirchner haben
in der Nachbarschaft von Bahnanlagen gewohnt,
die sie dann immer wieder gemalt haben. Besonders häufig ist das Eisenbahnthema bei Feininger
anzutreffen, der als Grafiker ebenfalls eine Ausbildung an Kunstgewerbeschulen in Hamburg und
Berlin absolvierte.

Zum Ende des 19 Jahrhunderts war das europäische Eisenbahnnetz bereits so gut ausgebaut,
dass man sowohl in England als auch in Belgien,
dann aber bald auch in Holland, Frankreich, Italien,

der Schweiz und einigen osteuropäischen Ländern mit der Eisenbahn fast jeden für Maler wichtigen Ort erreichen konnte. Von einigen Künstlern weiß man, dass sie diese häufig benutzt haben. Wohin und wie oft sie gereist sind, wird man anhand ihrer Tagebücher, Briefwechsel und Selbstdarstellungen ermitteln können. Aus ihren Lebensläufen geht hervor, wie weit sie zumindest in Europa herumgekommen sind und die niederländischen, italienischen, deutschen, österreichischen und auch russischen Museen besichtigt haben. Und alle sind sie immer wieder nach Paris als der damals unbestrittenen Hauptstadt der Kunst gefahren und haben das gut ausgebaute, zentral auf Paris fokussierte französische Bahnsystem nutzen können.

WANDEL DER MALSTILE

Wenn man Wolfgang Schivelbusch folgt, hat sich durch die Bahnreise bei den Künstlern der Zeit ein Wechsel des Blicks ereignet.[57] Dadurch, dass bei der aufkommenden schnellen Eisenbahnfahrt durch die Landschaft der Vordergrund mit Auge und Verstand kaum erfasst werden kann, richtete sich der Blick in die Ferne. Dort veränderten sich die Dinge nur langsam. Der Reisende „erfuhr" im wörtlichen Sinne die Landschaft als Panorama. Dieser „Panoramablick" aus dem Eisenbahnfenster sei es, der von den Malern entdeckt wurde. In ihren Bildern verliere der Vordergrund an Bedeutung, diene vornehmlich zum Rahmen für das, was der Fernblick bietet.

Aus gleicher Ursache kam es aber auch zu einer Vereinfachung der formalen Details der Landschaften. Sie werden von den Malern großflächiger in Form und Farbe erfasst. Die Welt erscheint als „Impression" und wird auch als solche wiedergegeben. Das Feld erscheint als wogende gelbe Korn-

masse, die Furchen und die Perspektive von Pflanzreihen werden vereinfacht, aber mit kräftigen Farben erfasst, die Häuser auf helle Wände und leuchtende Dächer reduziert und der Landschaft dadurch Akzente gegeben, die ihren Charakter verdeutlichen. Bei den Bahnhofsbildern sind es die schwarzen Lokomotiven mit ihren Lichtern und roten Antriebsrädern, die von Dampf, Regen oder Schnee umgeben den Blick auf sich ziehen.

Für den Maler ist die Bewegung der Eisenbahn allenfalls zur Skizze geeignet. Nach der Erfindung der Fotografie und insbesondere der beweglichen Kamera zum Ende des 19. Jahrhunderts konnte dann auch diese zur Hilfe genommen werden. Im Grunde aber braucht ein Maler einen festen Standort für seine Staffelei, von dem aus er sein Bild schaffen kann. Das war in der Regel sein Atelier, bei den Freiluftmalern des Impressionismus aber gerne ein Standort in der Landschaft selbst. Wollte der Maler die Eisenbahn selbst erfassen, musste sie am besten stehen oder ein- und ausfahrend sich sehr langsam auf den Standort des Malers zubewegen oder von ihm entfernen. Dafür eignete sich vor allem die Front- oder Rückenansicht eines Zuges oder seiner Lokomotiven. In erster Linie boten sich hier die Bahnhöfe oder Stationen an. Sie sind daher auch vielfach Gegenstand von Eisenbahnbildern. Vor allem interessierte dabei der Betrieb auf den Gleisen, den Bahnsteigen und den Zugabteilen mit seinem Publikum.

Die Lokomotiven werden am liebsten von vorn gezeigt, weil so ihre dunkle Masse und die in ihnen steckende Kraft besonders ins Auge fallen. Ihr weißer Dampf oder der dunkle Rauch lässt sich mit den Wolken am Himmel verbinden, mit dem sie eine farblich fein abgestufte Atmosphäre schaffen. Das ist besonders eindrucksvoll bei Monet, Baluschek oder Pleuer zu sehen.

Fast ebenso gern wurden aber auch die sich vor und in den Stationen häufenden Überschneidungen der Gleisspuren und die Weichen mit ihrem metallischen Schimmer, ihrer filigranen Spur im Schnee und dem Kontrast zu dem schweren Gerät, das auf ihnen rollt, zum Thema gewählt. Der Rhythmus der Telegrafenmasten mit ihren Isolatoren und parallel laufenden Drähten ist gern Begleiter von Bahnbildern, seitdem Henri Rousseau sie in die Malerei eingeführt hat.

Gern wird auch das Licht an der Front des Zuges oder in den Fenstern und Oberlichtern der Personenwagen abgebildet. Seitdem dort elektrische Beleuchtung eingeführt wurde, spielt das Lichtband des gesamten Zuges eine malerische Rolle. Auch werden die Signalsysteme gern in nächtliche Szenen einbezogen, weil sie mit ihren Formen und roten Lichtern auffallen. Bei den Bahnhöfen sind es die von der hohen Decke an langen Leitungen herabhängenden Strahler, welche das Menschengewimmel in Licht und Schatten tauchen.

UMWELT

Im Zeitgeist unserer Tage liegt es nahe, die Aussagen der Eisenbahnmaler auch daraufhin zu betrachten, wie stark die mit dem Aufkommen der Bahn verbundenen starken Vorbehalte der älteren Generation gegenüber den Eingriffen in die Landschaft fortbestanden, die mit dem Bau der Eisenbahnstrecken verbunden waren. Dazu müsste man eigentlich im Hinblick auf ihre Bilder ihre Biografien, Briefwechsel und andere Zeugnisse dazu durchsehen, wozu hier kein Platz ist. Es fällt jedoch auf, dass in den Landschaftsbildern die dort vorgefundenen Bahnbauten und Gefährte nicht einfach weggelassen wurden, wenn sie die Ästhetik störten, sondern wie versucht wurde, sie in die gemalte Landschaft, jedenfalls in deren Hintergrund, zu integrieren. Diese Vorbehalte lassen in dem Umfang nach, wie die Eisenbahn sich durchsetzt und vor allem von der jüngeren Generation zum Teil hymnisch überhöht wird. Es entstehen Bilder, in denen die Eisenbahn mit ihren Lokomotiven und Zügen geradezu ins Zentrum der Aufmerksamkeit gerückt wird, indem sie gerade über Brücken dampft oder in Bahnhöfen ein- und ausfährt.

Zur Mitte des 19. Jahrhunderts kommt der kulturkritisch-soziologische Aspekt hinzu, der sich in der Eisenbahn besonders manifestiert, aber die gesamte Wirtschaftsordnung erfasst. Er wurde verstärkt durch die kritischen Schriften und Aktivitäten von Karl Marx und Friedrich Engels zu Ökonomie und Gesellschaft des Kapitalismus, die sie ab 1849 im Londoner Exil verfasst hatten. Sie haben auch die zeitgenössischen Künstler beschäftigt, sich mit dem Problem der Spaltung der Gesellschaft in arm und reich auseinanderzusetzen, wenn sie Anlass hatten, es mit der Darstellung von Eisenbahn zu verbinden. Das kommt hier in den Gemälden und Personen zum Ausdruck, die bei Käthe Kollwitz oder Hans Baluschek gezeigt werden.

Wassily Kandinsky:
Eisenbahn bei Murnau, 1909
Öl auf Karton, 36 x 49 cm
Städtische Galerie im Lenbachhaus, München
(Ausschnitt)

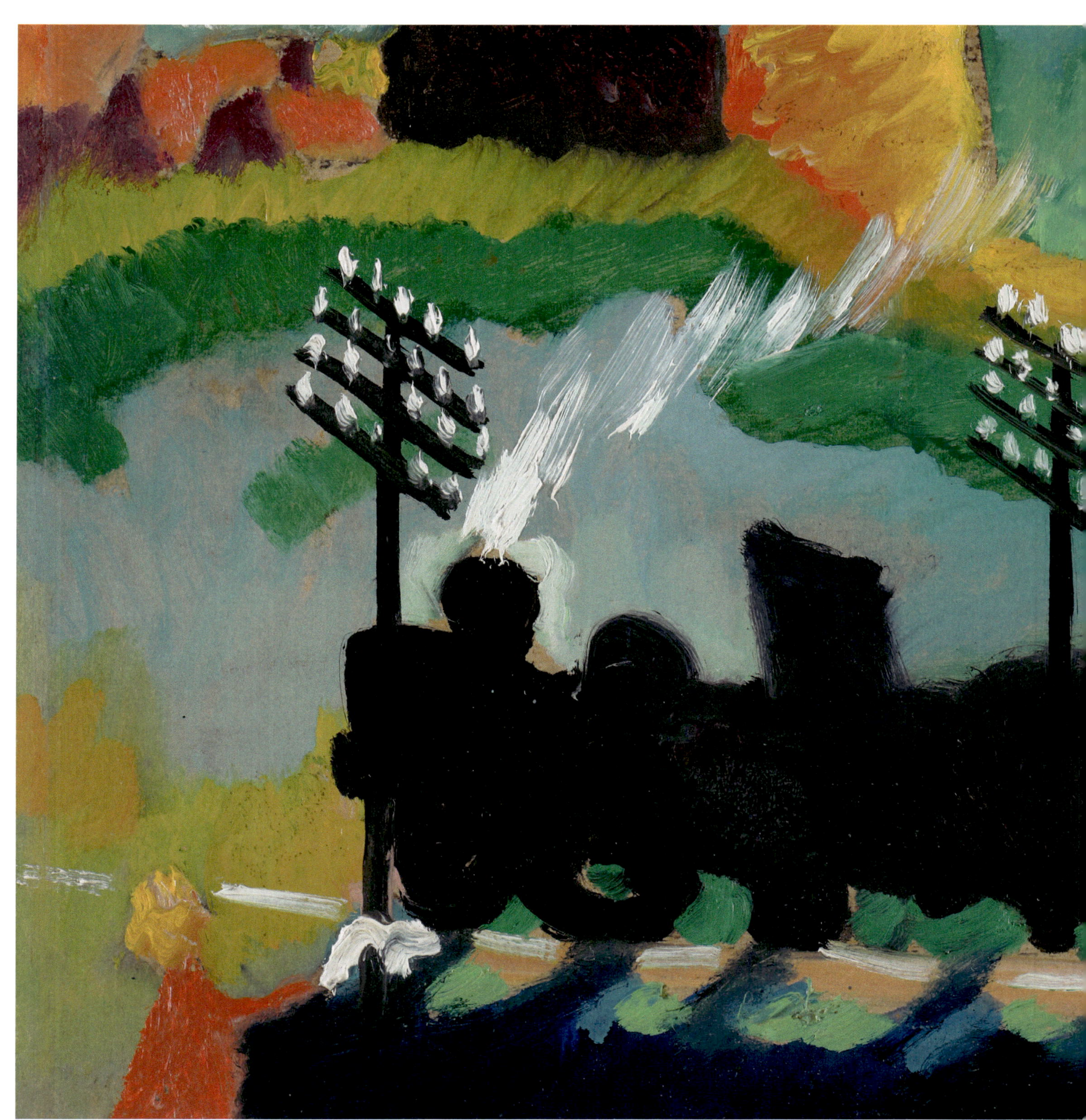

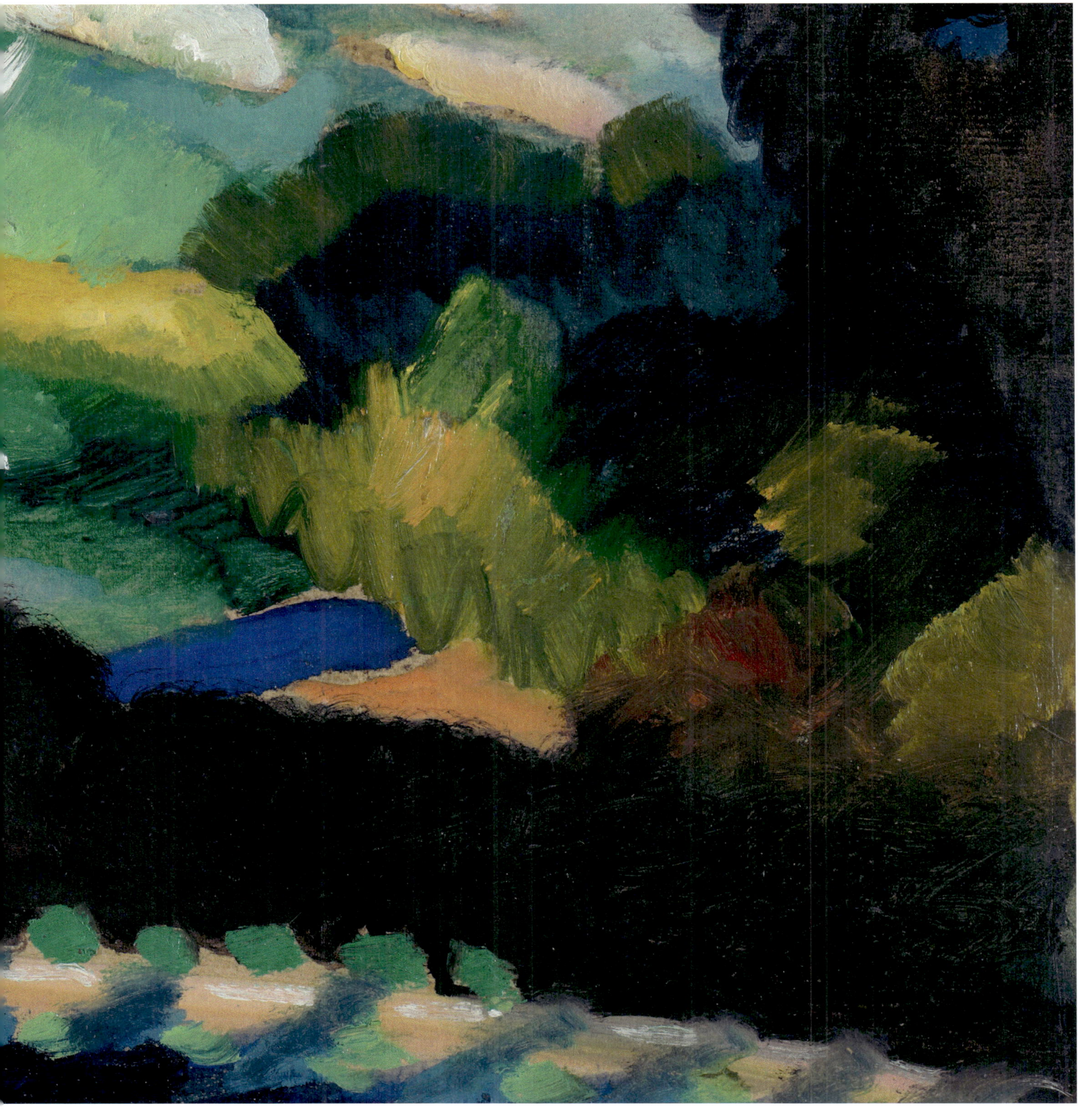# DER KATALOG

Die Maler sind in der zeitlichen Abfolge ihrer Eisenbahngemälde dargestellt. Dadurch werden die -ismen deutlich, vom Impressionismus bis zum Fotorealismus, denen sie stilistisch zugeordnet werden. Ihre Biografien sind auf das Bahnthema hin fokussiert, also keinesfalls umfassend. Bei den Abbildungen wurden die entsprechenden Museen und Sammlungen um digitalisierbare Originalfotos angegangen und, sofern keine Gemeinfreiheit vorlag, die Veröffentlichungsrechte eingeholt.

WILLIAM TURNER
(23. April 1775 in London, UK –
19. Dezember 1851 in Chelsea, UK)

Wenn William Turner mit seinem Bild „Rain, Steam and Speed, The Great Western Railway" von 1844 unsere Ausstellung der Eisenbahnbilder eröffnet, so hängt das damit zusammen, dass durch dieses Gemälde das Thema Eisenbahn für die Kunst sozusagen hoffähig gemacht worden war. Vorher gab es schon Zeichnungen und auch Gemälde von Eröffnungszeremonien für Bahnlinien etwa von London nach Bristol oder auch Nürnberg nach Fürth. Aber Kunstwerke konnte man diese nicht nennen und sie wollten es auch nicht sein. Sie dienten hauptsächlich der Illustration der Ereignisse.

Turner war zu dieser Zeit auf dem Höhepunkt seines Ansehens als ein Maler, der den bis dahin geltenden Kodex der Malkunst grundlegend verändert und erweitert hatte. Seine Bilder ließen die übliche Darstellung gegenständlicher oder symbolischer Themen weit hinter sich, indem er ihre Formen auflöste, die Farben neuartig mischte und verwischte und dazu die Aquarelltechnik für die Ölmalerei einsetzte. 1807 zum Professor für Perspektive an die Royal Academy in London berufen, war er nicht nur in dieser Kunst bewandert. Bei aller Beachtung ihrer Gesetze begann er, die Gegenstände in Farbwelten zu kleiden und an die Grenzen ihrer konventionellen Darstellungsweise heranzuführen, was heute als hohe Abstraktion anerkannt wird. Unsere erste Abbildung ist dazu ein wunderbarer Beleg.

Die Great Western Railway (GWR) war in der Frühzeit des Eisenbahnwesens in England eine der ersten, jedenfalls die bedeutendste britische Bahnstrecke mit einer Breitspurweite von 2140 mm, die

1 William Turner:
Rain, Steam and Speed, 1844
Öl auf Leinwand, 91 × 122 cm
National Gallery, London, UK

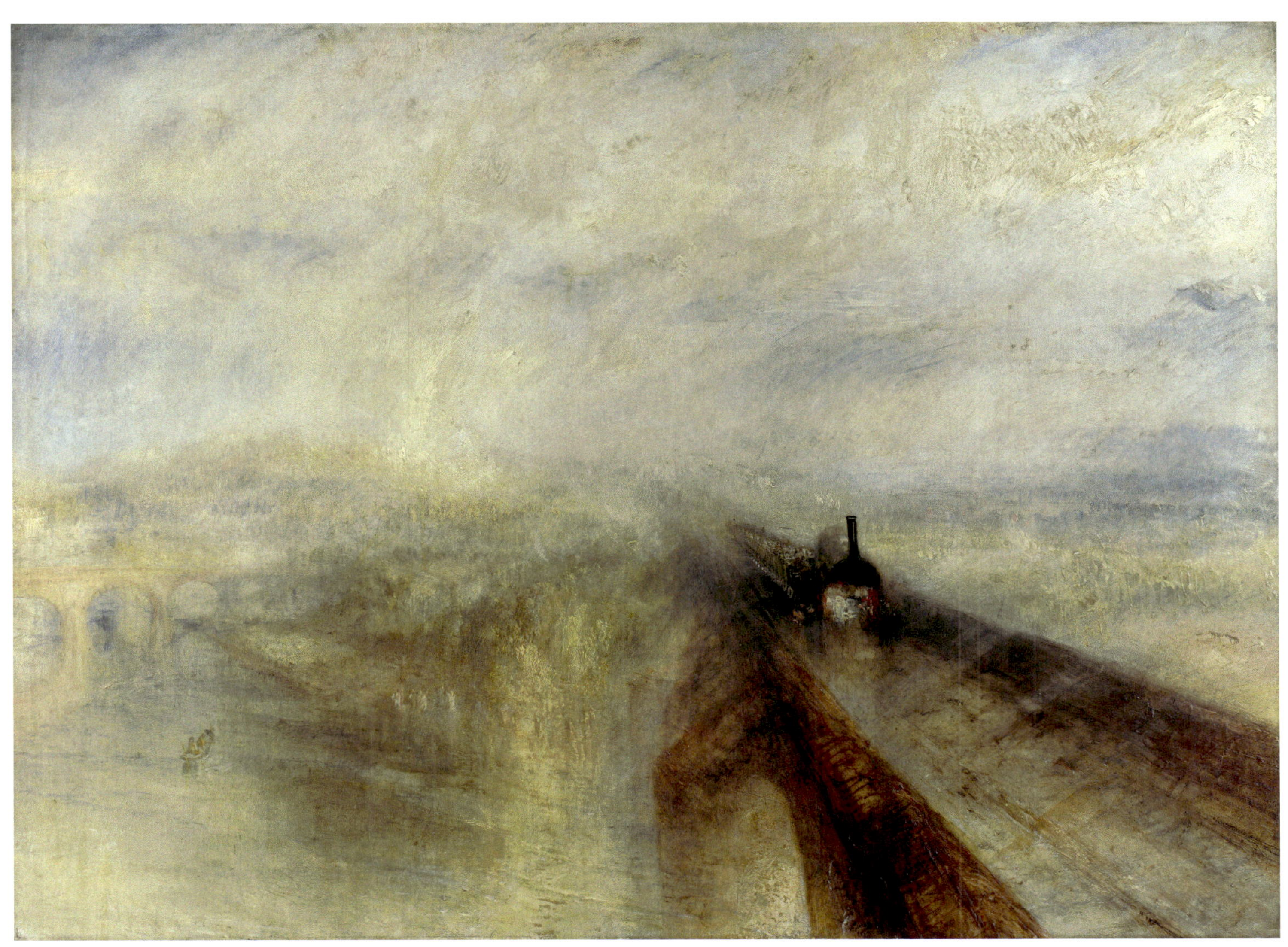

erst 1882 auf die dann auch in Europa vorherrschende Spur von 1435 mm umgestellt wurde. Sie ist heute noch eine Eisenbahnlinie, die unter ihrem ursprünglichen Namen als Bestandteil der staatlichen „British Railways" betrieben wird. 1833 gegründet, wurde sie 1835 vom Parlament konzessioniert und verband nach ihrer Fertigstellung den Hafen Bristol mit London-Paddington. In beiden Städten endete die GWR in Kopfbahnhöfen: In Bristol war es „Bristol Temple Meads", dessen Stadtfassade die Architektur der Kathedrale der Stadt aufnahm. Als einer der ältesten Bahnhöfe der Welt steht er unter Denkmalschutz. Auch London-Paddington erhielt einen Kopfbahnhof, der später nach dem Vorbild des Crystal Palace der Londoner Weltausstellung von 1851 eine eiserne Glasarchitektur im viktorianischen Stil bekam. Die Strecke war zunächst für den Güterverkehr zwischen London und Bristol als zweitwichtigstem Hafen Englands gebaut worden, verband dann aber später London mit ganz Südwestengland, West-England und Südwales auch für den Personenverkehr.

Turner malte sein Bild wenige Jahre nach der Eröffnung der Strecke. Die auf dem Bild gezeigte Lokomotive gehörte zu den Breitspurlokomotiven der Baureihe „Firefly" von Stephenson, die zwischen 1838 und 1842 an die GWR geliefert wurden. Die Dargestellte soll den Namen „Greyhound" geführt haben, was möglicherweise den Hasen erklärt, der zwischen den Gleisen vor ihr davon-

läuft.[58] „Die Unbestimmtheit der dargestellten Dinge, die Turners Malweise charakterisiert, ist in diesem Fall besonders bemerkenswert, weil die Eisenbahnlinie der Great Western den Höhepunkt von Isambad Brunels Ingenieursbaukunst darstellte und im ganzen Land gefeiert wurde. Seit 1841 verband sie London mit Bristol und war 1843, im Jahr vor der Ausstellung des Gemäldes, von Queen Victoria durch ihre erste Eisenbahnfahrt geadelt worden. Dieses Wunderwerk der Technik, die Eisenbahn mitsamt ihren Brücken, stellte Turner jedoch nicht in signifikanten Formen portraithaft vor. Im Unterschied zu technischen Illustrationen begründen vielmehr Regen, Dampf und Geschwindigkeit eine veränderte Sicht auf die Dinge und sind selbst zum Gegenstand der Darstellung geworden. Dadurch scheinen alle Unterschiede in der Materialität der Dingwelt zugunsten ihrer flüchtigen Erscheinung negiert. Nur die Bearbeitungsspuren der Farbmaterie markieren die unterschiedlichen Bereiche von Himmel, Land und Wasser. Sie erscheinen wie verschiedene Zustände derselben Substanz. Dem entspricht die Farbigkeit, deren gelblich-braun-ocker oszillierende Oberfläche als feinste Schichten über der groben Grundierung liegen und zum Eindruck eines ungreifbaren flüchtigen Zustands beitragen.[59]

Das Gemälde hat einen deutlichen Mittelpunkt, der zugleich Fluchtpunkt seines perspektivischen Aufbaus ist. Von dort kommt der Eisenbahnzug auf den Betrachter zu. Die Front der Lokomotive mit schwarzem Dampfkessel wird von ihrem Feuerschein begleitet. Dem hohen Schornstein entweichen drei Wölkchen heller Dampf. Er geht in den Regenhimmel über, der die ganze obere Bildhälfte einnimmt, gleichwohl die Sonne dahinter ahnen lässt. Der Zug, bei dem man bei näherem Hinsehen offene Abteile mit Menschen erkennen kann, setzt wie der Schweif eines Ungetüms nach hinten die Perspektive fort. Vor dem Zug weitet sich das einspurige Gleisbett, unter dem sich einer der elipsenhaften Bögen der Eisenbahnbrücke über die Themse wölbt. Von ihm aus breitet sie sich links bis zur Maidenheadbrücke aus, die den Fluss mehrbögig überspannt und dem Straßenverkehr dient.

Dass Turner das Bild nicht mit „Eisenbahn bei Maidenhead" betitelt hatte, weist auf seine darüber hinausgehende Bedeutung hin. Dazu muss man sich klar machen, dass ein gebildeter Europäer in der Mitte des 19. Jahrhunderts die Vier-Elemente-Lehre von Empedokles kannte: Feuer, Wasser, Erde, Luft. Sie spielt seit der Antike bis in unsere Gegenwart auch in der Kunst eine Rolle. Für Turners Zeitgenossen war die Erfindung der Dampfmaschine und ihre Anwendung in Bergbau und Industrie ein Zeichen dafür, dass der Mensch dank der Naturwissenschaft und Technik es geschafft hatte, sich die Natur dienstbar zu machen. Die Unterwerfung der Elemente zum eigenen Nutzen war es, die im ersten Drittel des 19. Jahrhunderts das neue Zeitalter der Eisenbahn und der industriellen Revolution geschaffen hatte.[60] Es wird behauptet, dass Turner bei einer Eisenbahnfahrt durch den Regensturm den Kopf aus dem Fenster gebeugt und dabei den Entschluss gefasst habe, das Bild zu malen.[61]

Turner stellt in diesem Eisenbahnbild alle vier Elemente dar: Wasser im Regen, auch im Dampf und in der Themse, Feuer im Kessel der Lokomotive, Luft im verhangenen Himmel und Erde in der umgebenden Landschaft und dem erwähnten Hasen, der vor dem Zug um sein Leben läuft. Sie alle werden miteinander durch „Speed" verbunden. Dieses englische Wort bezeichnet nicht nur, wie im Deutschen „Geschwindigkeit", sondern gibt dieser zugleich eine Richtung, hier auf den Maler und den Betrachter zu. Sie kommt ebenso in der starken perspektivischen Verkürzung des Zuges hinter der Feuer und Dampf speienden Lokomotive zum Ausdruck.

Dass der Maler den Zug nur angedeutet hat, brachte ihm zunächst manche Kritik ein. Die badenden Nixen und das ruhige Boot auf der Themse, in dem ein Paar mit Regenschirm sitzt und auch ein Landmann mit Pflug hinter seinen „Zug"pferden herläuft, sind Zeichen des Idylls der herkömmlichen Welt.[62] Am Ufer stehen Menschen, die dem Zug zuwinken.

Turner ist ein früher Vertreter derjenigen Künstler, die den Fortschritt mit Skepsis begleiten und zum Ausdruck bringen, eine Haltung, später noch von so manchen der hier gezeigten Maler erlebt und reflektiert.[63] Auf die Impressionisten jedenfalls hat sein Eisenbahnbild großen Eindruck gemacht. Camille Pissarro, der 1870 mit Claude Monet nach England emigrierte um dem Kriegsdienst zu entgehen, schrieb seinem Sohn später, er möge es sich unbedingt ansehen.[64] Beide Maler haben sich durch das Gemälde zu ihren Eisenbahnbildern anregen lassen.[65]

ADOLPH MENZEL
(8. Dezember 1815 in Breslau –
9. Februar 1905 in Berlin)

Adolph Menzel war der älteste Sohn eines Breslauer Mädchenschuldirektors, der 1818 eine Steindruckerei eröffnete. Da sein Vater seine künstlerische Begabung früh entdeckte, zog er mit der Familie 1830 nach Berlin, wo er ihm eine technische Ausbildung in seiner Druckerei ermöglichte. Als er zwei Jahre später starb, musste Adolph den väterlichen Betrieb fortführen und für den Lebensunterhalt der Mutter und seiner beiden jüngeren Geschwister sorgen. 1833 besuchte er für ein halbes Jahr in Berlin die „Preußische Akademie der Künste". Danach bildete er sich autodidaktisch weiter, indem er in den Berliner Kunstsammlungen die venezianischen, holländischen und französischen Maler der vorigen Jahrhunderte studierte und skizzierte. Er muss dabei große Fortschritte gemacht haben, denn bereits 1839 erhielt er als 24-Jähriger den Auftrag zur Illustration einer mehrbändigen Geschichte Friedrichs des Großen, für die er bis 1842 rund 400 Federzeichnungen und Holzstiche anfertigte. Durch diese Arbeit wurde er einer breiten Öffentlichkeit bekannt und kam auch in Kontakt zum preußischen Königshof.

Ab 1856 war Menzel Professor an der Berliner Akademie der Künste. Inzwischen war er so berühmt, dass er vielfältige Ehrungen erhielt, darunter 1872 den „Orden Pour le Mérite" (Friedensklasse). 1884 fand in der Berliner Nationalgalerie eine erste große Menzel-Ausstellung statt und zu seinem 80. Geburtstag wurde er auf der ersten Biennale in Venedig geehrt. Schließlich erhob man ihn 1898 zum „Ritter des Schwarzen Adlerordens", was ihm den Adelstitel einbrachte. Menzel starb fast 90-jährig in Berlin.

Das Gemälde „Die Berlin-Potsdamer Eisenbahn" von 1847 ist die erste bekannte künstlerische Darstellung einer Eisenbahn im deutschen Raum. Es zeigt deutlich die Lokomotive, während von den Waggons hinter ihr unter der dünnen Dampffahne nur ihre Dächer erscheinen. Die zweigleisige Strecke führt im großen Bogen um eine unbebaute Grünfläche und mündet in einen Bahneinschnitt, der sich links neben einer Baumgruppe auftut. Der Vordergrund rechts ist von einer Anhöhe bestimmt. Ein Trampelpfad führt von hier in die Ebene herunter. Zur rechten Seite ist ein kleines Bahnwärterhäuschen mit einer Schranke zu sehen. Als Silhouette erkennt man am Horizont Berlin. Ein grau verhangener Wolkenhimmel verstärkt den tristen Gesamteindruck, der durch die Ockerfarben der Landschaft bestimmt wird. Das Bild hat einen deutlichen Anklang an das nur drei Jahre zuvor gemalte Werk von Turner. Es wurde 1899 von Direktor Hugo von Tschudi für die Nationalgalerie in Berlin erworben. Von 1848 stammt noch ein Ölbild Menzels „Im Eisenbahncoupé", das sich in der Neuen Pinakothek in München befindet. Dem Industriethema hat sich Menzel noch einmal in den 1870er Jahren gewidmet. Hier ist das berühmte „Eisenwalzwerk" entstanden, das sich

2 Adolph Menzel:
Die Berlin-Potsdamer Eisenbahn, 1847
Öl auf Leinwand, 42 × 52 cm
Nationalgalerie SMB, Berlin

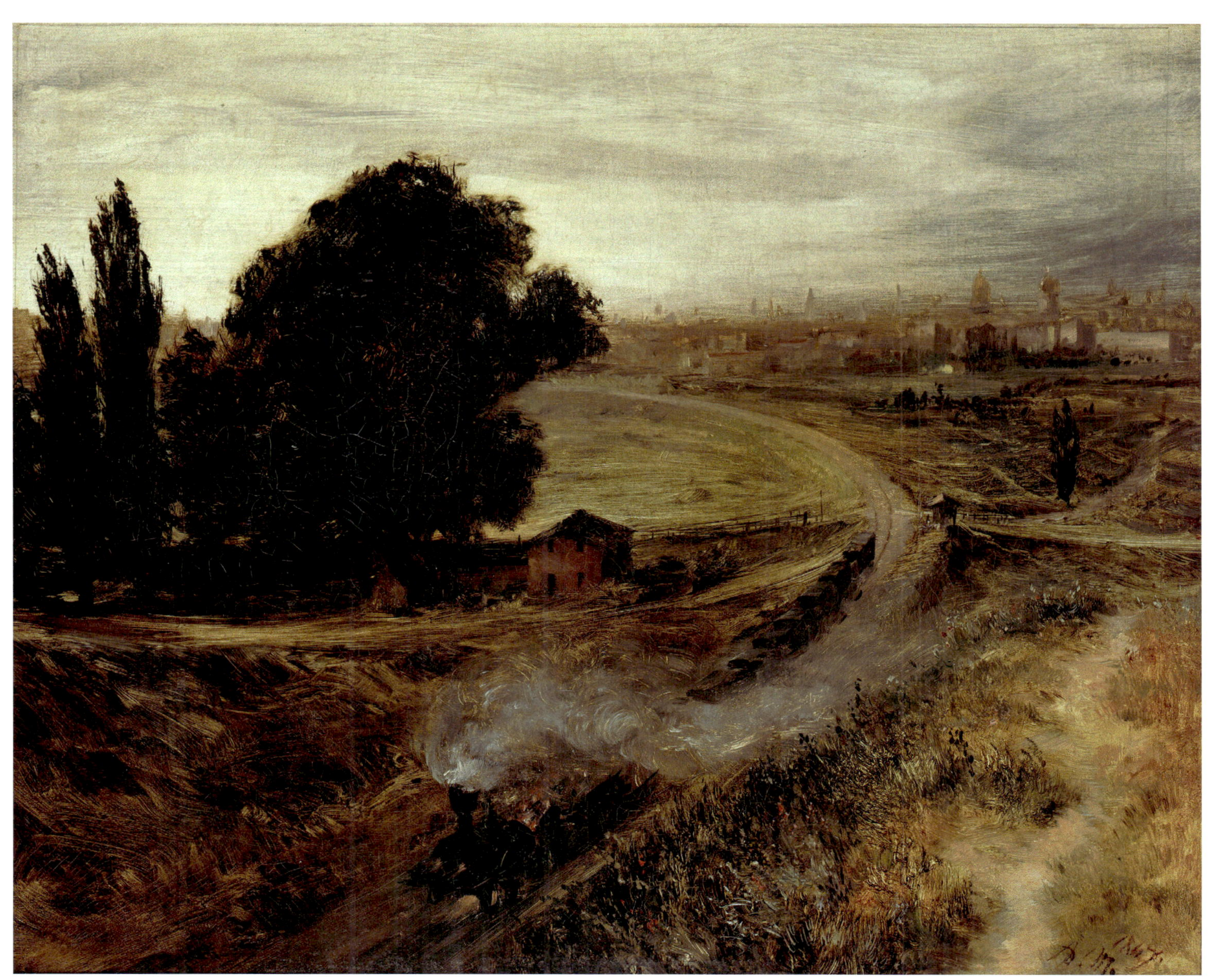

durch große Genauigkeit in der Darstellung der Arbeitsdynamik hervortut. In ihm mischt sich seine Bewunderung mit der Furcht vor der Gewalt der aufkommenden Technik.

„Menzel hat sich im Laufe seines künstlerischen Schaffens häufig und grundsätzlich mit den Folgen der Industrialisierung für die Menschen auseinandergesetzt und hierbei auch den Themenkreis »Menschen und Eisenbahn« oder »Menschen in der Eisenbahn« mehrfach zu seinem Sujet erwählt. Insofern fällt es bei dem Ölgemälde von 1847 auf, dass hier offensichtlich Landschaft und Maschine im Vordergrund der Betrachtung stehen, Menschen überhaupt nicht zu sehen sind und der Mensch damit vollkommen in den Hintergrund zu treten scheint. In Kenntnis der späteren Werke Menzels zum Themenkreis wird man allerdings das Gemälde kaum als Zeugen dafür anführen können, dass er dem »Siegeszug« der Eisenbahn kritisch gegenüber stand. Im Gegenteil scheint der Maler von der industriellen Revolution, die mit der neuen Dampftechnik verbunden war, zu ihrem Bewunderer geworden zu sein. Irritiert haben mag ihn einzig die Zerstörung der Natur, die mit dem Bau der Eisenbahn- und größerer Industrieanlagen verbunden war. Hierauf weist auch die Studie zum Gemälde »Die Berlin-Potsdamer Eisenbahn« hin, die Menzel schon um 1845 angefertigt hatte und die im Kupferstichkabinett der Staatlichen Museen zu Berlin aufbewahrt wird. Die Situation, die im Bereich der heutigen Großgörschenstaße lokalisiert wird, erfasst Menzel darin schon von beinahe genau derselben Perspektive aus. Die Grundelemente der Komposition des Gemäldes sind festgelegt, allerdings fehlen mit Lokomotive, Waggons und Rauchschwaden noch die entschei-

denden Motive, die, dem Blick des Betrachters schon fast wieder enteilt, dem Ölgemälde dann die Dynamik verleihen sollten, die der Studie noch fehlt. Die perfekt scheinende idyllische Anmutung, die Menzel bei den beiden anderen genannten Bildern auch durch das Hinzufügen fiktiver gestalterischer Elemente zu den realen landschaftlichen Vorbildern erreicht, wird beim „Eisenbahn-Gemälde“ durch das Hinzufügen technischer Bauten und Geräte absichtlich durchbrochen und auch im Titel des Gemäldes manifestiert. Die städtische Hektik erreicht das Land.“ [66]

Die preußische Residenzstadt Potsdam liegt nur rund 25 Kilometer südwestlich von Berlin. Nachdem durch die Ludwigsbahn von Nürnberg nach Fürth bewiesen war, dass eine Eisenbahn wirtschaftlich erfolgreich betrieben werden konnte, gab auch König Friedrich Wilhelm III. seine Vorbehalte gegen ihre Einrichtung in Preußen auf. Mit dem Preußischen Eisenbahngesetz vom 3. November 1838 wurde die rechtliche Grundlage geschaffen, die privaten Unternehmern die Errichtung von Eisenbahnlinien und die dazu erforderlichen Enteignungen erlaubte, wobei dem Preußischen Staat zugesichert werden musste, sie nach 30 Jahren übernehmen zu können.

Schon 1837 wurde in Berlin eine Berlin-Potsdamer Eisenbahngesellschaft mit einem Grundkapital von 700.000 Talern gegründet. Sie erwarb direkt vor dem Potsdamer Tor die ehemalige „Bleiche" von den Böhmischen Brüdergemeinden in Berlin und Rixdorf für 12.400 Taler. Der Bahnhof in Potsdam lag, genau wie heute der Hauptbahnhof, südlich der Havel. Neben diesem Bahnhof wurde eine Eisenbahnwerkstatt eingerichtet.

Die unter ihrer Regie gebaute „Stammbahn" von Berlin nach Potsdam ging am 29. Oktober 1838 in Betrieb. Die ersten Bahnhöfe zwischen Berlin und Potsdam waren Zehlendorf (1838), Schöneberg (1839) und Steglitz (1839). Die Verlängerung dieser Strecke von Potsdam über Brandenburg an der Havel und Genthin nach Magdeburg übernahm ab 1843 eine Potsdam-Magdeburger-Eisenbahn-Gesellschaft. Am 7. August 1846 erwarb sie auch die Anteile der Berlin-Potsdamer Eisenbahngesellschaft und bezeichnete sich fortan als Berlin-Potsdam-Magdeburger Eisenbahngesellschaft.[67] Die vollständige Eröffnung der Strecke bis zu ihrem Endbahnhof Fürstenwall in Magdeburg machte noch den Bau von drei Elbbrücken erforderlich, die am 19. August 1848 fertiggestellt in Betrieb gingen. Dadurch war mit der zwischenzeitlichen Schließung weiterer Lücken im nationalen und übernationalen Eisenbahnnetz eine durchgehende Verbindung von Berlin nach Paris geschaffen worden.[68]

Zur offiziellen Einweihungsfahrt erschienen neben den königlichen Prinzen auch der Justizminister und Staatsminister Philipp von Ladenberg, während andere Prominenz die Abfahrt des ersten Zuges nur beobachtete. Bei der anschließenden Feier auf dem Potsdamer Bahnhof lobte Kronprinz Friedrich Wilhelm das neue Verkehrsmittel euphorisch: „Diesen Karren, der durch die Welt rollt, hält kein Menschenarm auf." König Friedrich Wilhelm III. ließ sich nicht zur Teilnahme an der Jungfern-

fahrt bewegen: „Kann mir keine große Seligkeit davon versprechen, ein paar Stunden früher von Berlin in Potsdam zu sein." Das Gemälde Menzels, der ja die Rolle seines Hofmalers wahrnahm, fällt genau in diese Zeit.

Die Berlin-Potsdamer Bahn hatte von der Firma Charles Tayleur & Co in Lancashire vier Lokomotiven der Bauweise von Stephenson mit den Namen „Vulkan", „Minerva", „Rocket" und „Aegean" erworben. Später kamen noch zwei Schnellzuglokomotiven „America" und „Prussia" hinzu, die 1838/39 von der Philadelphia Factory of Neves & Co. geliefert worden waren.[69]

PAUL CÉZANNE
(19. Januar 1839 in Aix-en-Provence –
22. Oktober 1906 ebenda, F)

Cézannes „La tranchée du chemin de fer" gehört mit zu seinen bekanntesten Gemälden. Es zeigt im Hintergrund die Montagne St. Victoire, ist also bei Aix-en-Provence entstanden. Die Eisenbahnstrecke von Aix nach Rognac auf der Fernstrecke Lyon - Marseille wurde ab 1868 gebaut, sodass es nahe liegt, das Bild mit ihr in einen Zusammenhang zu bringen. Der Bahndurchstich scheint noch eine Baustelle zu sein. Es gibt mehrere Skizzen dazu, in denen das deutlich zu sehen ist. Eine Zeichnung allerdings enthält auch die inzwischen verlegten Gleise. Nur das Wärterhäuschen hat schon immer seinen Platz neben ihnen.

Günter Bandmann sieht in dem Bild einen Beleg dafür, dass der Eingriff in die Natur „durch künstlerische Gestaltung zur geformten Schönheit werden" kann.[70] Heinrich Lützeler meint, dass die „Farbe, die er in seinen Bildern oft unabhängig von der Dingwelt verwendet", Räumlichkeit schafft und die Bildstruktur verfestigt.[71] Das mag alles zutreffen. Dennoch scheint das Bild deutlich die Verletzung der Landschaft mit dem Schnitt durch den Hügel zu thematisieren, auf den das Haus mit entsetztem Gesichtsausdruck herabschaut. Auch der „heilige" Berg „Sainte-Victoire", der trotz seiner großen räumlichen Entfernung optisch sehr nahe gerückt ist und eine düstere Farbe annimmt, wirkt dadurch bedrohlich. Cézanne hat hier die Landschaft perspektivisch enger zusammengezogen, als sie in Wirklichkeit ist. Der Einschnitt bildet mit seinen rotbraunen und wie blutig wirkenden Farben den Bildmittelpunkt. Die gelbgrünen Flächen im Vordergrund werden mit ihrem Gebüsch und der Bewaldung in dieser Perspektive zunehmend verdunkelt und zum Berg hin beinahe schwarz in dessen Bedrohlichkeit einbezogen.

Bei der „La Montagne Sainte-Victoire au grand pin" ist rechts am Horizont ein Eisenbahnviadukt erkennbar, das zur Strecke Paris-Lyon-Méditerranée (PLM) gehören dürfte. Sie wurde in den Jahren zwischen 1856 und 1860 errichtet und bestand schon vorher aus einem Abschnitt zwischen Avignon und Marseille. Über das Viadukt ist gerade ein Zug gefahren, denn man sieht noch weiter rechts eine milchige Dampffahne, die sich in der Luft auflöst. Es ist ein Panoramabild, bei dem die rahmenbildenden Kiefernzweige den unmittelbaren Vordergrund hervorheben und damit die stufenweise perspektivische Verkleinerung der Häuser und Büsche in ihrer Tiefenwirkung verstärken. Das Bild stammt aus der Zeit, in der Cézanne zu einem gemäßigteren Pinselstrich und helleren Farben überging.

Die Zweige der Kiefer betonen die sanfte Welle der Sainte-Victoire. Farblich dominieren hier Grüntöne in Übergängen zu gelb und blau. Das Bild ist in den letzten Lebensjahren Cézannes entstanden. Auch hiervon gibt es zahlreiche gezeichnete und gemalte Versionen. In dieser Zeit hat er mindestens acht Gemälde der Montaigne Sainte-Victoire gewidmet.

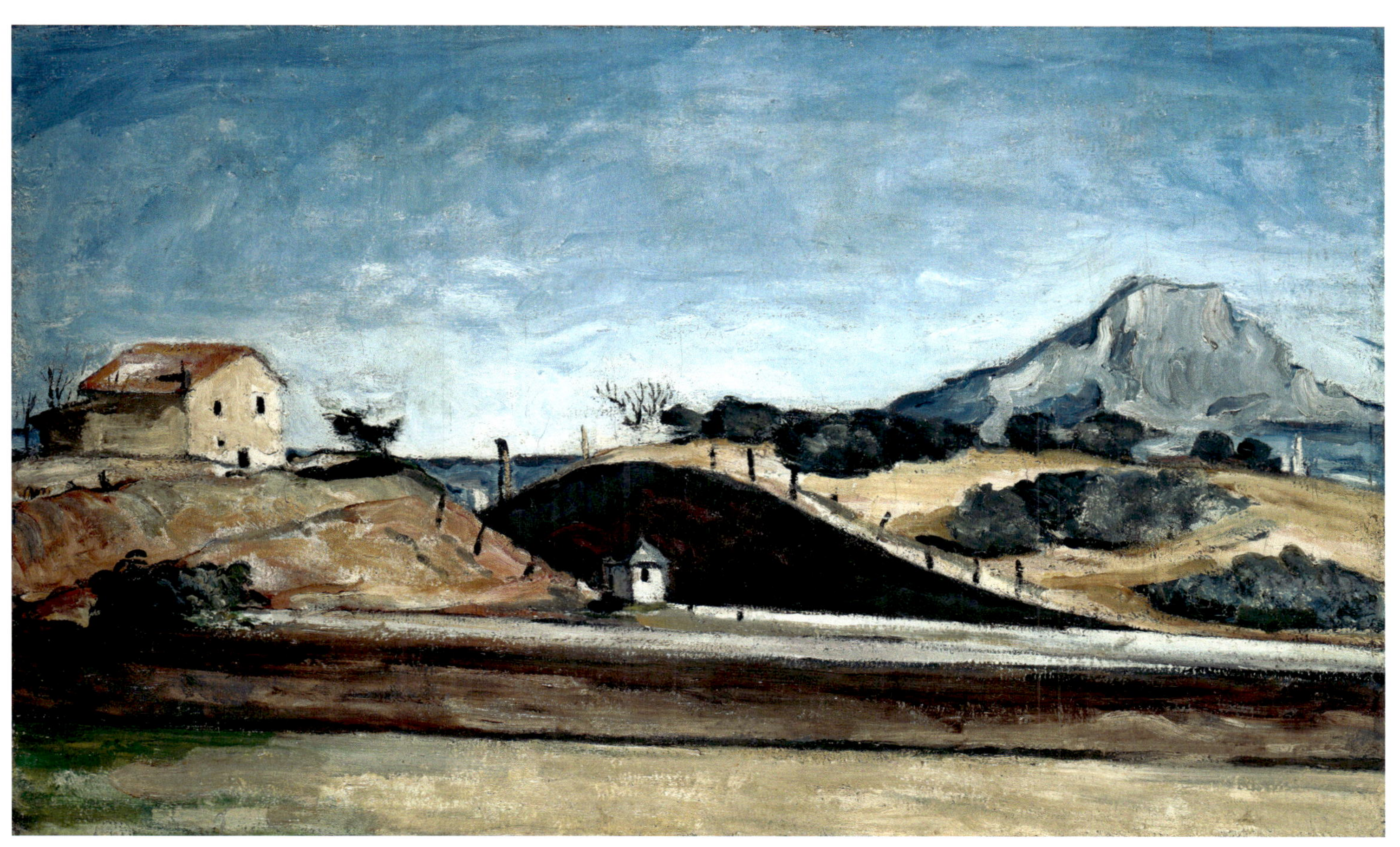

4 Paul Cézanne:
La Montagne Sainte-Victoire au grand pin, 1885–87
Öl auf Leinwand, 66,8 × 92,3 cm
The Courtauld Gallery, London, UK

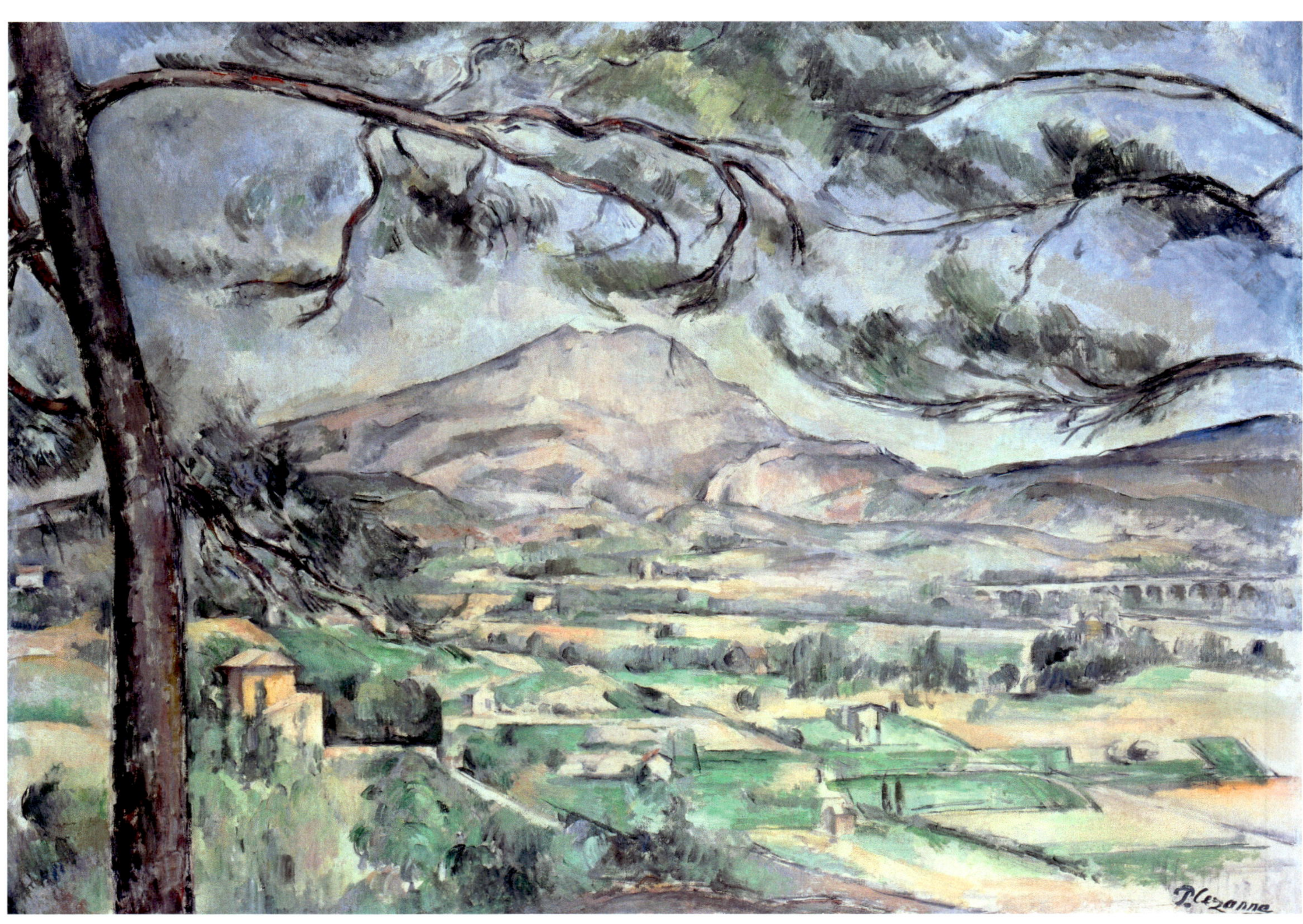

Der Literaturnobelpreisträger von 2019, Peter Handke, hat in „Die Lehre der Sainte-Victoire"[72] dieses Bild beschrieben: „Le grand pin ist noch in anderen Bildern dargestellt, aber nie mehr so für sich. In einem von ihnen (auf dem eine Signatur ist) winkt ihr unterer Ast sozusagen in die Landschaft hinein und formt mit den Zweigen einer Nachbarkiefer einen Torbogen für die Ferne, in der sich in den hellen Farben des Himmels das Massiv des Sainte-Victoire-Gebirges erstreckt." Dieser höchste und beherrschende Berg der Landschaft um Aix-en-Provence repräsentiert mehr als eine geologische Formation. Er verkörpert auf nachdrückliche und monumentale Weise das Land, in dem Cézanne die Wurzeln seiner Kunst gefunden hatte. Zugleich aber hat die Sainte-Victoire auch die Bedeutung eines heiligen Berges, wie sie vom alttestamentarischen Sinai über den Berg Tabori bis zu den 100 Ansichten des Fuji von Hokusai reicht. Wieweit sich Cézanne dieses Zusammenhangs bewusst war, lässt sich nicht sagen. Intuitiv aber muss er ihn geahnt haben. In einem Brief an Vollard vom 3. Juni 1903 vergleicht er sich und seine Aufgabe mit Moses: „Ich arbeite hartnäckig und sehe das gelobte Land vor mir. Wird es mir ergehen, wie dem großen Führer der Hebräer, oder werde ich es betreten können? [73]

Cézanne stammte aus Aix-en-Provence und hat in der provenzalischen Heimat gern gelebt. Reisen und auch Bahnreisen waren nicht seine Sache. Er war damit bis nach Paris gekommen und dort in die Kunstszene seiner Zeit eingetaucht. Merkwürdigerweise hat er sich zwar auch für die Weltkunst interessiert, ist aber beispielsweise nicht ins benachbarte Italien oder nach Spanien gefahren, um sie sich dort anzusehen wie seine

Malerkollegen. Ihm genügten gute Abbilder, um sich damit zu beschäftigen. Dabei lag sein späterer Wohnsitz an der alten römischen Fernstraße der Via Aurelia, deren Fortsetzung in Arles endete und damit diese Verbindung nahelegte.

In Lauves, der unmittelbaren Nachbarschaft nördlich von Aix-en-Provence, erwarb Cézanne im November 1901 ein Grundstück und ließ darauf ein einfaches, zweistöckiges Haus errichten. Dort hatte er sein Atelier und lagerte seine über 2000 Bilder, wohnte aber weiterhin in der Wohnung 23 rue Boulegon in Aix-en-Provence. Jeden Tag wanderte er die anderthalb Kilometer hinauf nach Lauves, um dann von 6 Uhr in der Früh bis 10:30 Uhr zu arbeiten. Nach der Mittagspause ging er wieder ins Atelier, wo er bis 17:30 Uhr tätig war. Sein hauptsächlicher Gegenstand war immer wieder die „Montagne Sainte-Victoire", die er von seinem Haus aus gut sehen konnte und zigmal gemalt hat. Bei einem dieser täglichen Gänge zu seinem Haus in Lauves holte er sich von einem heftigen Regensturm eine Lungenentzündung. Er schaffte es noch, das Portrait seines Gärtners Vallier fertigzustellen. In der Nacht vom 22. zum 23. Oktober 1906 starb er mit 67 Jahren. Kurz zuvor hatte er noch den Wunsch geäußert, beim Malen zu sterben.

CAMILLE PISSARRO
(10. Juli 1830 in St. Thomas (Antillen) –
12. November 1903 in Paris, F)

Camille Pissarros Vater, Abraham Pissarro, stammte aus Portugal und war als Kind mit seinen Eltern vor der Inquisition nach Bordeaux geflüchtet. In Bordeaux existierte eine große Gemeinde sephardischer Juden. Camilles Mutter, Rachel Manzano-Pomié, hatte spanische Vorfahren und stammte aus der Dominikanischen Republik. 1824 wanderte die Familie nach den Antilleninseln aus. In Charlotte Amalie, der Hauptstadt von Dänisch-Westindien auf St. Thomas, gab es eine der ersten jüdischen Gemeinden der Neuen Welt. Dort betrieb der Vater eine Eisenwarenhandlung. Da es in dem Land keine angemessenen Schulen gab, schickte er seinen Sohn auf ein Internat bei Paris.

Camille zeigte früh großes Interesse am Zeichnen. Sein Zeichenlehrer Auguste Savary, gleichzeitig Rektor und Gründer des Internats und ein angesehener Salonmaler, bestärkte ihn dabei. 1847 holte sein Vater ihn zurück nach St. Thomas in Westindien, um ihn in das Geschäft der Familie einzuführen. Pissarro zog es aber jede freie Minute in den Hafen, um zu zeichnen. Dort begegnete er dem dänischen Maler Fritz Melbye, der damals schon ein arrivierter Künstler war. Er erkannte Pissarros Talent und ermutigte ihn, mit ihm 1852 nach Venezuela zu reisen. In Caracas mieteten sie sich gemeinsam ein Haus, und Pissarro zeichnete das Stadtleben, den Markt und die Gebäude, die Tavernen, aber auch das ländliche Leben und die Vegetation in der Umgebung. 1854 kehrte er nach St. Thomas zurück und erreichte die Zustimmung seines Vaters zum Wunsch, Kunstmaler zu werden. Im September 1855 verließ er St. Thomas endgültig und reiste nach Paris. Bei der dortigen Weltausstellung sah er Bilder von Eugène Delacroix, Jean-Auguste-Dominique Ingres und Camille Corot, dessen Schüler Pissarro wurde. Vom Vater gedrängt, nahm er auch Unterricht bei Meistern der „École des Beaux-Arts", doch deren dogmatischer Ansatz sagte ihm nicht zu. Stattdessen traf er sich lieber in den Cafés mit seinen Malerkollegen, um über den Realismus und die Malerei im Freien zu debattieren. Als 1857 seine Eltern wieder zurück nach Frankreich zogen, wohnte Pissarro eine Zeit lang bei ihnen. 1859 kam Julie Valley als Bedienstete in den elterlichen Haushalt und Camille begann ein Verhältnis mit ihr, aus dem zwei Kinder hervorgingen. 1859 begegnete Pissarro an der Pariser „Académie Suisse" Claude Monet und Paul Cézanne, mit denen er sich anfreundete.

Mitte der 1860er Jahre begann er, sich von seinem Lehrer Corot zu lösen und seinen eigenen Stil zu entwickeln. 1863 zeigte er auf dem ersten „Salon des Refusés" seine Gemälde. Der junge Émile Zola fand Gefallen an ihnen und lobte sie überschwänglich. Gleichwohl geriet Pissarro in finanzielle Not und musste sich den Lebensunterhalt mit dem Bemalen von Markisen und Rollos verdienen. 1869 und 1870 arbeitete er eng und regelmäßig mit Claude Monet und Auguste Renoir zusammen. Oft stellten sie ihre Staffeleien nebeneinander auf und malten gemeinsam dieselben Motive, jeder auf seine eigene Art.

5 Camille Pissarro:
Lordship Lane Station, Dulwich, 1871
Öl auf Leinwand, 44,5 × 72,5 cm
The Courtauld Gallery, London, UK

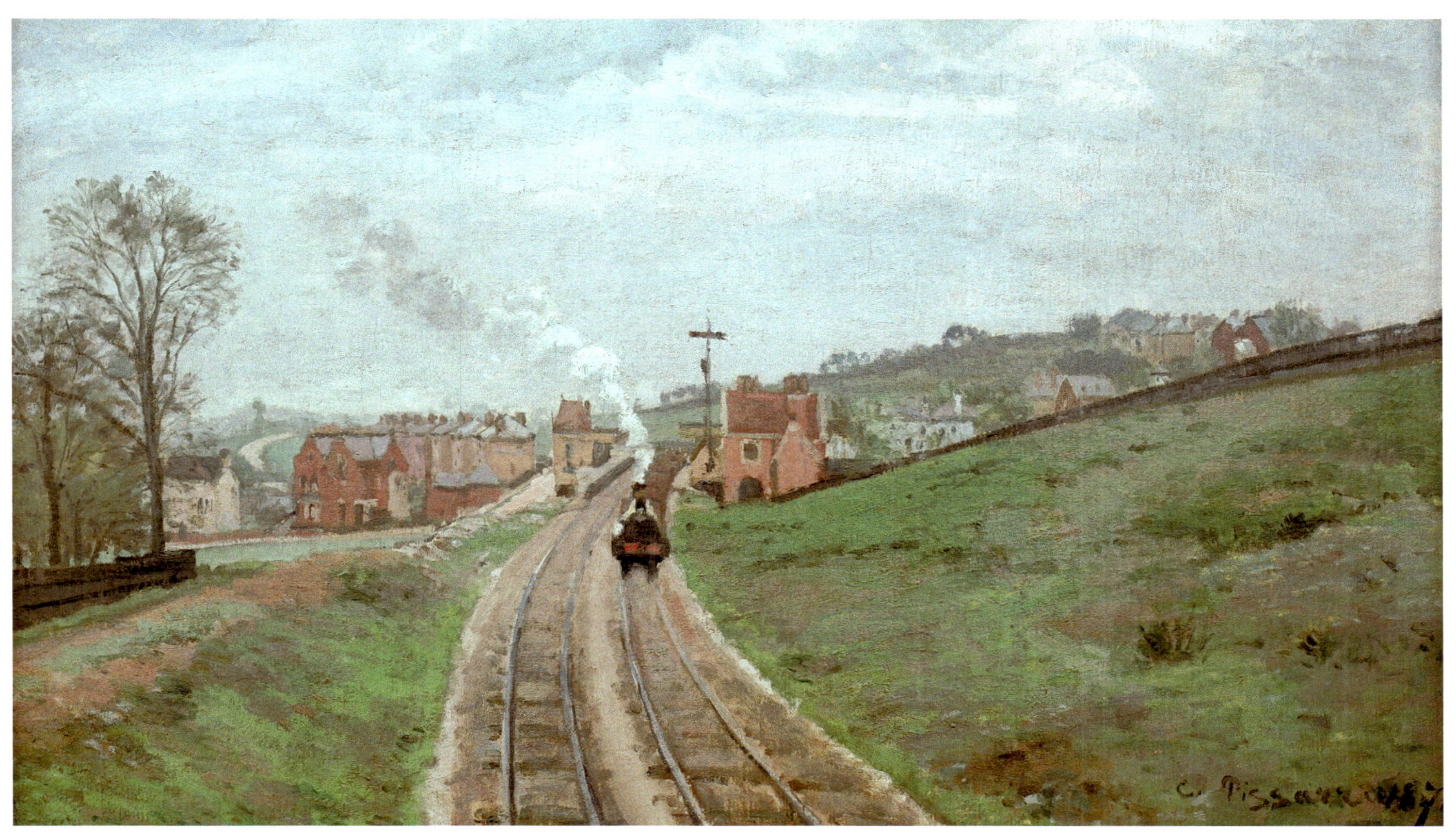

Angesichts des drohenden Einmarsches der preußischen Truppen im deutsch-französischen Krieg von 1870/71 ging Pissarro 1870 nach London. Dieser Londoner Aufenthalt führte zu einer Phase des Umbruchs und des Neubeginns seiner künstlerischen Laufbahn. Jetzt fanden neue Bildvorstellungen, Farben, Techniken und Stimmungen Eingang in sein Schaffen. Wesentlich wurde dies auch durch Pissarros Freundschaft mit Claude Monet bestärkt, der ebenfalls des Krieges wegen nach London emigriert war. Pissarro und Monet trafen sich regelmäßig, sie besuchten gemeinsam die Museen und entdeckten William Turner mit seinen leuchtenden und durchsichtigen Farben und seiner Art, Wolken zu malen.

Im Juni 1871 heiratete Camille Pissarro in Croydon südlich von London Julie, die inzwischen mit einem dritten Kind von ihm schwanger war. Ende dieses Monats kehrte er nach Frankreich zurück, wo ein Teil seiner Bilder von Soldaten zertrampelt worden war. Sie hatten sie im Garten seines Hauses ausgelegt, damit ihre Stiefel nicht schlammig werden. Dieser Verlust galt ihm als weiteres Signal zu einem neuen Anfang. In den Folgejahren arbeitete Pissarro besonders eng mit Paul Cézanne zusammen. Sie beeinflussten einander sehr.

1874 gehörte Pissarro zu den treibenden Kräften, die die erste Impressionisten-Ausstellung organisierten. Das Ergebnis war enttäuschend und Pissarro musste verzweifelt um Verkäufe und den schieren Lebensunterhalt für sich selbst und seine Familie kämpfen. Mitte der 1880er Jahre lernte er die jungen Künstler Paul Signac und Georges Seurat kennen. Neugierig wie immer interessierte er

sich für deren Farbenlehre und adaptierte ihre pointilistische Malweise. 1892 gelang ihm über seinen Kunsthändler und Förderer Durand-Ruel mit einer großen Retrospektive endlich der Durchbruch. In den letzten zehn Jahren seines Lebens malte er eine Serie von Stadtbildern von Rouen, Dieppe und Paris. Als er 1903 73-jährig starb, hinterließ er einen bedeutenden Nachlass an Gemälden, der sich seit 1980 im „Musée Camille Pissarro" in der französischen Kleinstadt Pontoise befindet, wo er von 1866 bis 1883 gelebt und gearbeitet hatte.

Die „Lordship Lane Station" in East Dulwich ist eine Zwischenstation zwischen der Victoria Station in London und der Endstation Crystal Palace, welche von der Linie „Crystal Palace and South London Junction Railway" betrieben wurde. Sie wurde 1865 eröffnet und hieß nach der Hauptverkehrsstraße, an der sie lag. Sie sollte den Verkehr zum Crystal Palace ermöglichen, der nach dem Ende der Weltausstellung von 1851 vom Hyde Park in den Stadtbezirk Lewisham verlegt und dort erweitert 1854 neu eröffnet worden war. Nachdem sich herausstellte, dass die Linie neben mehreren weiteren Verbindungen dorthin nicht mehr rentabel war, wurde sie stillgelegt. Es gibt jedoch noch einzelne Zeugnisse von ihr wie etwa die verzierte Einfahrt zum Tunnel unter den Palast, an der noch

Spuren der einstigen Strecke erkennbar sind. Wer aufmerksam Bahn fährt, kann solche alten Bahnbauten auch auf vielen anderen, modernisierten Eisenbahnstrecken entdecken: Bahn-und Schrankenwärterhäuschen, Schuppen für Lokomotiven und Fracht mit Rampe oder auch stillgelegte Brücken, die entweder verrosten oder Fußgängern dienen, säumen noch viele heutige Bahnstrecken und lohnen danach Ausschau zu halten.

Das Bild stammt aus der Zeit der Emigration. Es befindet sich in den großzügigen Räumen der Courtauld Gallery in London, in denen zuvor die Royal Academy vor ihrer Verlagerung in das „Burlington House" am Piccadilly getagt hatte. Hier sind einige der bedeutendsten Werke von Pissarros Zeitgenossen und Freunden versammelt: Cézanne, Renoir, Gauguin, Manet, auch Toulouse-Lautrec. Pissarros Gemälde hängt in einer Ecke, als ob es von sich kein Aufheben machen wollte. Es zeigt aber einen sehr typischen Blick auf den Süden von London um 1871, bei dem die Lichteffekte wichtiger sind als der gemalte Gegenstand.

Das Gemälde ist ein Meisterwerk der Gestaltung. Kein Gegenstand ist besonders hervorgehoben. Indem es den Blick auf das fahle Licht der Landschaft richtet, die mit ihren feuchten, braunfleckigen Wiesenhängen, den herbstlich schütteren Bäumen und den backsteinfarbigen und getünchten Gebäuden die herankommende Eisenbahn umgibt, erfasst es weit mehr, als Worte es könnten, die typisch englische, unaufregende „Landschaft". Der Dampf der Lokomotive verfärbt sich leicht grau vor dem diesig verhangenen Himmel, der zum Betrachter hin etwas Bläue andeutet. Da der Zug schon am Signalmast vorbei ist, steht

dieser wieder auf Halt. Die Aussage aber ist nicht mehr die Bewunderung der Eisenbahn, sondern eher das Gegenteil davon. Sie ist unbedeutend, fast ein Spielzeug in der Vorstadtlandschaft. Spärlicher Dampf vermischt sich mit dem grauen Alltagshimmel. Keine Sonne, keine Menschen, nichts Lebendiges in dieser öden Landschaft. Es fehlt Turners Dynamik, von der möglicherweise das Bild angeregt worden ist. Pissarro malte die Ansicht von einer Fußgängerbrücke aus, die über die Bahntrasse führt. Das Bild belegt den Linksverkehr der englischen Eisenbahn. Er selbst wohnte in Dulwich bei Norwood, die Lordship Lane Station lag damit auf seinem Weg.[74] Sie wurde im Zweiten Weltkrieg durch Bomben zerstört und später aufgegeben.

ÉDOUARD MANET
(23. Januar 1832 in Paris –
30. April 1883 in Paris, F)

Wer von den französischen Impressionisten das Eisenbahnmotiv als erster aufgegriffen hatte, war Édouard Manet. Er entstammte einer bürgerlichen Familie. Sein Vater, Auguste Manet, war Richter und dann Leiter der Personalabteilung im Justizministerium, die Mutter die Tochter eines französischen Diplomaten, der als Konsul in Göteborg arbeitete. Die Eltern verfügten über ererbten Grundbesitz in Gennevilliers, wo Manets Großvater Bürgermeister war.

Von 1838 bis 1844 besuchte Édouard eine Privatschule in Vaugirard, anschließend das „Collège Rollin" in Paris. Manets Onkel Fournier erkannte sein Zeichentalent und bezahlte ihm Zeichenunterricht. Nach der Schulausbildung wollte er Marineoffizier werden, fiel aber bei der Aufnahmeprüfung durch und entschloss sich, auf dem Schulschiff „Le Havre et Guadeloupe" mitzufahren, um sich während der sechsmonatigen Reise nach Brasilien auf eine Wiederholungsprüfung vorzubereiten.

Nach der Rückkehr war sein Marinetraum verflogen und Édouard konnte seinen Vater dazu bewegen, der Ausbildung zum Maler zuzustimmen. 1850 war er Schüler von Thomas Couture, der vor allem mit lebenden Modellen arbeitete. In dieser Zeit unternahm Manet mehrere Studienreisen, um in der freien Natur zu malen, so 1853 an die Küste der Normandie. Sein Vater finanzierte zudem einige Auslandsreisen. 1852 besuchte er das Rijksmuseum in Amsterdam, und 1853 folgten die Museen von Kassel, Dresden, Prag, Wien und München. Mit seinem Bruder Eugène bereiste er im Herbst 1853 Venedig, Rom und Florenz. Dabei kopierte er vornehmlich die Werke großer Meister. 1860 verließ er sein Elternhaus und bezog zusammen mit der zwei Jahre älteren niederländischen Pianistin Suzanne Leenhoff und ihrem (möglicherweise von Manet gezeugten) Sohn Léon eine erste eigene Wohnung im Stadtteil Batignolles. Nachdem sein Vater gestorben war, heiratete Manet Suzanne 1863.

Anders als die meisten seiner späteren impressionistischen Malerkollegen war Manet sein Leben lang ein überzeugter Stadtbewohner und verließ Paris selten und ungern, außer zu Studienaufenthalten im Ausland oder in den Sommerferien. Gern flanierte er elegant mit Zylinder und Handschuhen in der Art eines Dandys durch die Straßen seiner Geburtsstadt und besuchte Restaurants, Cafés und Varietés, in denen er mit progressiven Malern, Schriftstellern und Politikern zusammentraf. Seine Darstellungen dieser mondänen Welt wurden später sein Kennzeichen.

1862 gründete Édouard Manet zusammen mit anderen Pariser Künstlern die „Société des Aquafortistes" zur Förderung der Radierkunst. Seine Bilder stießen in Paris zunächst auf Ablehnung. So wurde sein Gemälde „Le Déjeuner sur l`Herbe" 1863 vom Salon zurückgewiesen und führte die „Olympia" 1865 zu einem beträchtlichen Skandal. Seine Zeitgenossen irritierten, dass der Maler die Linie zugunsten der Farbe vernachläs-

6 Èdouard Manet:
Le chemin de fer, 1873
Öl auf Leinwand, 93 × 111,5 cm
National Gallery of Art (NGA), Washington D.C., USA

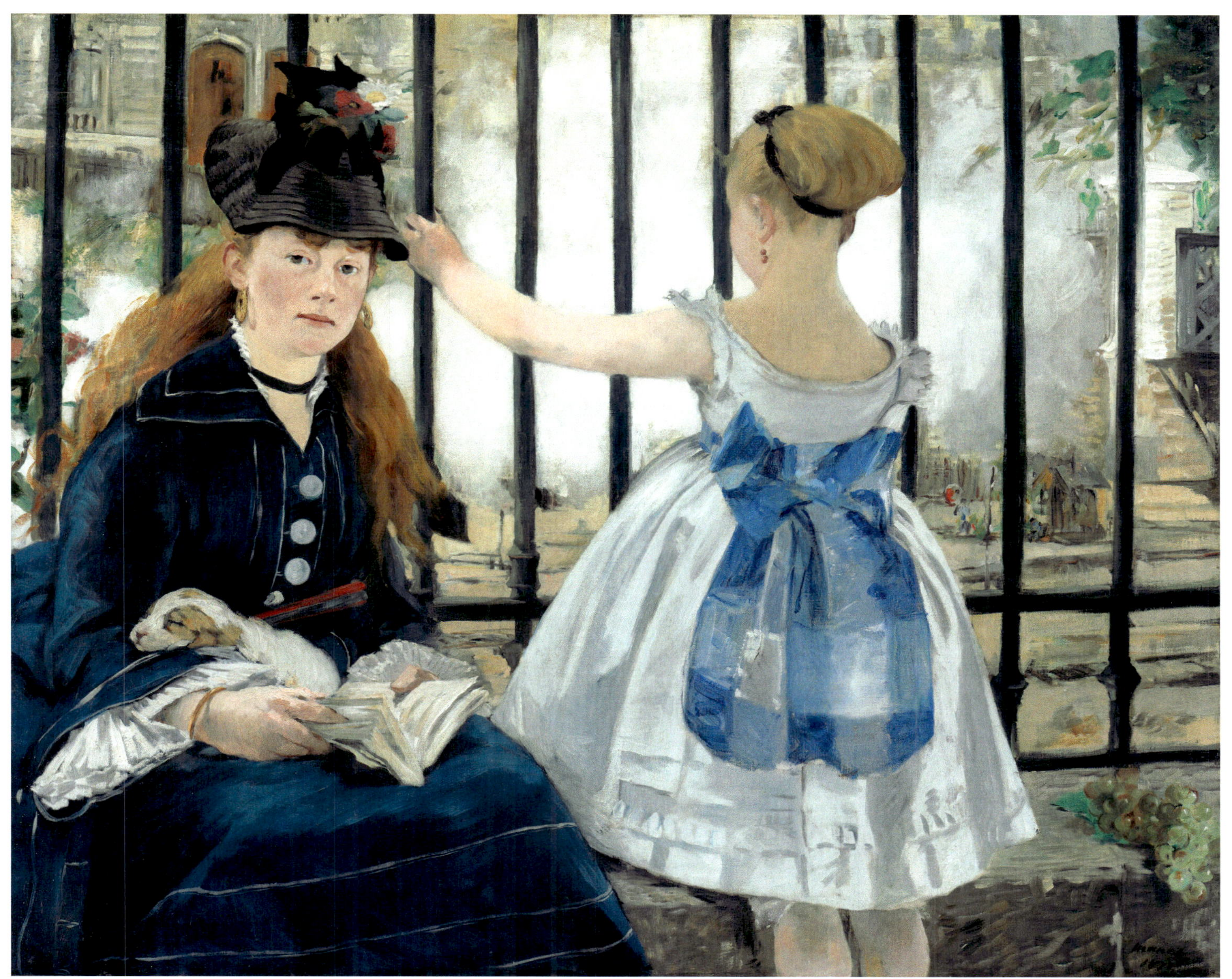

sige und zugunsten der Gesamtwirkung unscharfe Bilder schaffe. Sein Freund Charles Baudelaire, allerdings schwärmte von der Bewegung, dem Flüchtigen und Grenzenlosen dieser Malerei. Seit Ende der 1870er Jahre litt Manet an Syphilis. Am 20. April 1883 wurde ihm deswegen das linke Bein amputiert. Er starb wenige Tage danach im Alter von 51 Jahren und wurde auf dem Cimetière de Passy bestattet.

Sein Bild „Le chemin de fer" wurde von dem Pariser Kunstkritiker Philppe Burty schon 1872 im Atelier von Manet als „noch nicht fertig" gestelltes Doppelportrait beschrieben, das draußen in der Sonne skizziert worden sei, darunter „eine junge Frau in blauem Köper, wie es bis zum Herbst Mode" gewesen. „Bewegung, Sonne, klare Luft, Lichtreflexe, all das erwecke den Eindruck von Natur, aber einer kunstsinnig aufgefassten Natur, die mit größter Genauigkeit wiedergegeben werde."

Manet hatte damals in der Rue de Saint Petersbourg 4 sein Atelier, von dem aus es nicht weit zum Bahnhof Saint-Lazare war. So fand er oft Gelegenheit, dort das Geschehen zu betrachten und hier nach Motiven für seine Gemälde zu suchen Es ist anzunehmen, dass auch dieses Bild von ihm zunächst im Bahnhof skizziert und danach im Atelier gemalt worden ist. Manet schuf von dem Bild noch ein Aquarell, dem eine Fotografie des auf Kunstwerke spezialisierten Fotografen Anatole Louis Godet zugrunde lag. Möglicherweise hatte Manet es sogar bei ihm bestellt. Fotos waren

für Manet nur Hilfsmittel. Offenbar hatte er das Bild behalten wollen, entweder als Dokumentation seiner Arbeit, für die er auch sonst Fotografien nutzte, oder als Muster für weitere, ähnliche Bilder. Denn er malte von manchen Motiven und auch vom Bahnhof Saint-Lazare gern mehrere Fassungen. Aller Kritik zum Trotz oder auch vielleicht ihretwegen wurde das Original nämlich sehr bald verkauft. Manet benutzte das Foto, um es mit Wasser- und Deckfarben zu bearbeiten. Der Nachlass-Stempel auf dem Aquarell zeigt, dass er es lebenslang besessen hatte. Dieses einzige und so umstrittene Eisenbahnbild muss Manet viel bedeutet haben.

Die beiden dargestellten Personen sind, wie das damals gar nicht anders sein konnte, keine Fremden, sondern gute Bekannte. Die Dame auf der Bank dürfte Victorine Meurent gewesen sein, die Manet schon für sein Bild der „Olympia" gedient hatte. Ihr Erkennungszeichen ist auf beiden Bildern das breite Band, das sie am Halse trägt. Ihr Gesichtsausdruck wirkt versonnen, als ob sie über die Lektüre nachdenkt, die sie mit abwesendem Blick auf dem Schoß hält. Bei dem Mädchen am Gitter handelt es sich um die Tochter seines Malerfreundes Alphonse Hirsch, der ebenfalls in der Nähe von Saint-Lazare arbeitete. Sie wendet sich von der Dame ab und blickt durch die Gitterstäbe auf die Gleise. Ihr Kleid mit seiner tiefblauen Rückenschürze bestimmt die Farbe des gesamten Bildes vom Kostüm der Dame bis zu den Dampfwolken über den Schienen.

Worum geht es? Diese Frage stellte sich auch die öffentliche Kritik, welche das Bild auslöste. Wird hier das Verhältnis vom Mensch zur Technik thematisiert: „Sind es Bewohner eines Irrenhauses, die hinter Gittern leben?", so die bösesten Fragen.

Die Antwort ist trivialer: Die Wartesäle in den Bahnhöfen waren damals von den Bahnsteigen und Gleisen durch Gitter oder Schranken abgetrennt und wurden erst geöffnet, wenn der Zugang zu dem am Bahnsteig haltenden Zug freigegeben war. Die Wartezeit verkürzt sich die Dame mit dem Buch, das Kind mit der Beobachtung der Einfahrt einer Lokomotive, die rechts am Bildrand schon erscheint. Nur Kunsthistoriker wissen auch noch den kleinen Schoßhund von Victorine zu deuten: Einen solchen haben sie schon auf Tizians Bild der „Venus von Urbino" in den Uffizien von Florenz gesehen, die Manet als Vorbild für seine „Olympia" gedient haben soll. Auch weisen sie darauf hin, dass hier verblühende Schönheit und jugendliche Neugier beieinander stehen, was den abwesenden Gesichtsausdruck der Dame erklären könnte.

CLAUDE MONET
(14. November 1840 in Paris –
6. Dezember 1926 in Giverny, F)

Unter den Eisenbahnmalern des 19. Jahrhunderts ist zweifellos Claude Monet der Bekannteste. Seine Jugend verbrachte er in Le Havre bei der Halbschwester seines Vaters, wohin später auch die Familie nachzog. Dort besuchte er das Gymnasium und bekam erste Unterweisung im Malen durch den Maler von Landschaften und Seestücken, Eugène Boudin. Der war auf ihn aufmerksam geworden, als Claude seine Karikaturen auf der Straße zum Verkauf anbot. Mit ihm hatte er bereits 1856 eine erste Ausstellung in Rouen.

1859 ging Monet nach Paris, besuchte hier unter anderem die „Académie Suisse" und lernte dort Camille Pissarro kennen. Wenige Jahre später machte er im „Atelier Gleyres" die Bekanntschaft mit Frédéric Bazille, Auguste Renoir und Alfred Sisley. Wiederholt reiste er nach Le Havre, versuchte sich im Malen unter freiem Himmel und traf Gustav Courbet und Édouard Manet. 1870 heiratete er Camille Doncieux, mit der er zusammen mit Pissarro beim Ausbruch des Deutsch-Französischen Krieges nach London reiste, um sich dem bevorstehenden Kriegsdienst zu entziehen. Hier begegnete er William Turner, der ihn sehr beeindruckte und wohl schon in dieser Zeit sein Interesse an der Eisenbahn weckte.

Nach Ende des Krieges kehrte Monet im Herbst 1871 nach einem Umweg über Holland nach Frankreich zurück. Dort mietete er in Argenteuil ein Haus mit Garten. Argenteuil ist eine nordwestlich von Paris am rechten Ufer der Seine gelegene kleine Stadt im Département Val-d'Oise, die damals etwas über 7000 Einwohner hatte. Sie wurde zum beliebten Ausflugsort, nachdem 1851 eine, vom Pariser Bahnhof St. Lazare ausgehende Eisenbahnlinie dorthin gebaut worden war.

Das Eisenbahnthema scheint Claude Monet nicht mehr losgelassen zu haben. Bereits in Argenteuil malte er mehrfach die Pont du chemin de fer von Argenteuil. Diese ursprünglich 1863 fertiggestellte Brücke ist Teil der Bahnstrecke vom Gare Saint-Lazare über Asnières-sur-Seine nach Argenteuil. Sie wurde später nach Nantes verlängert. 1870 im Krieg mit Deutschland von französischen Truppen zerstört, um ein Vorrücken der Armeen auf Paris aufzuhalten, wurde sie unmittelbar danach 1873 in gleicher Art wieder aufgebaut. Direkt danach muss Monet sie gemalt haben. Im Zweiten Weltkrieg wurde sie erneut zerstört und danach durch eine neue Brücke ersetzt, die nicht mehr auf Säulen steht, sondern statt ihrer Betonscheiben zur Stütze hat.

Monet hat das Bild vom Seineufer mit Blick auf den Fluss gemalt, so dass von der Stadt nichts zu sehen ist. Die Seine verläuft an dieser Stelle in ostwestlicher Richtung. Kein Baum verstellt den Blick. Die Malweise entspricht seinem frühimpressionistischen Stil. Besonders deutlich wird dies in dem unscharf wiedergegebenen Uferbereich des Vordergrunds und den mit Farbtupfern dargestellten Lichtreflexen auf dem Wasser. Die vom linken Bildrand heranfließende Seine bildet mit der vor-

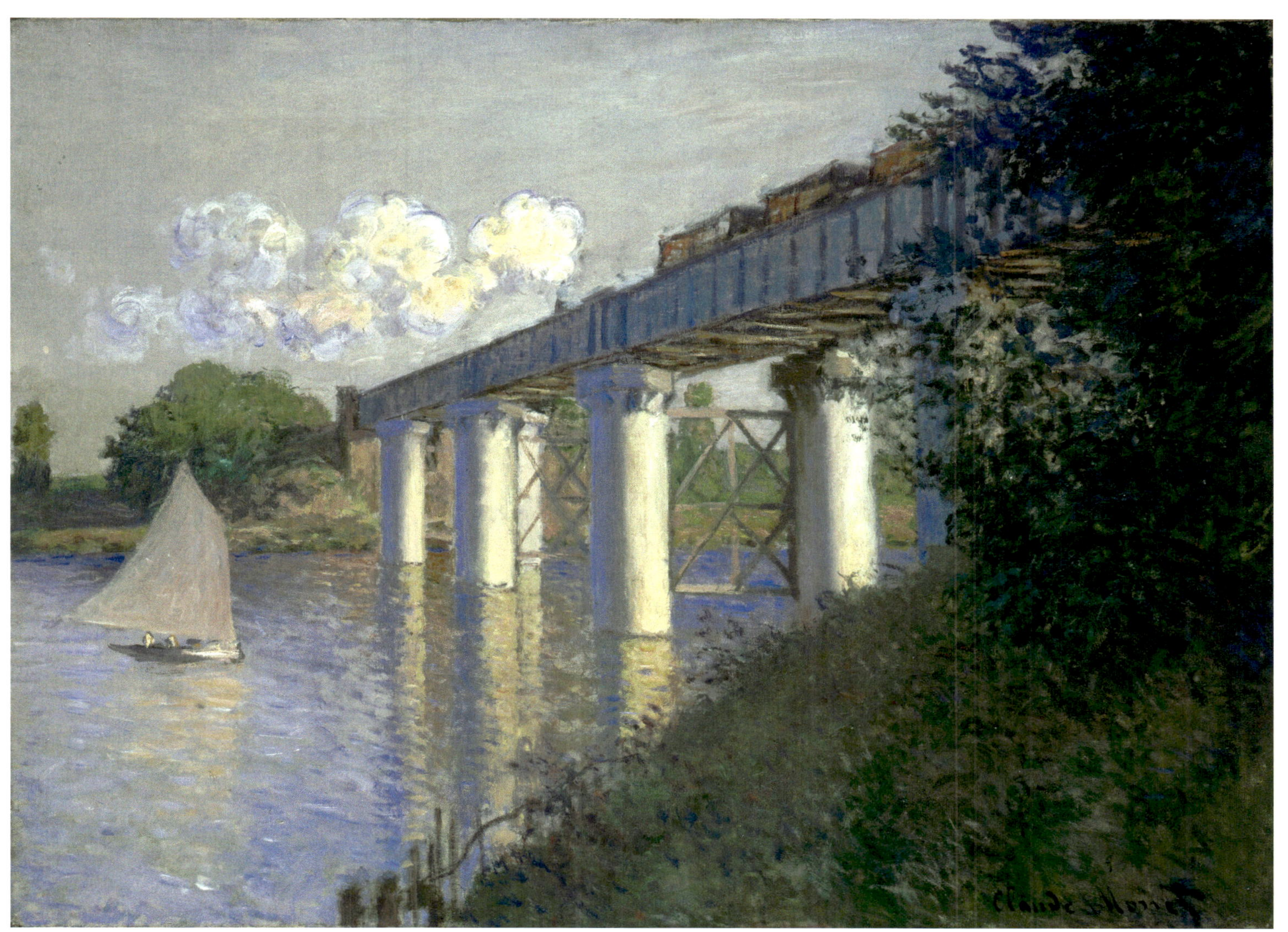

7 Claude Monet:
Le Pont du chemin de fer à Argenteuil, 1873
Öl auf Leinwand, 54,5 × 73,5 cm
Philadelphia Museum of Art, Philadelphia, USA

deren Uferlinie ein Dreieck. In der rechten unteren Ecke findet sich ein flacher Grünbewuchs. Das satte Grün der Vegetation weist auf Sommer hin. Die Pfeiler der Brücke spiegeln sich im blauen Wasser. Die Abendsonne macht, dass der Betrachter auf die Schattenseite von Bahn, Trogbrücke und Stützsäulen blickt. Nur das Segelboot leuchtet hell wie die Dampfwölkchen, die vor dem Zug herziehen.

Die Bahnlinie von Paris nach Saint-Germain über Argenteuil war bei ihrer Eröffnung im Jahre 1838 mit Maschinen der „Etablissements Schneider Frères et Cie." ausgestattet worden, die der „Patenteé" von George, dem Sohn Robert Stephensons, entsprachen und 1833 als Lokomotiven-Bauart eingeführt worden waren.

1873 lernte Claude Monet in Argenteuil Gustave Caillebotte kennen, mit dem er zusammen beschloss, gemeinsame Ausstellungen zu veranstalten. Im Dezember wurde zu diesem Zweck die „Société Anonyme Coopérative d'Artistes-Peintres, -Sculpteurs, -Graveurs, etc." gegründet. Dieser Gesellschaft schlossen sich auch die Künstler an, die später als Kern der Impressionisten galten, eine Bezeichnung, die 1874 von einer Gruppenausstellung mit Monets Gemälde „Impression. Soleil levant" abgeleitet worden war und dann von den Künstlern für ihre Malweise übernommen wurde.

Claude Monet war ein unruhiger Mensch. Er reiste gern und viel durch ganz Europa, um zu sehen und zu malen und wechselte ebenso gern seine Wohnorte. Als er das folgende Bild malte, war er gerade von Argenteuil nach Paris in den Stadtteil Nouvelle Athènes umgezogen. Er wollte sich mehr dem modernen städtischen Leben zuwenden, wie das auch viele seiner Malerkollegen, etwa Degas, Manet oder Caillebotte, taten. Auch war ihm von Émile Zola bedeutet worden, dass es an der Zeit sei, die eigene Gegenwart in den Blick zu nehmen. Die Eisenbahn schien ihm dafür ein geeigneter Gegenstand. Da seine Wohnung neben dem Bahnhof Saint-Lazare lag, bat er die Bahnverwaltung um die Erlaubnis, in diesem Bahnhof seine Staffelei aufstellen zu dürfen. Dazu gibt es einen Bericht von Auguste Renoir:[75] „Monet zog seine schönsten Kleider an, zupfte die Spitzen seiner Manschetten zurecht und überreichte, nachlässig das Stöckchen mit dem Goldknauf schwingend, dem Direktor der Eisenbahnlinien West am Bahnhof Saint-Lazare seine Visitenkarte. Der Amtsdiener erstarrte, er führte ihn sofort herein. Die hochstehende Persönlichkeit bat den Besucher Platz zu nehmen, der sich mit großer Schlichtheit vorstellte: ‚Ich bin der Maler Claude Monet'. Der Direktor hatte keine Ahnung von Malerei, wagte aber nicht, dass einzugestehen. Monet ließ ihn einen Augenblick zappeln, ehe er die große Neuigkeit mitzuteilen geruhte. ‚Ich habe beschlossen, Ihren Bahnhof zu malen. Lange zögerte ich zwischen der Gare du Nord und dem Ihrigen, aber ich glaube nun doch, Ihrer hat mehr Charakter'. Monet erreichte, was er wollte. Man hielt Züge an, sperrte Bahnsteige und stopfte die Lokomotiven mit Kohlen voll, damit sie so viel

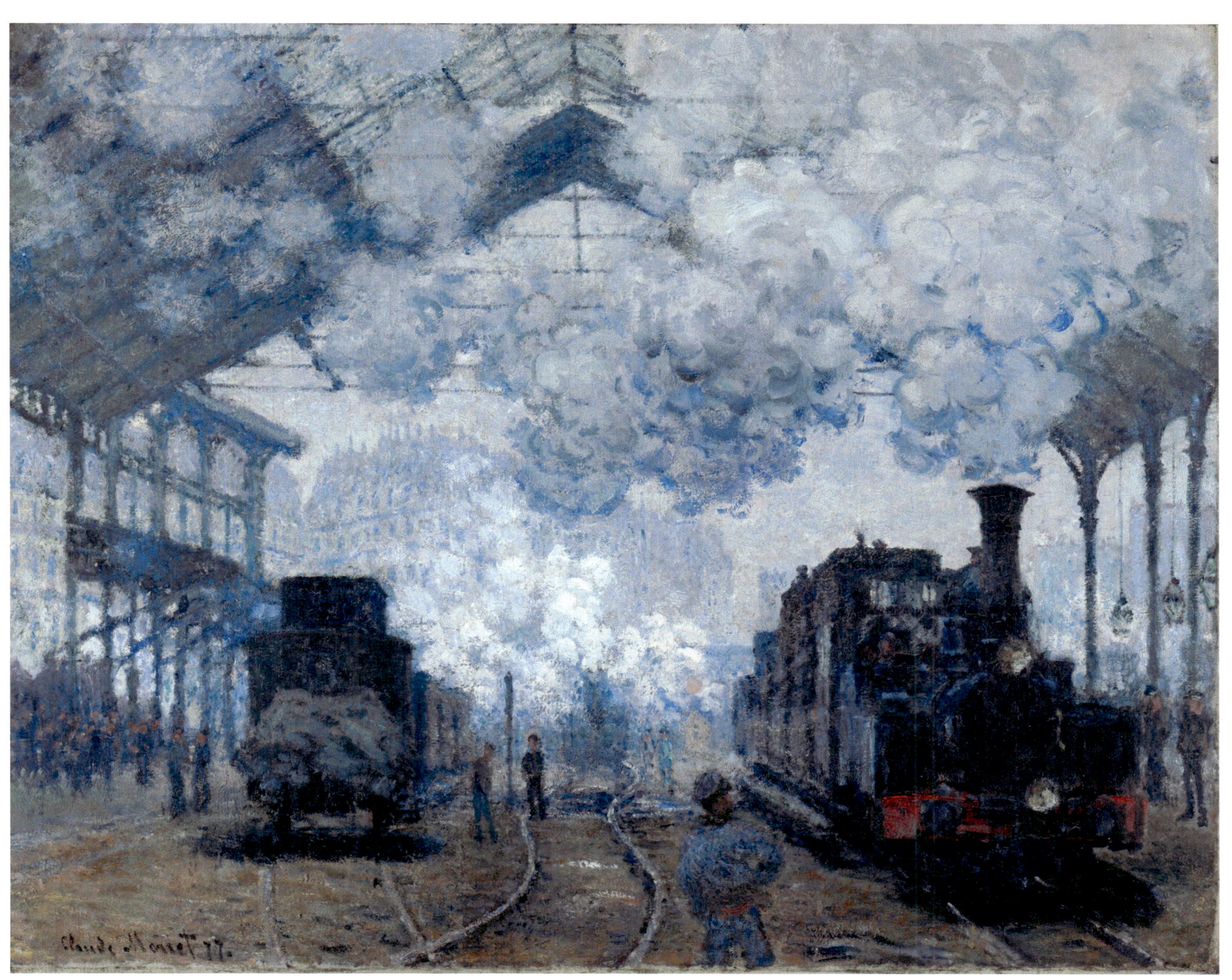

Dampf ausspien, wir es Monet beliebte. Tyrannisch richtete er sich im Bahnhof ein, malte tagelang unter allgemeiner Andacht und zog schließlich mit einem halben Dutzend Bilder wieder von dannen. Das gesamte Personal mit dem Direktor an der Spitze grüßte ihn tief." Man erlaubte ihm auch sowohl die Passagiermassen als auch die Bahnsteige mit den Gleisen für seine Arbeiten aufzusuchen. Er fand in den schwarzen Lokomotiven mit ihren Waggons, den Dampfwolken unter der Glaskuppel der Bahnhofshalle und den Menschen auf den Bahnsteigen die Motive, nach denen er suchte. Ihm ging es weniger um die Darstellung der Maschinen und Reisenden als um die Lichteffekte, mit denen er sich schon beinahe der abstrakten Malerei annäherte. Dabei traf er die Stimmung in der Abfahrtshalle mit ihrem Rauch und Dampf vor dem Hintergrund eines bewölkten Himmels sehr gut.

Das Bild zeigt den für den Fernverkehr bestimmten Teil des Bahnhofs Saint-Lazare, einer der großen Kopfbahnhöfe in Paris im achten Arrondissement. Über ihn wurde hauptsächlich der Regionalverkehr in die Ile-de-France und damit auch nach Argenteuil abgewickelt. Mit etwa 100 Millionen Reisenden pro Jahr war er der zweitgrößte Pariser Bahnhof. Seine Geschichte beginnt 1837 mit der Eröffnung der Eisenbahnlinie von Paris nach Saint-Germain. Für sie wurden nacheinander drei Pariser Bahnhöfe gebaut, um den immer größer werdenden Verkehr zu meistern. Der dritte Bahnhof wurde zwischen 1842 und 1853 an seiner heutigen Stelle, der Rue du Havre, errichtet. 1889 gab es abermals eine, durch die Weltausstellung notwendig gewordene Vergrößerung, dem der Bahnhof sein heutiges Aussehen verdankt.

Rechts befinden sich die damaligen Markthallen an der Rue de Amsterdam. Im Hintergrund sieht man das Gitterwerk der Pont de l`Europe, welche über ihre Gleise führt. Von Gustave Caillebotte gibt es ein sehr bekanntes Bild, bei dem ein elegantes Pariser Paar über die Brücke geht, während ein Junge neugierig sich durch die Stahlkonstruktion beugt, um auf die Eisenbahn unter sich zu blicken.

Die Lokomotive rechts im Bild ist eine Tenderlokomotive, wie sie für den Vorortverkehr der Western Line bestimmt war und wohl auch der auf Abb. 7 entspricht, von der man nur den Schornstein erkennt. Sie wurden zwischen 1848 und 1866 gebaut.[76]

Um was es Monet bei den Bahnhofsbildern ging, zeigt dieses Bild besonders gut, nämlich die Lichtverhältnisse unter einem Glasdach zu erfassen, wo der Dampf der stehenden Lokomotiven aufsteigt und dann mit den Dunstwolken im Freien konkurriert. Das gilt auch für das Gemälde auf dem Deckblatt dieses Buchs. Am Horizont sieht man weitere Lokomotiven mit Dampfwölkchen, sodass eigentlich ein Wolkengemälde mit Bahnhof entsteht. Da Monet sich in die Normandie zurückzog, um seine Seerosenwerke zu malen, hatte diese Ansicht für ihn auch eine lebensgeschichtliche Bedeutung bekommen. Denn vor allem dorthin führt die Eisenbahnstrecke vom dargestellten Bahnhof St. Lazaire.

Im folgenden Jahr siedelte Monet nach Vértheuil im Département Val-d'Oise auf der Île-de-France über, um die schönen Landschaften in der Umgebung der französischen Hauptstadt in Gemälden festzuhalten. Auch hier galt sein Interesse der Atmosphäre und dem Licht. Seine bevorzugten Themen waren immer noch Wolken und Dampf. 1883 bezog er ein geräumiges Haus in Giverny an der Seine und ließ durch einen japanischen Gärtner den Garten nach seinen Vorstellungen anlegen. Dem wurde 1899 der bekannte Seerosenteich hinzugefügt, den er in großflächigen Gemälden darstellte. Auch widmete er sich Japanischen Holzschnitten.

Im Jahre 1908 zeigten sich erste Anzeichen einer Augenerkrankung. Er fuhr mit seiner Frau noch einmal nach Venedig und studierte dort in Kirchen und Museen Werke von Künstlern wie Tizian und Paolo Veronese. 1911 verstarb seine zweite Ehefrau Alice. Als sich im folgenden Jahr sein Sehvermögen weiter verschlechterte, wurde ein doppelseitiger grauer Star diagnostiziert.

Am Ende des Ersten Weltkriegs schenkte Monet dem französischen Staat acht seiner Seerosenbilder. Es dauerte jedoch noch bis zum Jahr 1922, ehe er den notariell beglaubigten Vertrag über die Schenkung unterzeichnete. Im Folgejahr erhielt Monet durch zwei Operationen sein Augenlicht zurück, sodass er wieder an seinen großen Seerosendekorationen malen konnte. Viele seiner Bilder der letzten Jahre zerstörte Monet selbst, weil er nicht wollte, dass nach seinem Tod unfertige Gemälde, sowie Skizzen und Versuche in den Kunsthandel gelangten, wie das nach dem Tod Manets der Fall gewesen war. Er starb 82-jährig in Giverny.

GIUSEPPE DE NITTIS
(25. Februar 1846 Barletta, I –
21. August 1884 St. Germain-en-Laye, F)

Wer die Stadt Barletta in Apulien besucht, kommt nicht umhin, sich das Museum im Palazzo della Marra anzusehen. Es enthält den Nachlass ihres bedeutenden Sohnes, Giuseppe de Nittis, eines Malers des späten Impressionismus, dessen Witwe den künstlerischen Nachlass seiner Geburtsstadt geschenkt hat. Das nachstehende Bild gehört dazu.

Guiseppe de Nittis bekam Zeichenunterricht bei dem örtlichen Maler Giovanni Battista Calò. Er studierte danach in Florenz. Hier schloss er sich den Macchiaioli an, einer Gruppe italienischer Künstler, die sich gegen den Akademismus und hin zum Realismus wandten. Vorbild für sie war die französische Schule von Barbizon mit Gustave Courbet und Camille Corot sowie die Haager Schule der Niederländer. Die Macchiaioli stellten arbeitende Menschen in den Vordergrund. Sie bevorzugten die Freiluftmalerei, um die Natur unmittelbar wiederzugeben. Treffpunkt der Gruppe war das Caffè Michelangiolo in Florenz.

Danach ging de Nittis nach Neapel, wo er mit ähnlicher Ausrichtung die Schule von Resina gründete. Ab 1872 zog de Nittis nach Paris. Hier lernte er Camille Pissarro, Gustave Caillebotte, Edvard Munch und Edgar Degas kennen, deren Malweise er sich annäherte, die sich jedoch von ihm distanzierten. 1875 hatte de Nittis in London mit seinen Pastellen so großen Erfolg, dass er diese Malkunst weiter perfektionierte. Gleichwohl wurde er von seinen impressionistisch arbeitenden Kollegen nicht akzeptiert. Auf der Pariser Weltausstellung von 1878 erhielt er eine Goldmedaille. Auch wurde er im selben Jahre in die französische Ehrenlegion aufgenommen. Er starb schon mit 39 Jahren an den Folgen eines Schlaganfalls und wurde auf dem Pariser Friedhof von Saint-Germain-en-Laye bestattet.

„Zug in der Landschaft" zeigt nur die Dampfspur, die ein vorbeifahrender Zug hinterlassen hat, während die Lokomotive schon am Horizont verschwunden ist und nur der Schluss des Zuges am Ende der Gleise als dunkler Körper erscheint. Im linken Hintergrund scheint ein langer schmaler Schornstein eine Rauchfahne auszustoßen, die am Himmel nach rechts zieht, wohin auch der Dampf des Zuges verweht. Die am Rande der Strecke arbeitenden Bäuerinnen mit ihren ländlichen Kopftüchern bilden dazu einen ruhenden Gegenpol. Auch die mageren Birken weisen in diese Windrichtung. Das Bild lebt von dem Hell-Dunkel-Kontrast zwischen dem diagonal geführten weißen Dampfgewölk und den flachen, nach Gewitter tendierenden Wolkenschichten, in die sich die graue Rauchfahne des Schornsteins fügt.

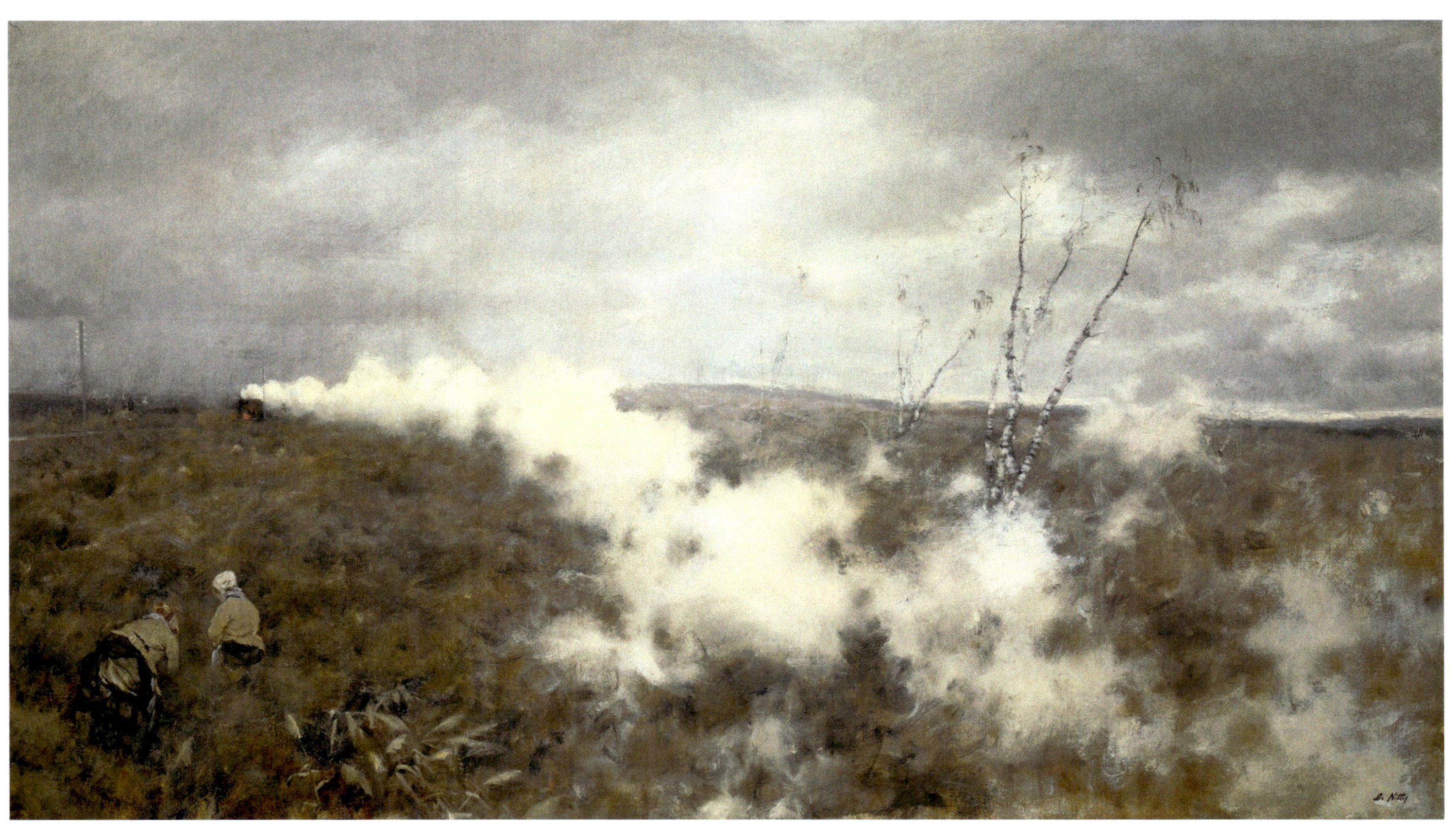

9 Giuseppe de Nittis:
Zug in der Landschaft, 1880
Öl auf Leinwand, 31× 56 cm
Pinacoteca Giuseppe de Nittis, Palazzo della Marra, Barletta, I

GUSTAVE CAILLEBOTTE
(19. August 1848 in Paris –
21. Februar 1894 in Gennevilliers, Hauts-de-Seine, F)

Die Eisenbahnbrücke von Argenteuil hat Caillebotte ganz offensichtlich im Wettstreit mit seinen älteren Malerkollegen Monet und van Gogh gemalt. Wie bei diesen nimmt er die Untersicht der Trogbrücke in den Blick, Dazu zeigt er den herannahenden Zug am Horizont und verzichtet auf einen Vordergrund. Sein Bild konzentriert sich auf die Wasserspiegelung der Brücke, die dadurch schwerfälliger und öliger wirkt als bei Monet. Die blaue Einfärbung umfasst ein sehr breites Farbspektrum, das mit den weißlichen Brückenpfeilern und dem blaugrünen Grasstreifen am anderen Ufer der Seine harmoniert. Das führt zu einer starken Vereinfachung der Formen, die das Bild sehr plastisch macht. Damit weist es über den Impressionismus hinaus auf einen Realitätssinn, dem sich die französischen Maler bald zuwenden.

Gustave Caillebotte hatte 1870 gerade sein Studium der Jurisprudenz mit der „License en droit" abgeschlossen, als wenige Tage später der Deutsch-Französische Krieg von 1870/71 begann und er zur „Garde nationale mobile de la Seine" eingezogen wurde. Nach seiner Entlassung im März 1871 reiste er mit seinen Brüdern Alfred und René nach Schweden und Norwegen. 1872 folgte eine Reise mit seinem Vater nach Italien. Hier besuchte er in Neapel den Maler Giuseppe de Nittis und es entstanden seinerseits erste Gemälde, die deutlich unter dem Einfluss dieses begabten

Malers standen. Er nahm danach bei dem französischen Maler Léon Bonnat Unterricht, um sich auf die Aufnahmeprüfung der „École des Beaux-Arts" in Paris vorzubereiten. Dort ist er 1873 als Schüler im Fach Malerei registriert. Nachgewiesen ist aber nur der Besuch der Zeichenklasse.

Bereits mit 25 Jahren beerbte er seinen wohlhabenden Vater. Auf dessen Gut in Yerres entstanden ab 1879 zahlreiche Werke. Die finanzielle Unabhängigkeit ließ ihn zu einem wichtigen Unterstützer der Impressionisten werden. Caillebotte befreundete sich mit Edgar Degas, Claude Monet und Auguste Renoir, deren Stil ihn dann auch beeinflusste. Zwischen 1875 und 1880 glich er ihn ganz dem der Impressionisten an. Er half, deren erste Ausstellungen zu organisieren und zu finanzieren. Gleichzeitig malte er selbst an die 500 Bilder und sammelte Werke der zeitgenössischen Kunst. Danach zog sich Caillebotte auf seinen Landsitz in Petit Gennevilliers zurück. Der Ort liegt am Ufer der Seine gegenüber von Argenteuil, wo seine Impressionisten-Freunde häufig gearbeitet hatten. Als er 1894 mit 45 Jahren an den Folgen eines Schlaganfalls starb, war er als ein durchaus bedeutender Maler anerkannt.

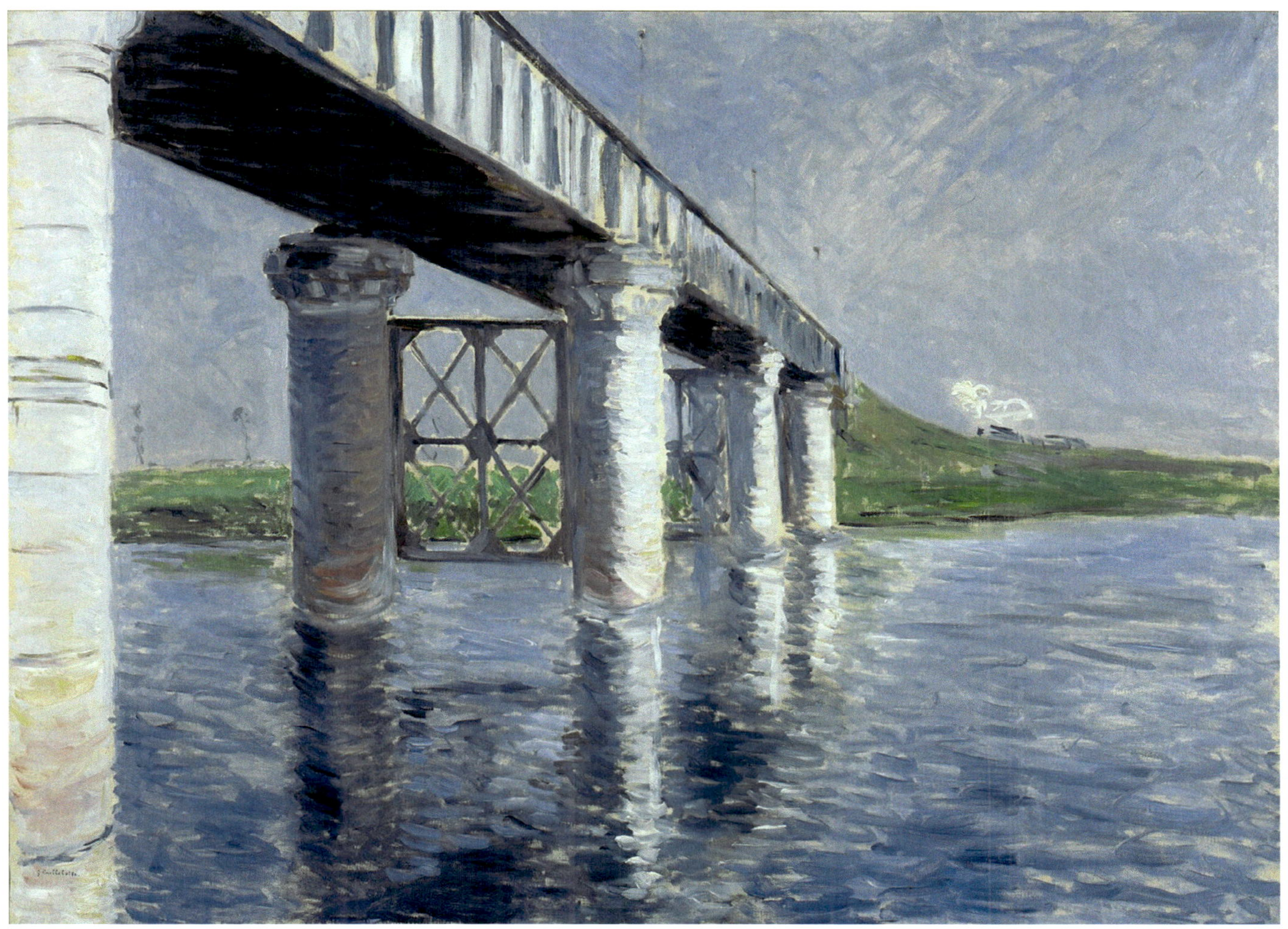

PAUL SIGNAC
(11. November 1863 in Paris –
15. August 1935 in Paris, F)

Signacs frühes Gemälde vom Bahnknotenpunkt im Bois-Colombes ist noch ganz im impressionistischen Stil verstanden. Der Baumstamm in der Bildmitte setzt mit den Masten und Schornsteinen im Hintergrund einen senkrechten Akzent, der sich im Holzgitter, den Bahnbauten und den Wohnhäusern fortsetzt, um ein Gegengewicht zur verschneiten waagerechten Gleisebene mit dem Bahnsteig zu bilden.

Die Station Bois-Colombes liegt an der Strecke von Paris Saint-Lazare nach Saint Germain-en-Laye, die 1837 eröffnet und 1851 am linken Seineufer nach Asniéres-sur-Seine und Argenteuil verlängert wurde. 1863 entstand noch die Verbindung von Argenteuil nach Ermont-Eaubonne.

Der Ort gehört zu den am dichtest bewohnten Kleinstädten in der Nähe von Paris. Die gezeigte Station ist inzwischen durch ein modernes Stationsgebäude ersetzt, das dem Vorortverkehr dient, aber das Mietshaus im Hintergrund sieht heute noch so aus wie 1886, als es gemalt wurde.

Es gibt von Signac weitere Bilder von Bois-Colombes, die aber bei weitem nicht die Popularität dieses Gemäldes erreicht haben. Das zeigt sich in dem großen Angebot an Drucken, Postern, T-Shirts bis hin zu Duschvorhängen, die das Junction-Motiv in alle Welt tragen.

Auch Paul Signac studierte nach seinem Schulabschluss zunächst Architektur, wandte sich aber bald der Malerei zu. 1883 besuchte er die „Académie Libre de Bing". Über seine Bekanntschaft mit dem Maler Armand Guillaumin lernte er die Gemälde von Paul Cézanne, Claude Monet, Vincent van Gogh und Paul Gauguin kennen und orientierte seine weitere autodidaktische Entwicklung an ihnen. Bereits 1884 stellte er bei den „Indépendants" aus. Er befreundete sich mit dem Neoimpressionisten Georges Seurat unter dessen Einfluss er sich zum Pointilisten wandelte. 1885 begegnete er dem Maler Camille Pissarro, der dann für sich ebenfalls diese Malweise übernahm.

Signac entwickelte dazu eine Theorie der systematischen Farbzerlegung, die er nicht nur in seinen Gemälden später selber anwandte, sondern auch in wissenschaftlichen Abhandlungen zu verbreiten suchte. Ihr zufolge besteht das gesamte Bild aus kleinen regelmäßigen Farbtupfern in reinen Farben, die dann mehr Leuchtkraft haben, während beim Vermischen auf der Staffelei die Farben dunkler werden. Der Gesamtfarbeindruck einer Fläche wirkt erst aus einer gewissen Entfernung, um sich dann im Auge des Betrachters zu geformten Bildern zusammenzufügen. Zur farblichen Gestaltung verwendete Paul Signac ausschließlich Farben des Prismas, die er nach dem Prinzip der optischen Mischung mit Weiß vermengte. Nach dem Tod von Seurat 1891, wurde Paul Signac zum führenden Kopf der Neoimpressionisten.

Ab 1892 ging Signac allsommerlich in seine Villa nach Saint Tropez, die damit zu einem künstlerischen Treffpunkt am Mittelmeer wurde. 1911 wurde er als Ritter in die Ehrenlegion aufgenommen, 1926 zum Offizier und schließlich 1933 zum Kommandeur befördert. Er starb mit 71 Jahren in Paris.

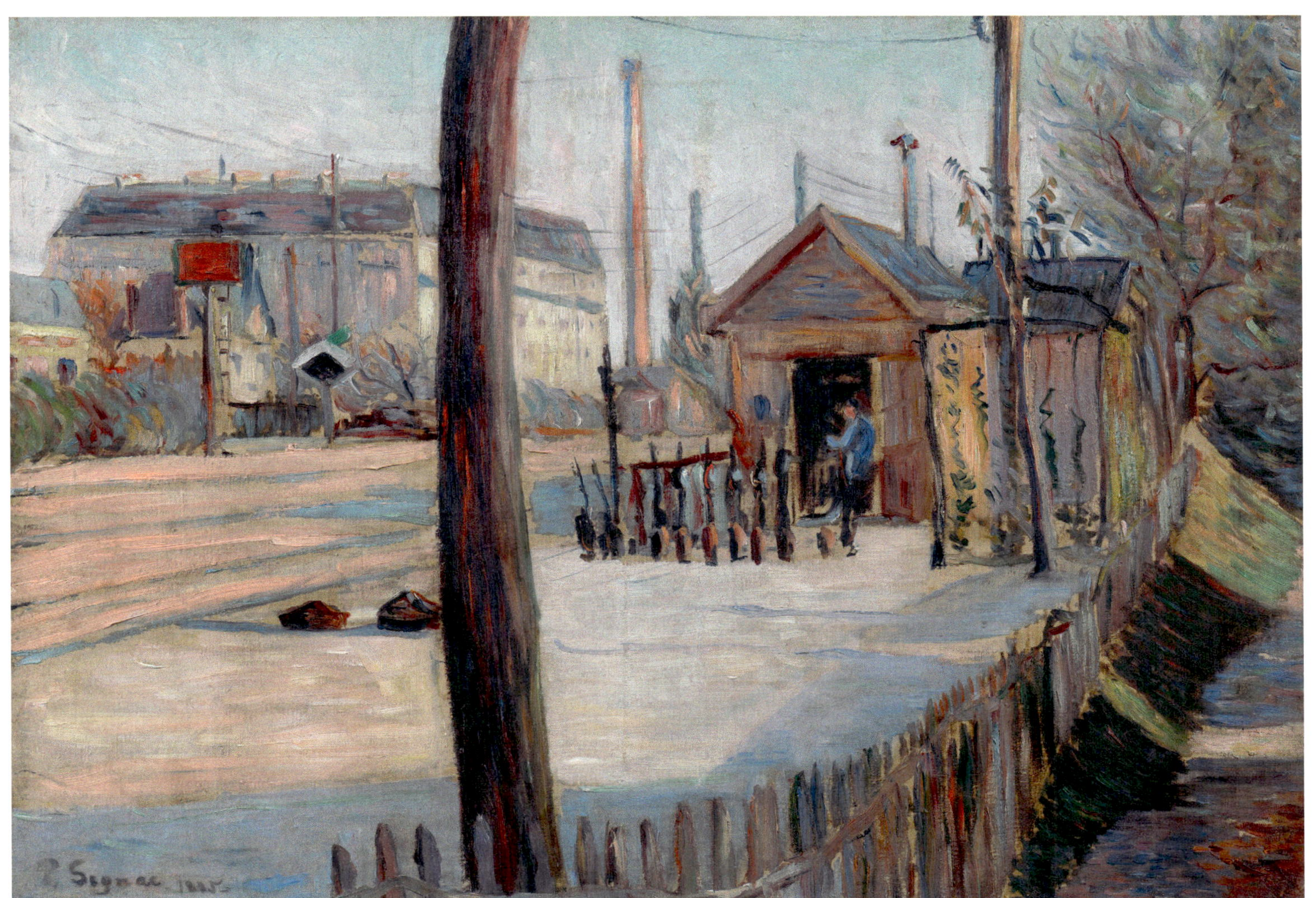

VINCENT VAN GOGH
(30. März 1853 in Groot-Zundert bei Breda NL –
29. Juli 1890 in Auvers-sur-Oise, F)

Vincent van Gogh ist ein so populärer Maler gewesen, dass sein vielbeschriebener und auch verfilmter Lebenslauf hier nicht dargestellt werden muss. Er war ein holländischer Maler und Zeichner und hinterließ über 860 Gemälde und mehr als 1000 Zeichnungen, die allesamt in dem letzten Jahrzehnt seines Lebens entstanden sind, als ob er gewusst hätte, dass er früh sterben würde. Er kam aus einer Pastorenfamilie, hatte noch fünf jüngere Geschwister, von denen einer, Theo, ihm am nächsten stand und ihn in jeder Hinsicht geholfen hatte, mit seinem komplizierten Leben fertig zu werden. Da er früh schon begonnen hatte, sich im Zeichnen zu üben, bildete er sich zunächst autodidaktisch als Kunstmaler aus, nahm auch entsprechenden Unterricht bei einem Verwandten und hatte das Glück, dass sein Bruder Theo für seinen Lebensunterhalt aufkam. Dieser leitete die Pariser Filiale der Kunsthandlung Goupil & Cie. Als Gegenleistung gab ihm Vincent einen Großteil seiner Gemälde zum Verkauf. Obwohl diese Unterstützung keineswegs gering bemessen war, lebte Vincent in ständiger Geldnot. Mit Geld konnte er einfach nicht umgehen. Nach dem Tod seines Vaters

im Frühjahr 1885 zog er in dessen Wohnung nach Nuenen und schuf dort über 180 Gemälde, vor allem Bilder von Bauern aus der Umgebung, aber auch zahlreiche Stillleben. Im November des Jahres ging er nach Antwerpen, um dort an den Kursen der Kunstakademie teilzunehmen, bei der ihm die Modelle und geheizten Räume kostenlos zur Verfügung standen. In den Ferien fuhr er zu seinem Bruder nach Paris, der ihn nicht ohne Bedenken in seine Wohnung aufnahm. Dieser verschaffte ihm dort auch den Kontakt zu den zeitgenössischen Malern des Impressionismus. Van Gogh begann im Freien zu malen, vor allem in der ländlichen Umgebung von Paris, so am Montmartre und in Asnières,

Im Atelier Cormon hatte Vincent den jungen Maler Émile Bernard kennengelernt und sich mit ihm angefreundet. Dessen Elternhaus befand sich in Asnières, einem kleinen Vorort von Paris an der Seine im Nordwesten der Großstadt und beliebtes Ausflugsziel der Pariser Gesellschaft. Der Ort war durch zwei nebeneinander liegende Seinebrücken mit dem gegenüberliegenden Chatou verbunden. Van Gogh kannte zweifellos die entsprechenden Bilder von Argenteuil, die Monet gemalt und unter anderem in der Kunsthandlung Boussod, Valadon & Cie. ausgestellt hatte, in der inzwischen sein Bruder Theo arbeitete. Es lag daher nahe, dass sowohl er als auch sein Freund Émile sich dieses Motivs annahmen.

„Le pont d`Asniéres" von 1887 zeigt im Vordergrund die Eisenbahnbrücke mit einem Personenzug. Hinter der Lokomotive sind der Kohlentender und ein Gepäckwagen sowie weitere Personenwagen zu sehen. Die andere Brücke im

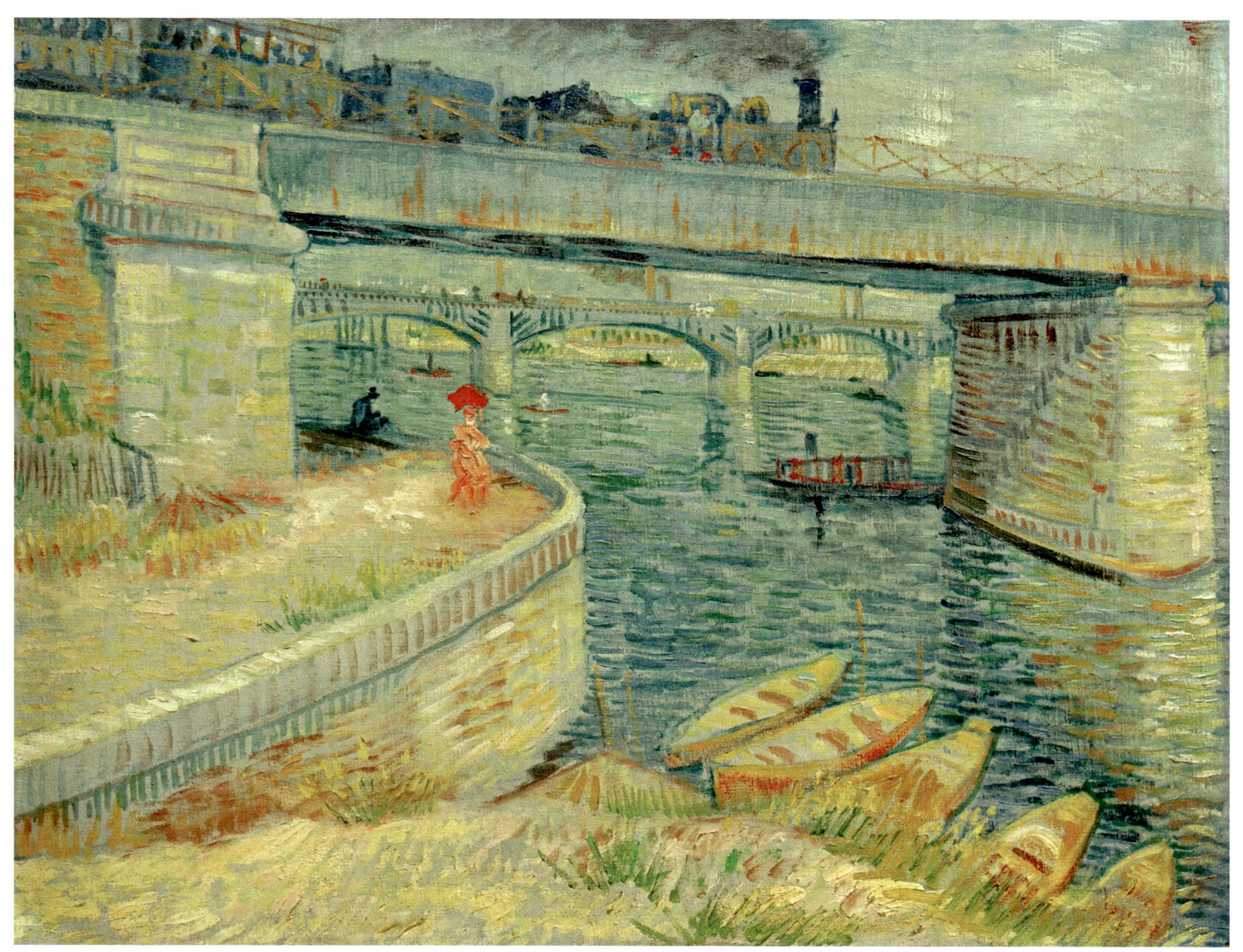

Hintergrund dient dem Straßenverkehr; erkennbar sind drei Personen und eine Kutsche. Die beiden Brücken liegen in Wirklichkeit nicht so nahe beieinander, wie das Bild glauben macht. Möglicherweise wollte der Maler damit ihre Wirkung verstärken: Die Eisenbahn mit ihrer Rauchfahne als Zeichen der Gegenwart steht im Kontrast zu dem beschaulichen Straßenbetrieb und dem Idyll der ruhenden Boote am Ufer der Seine als herkömmliche Verkehrsmittel.

Eine besondere malerische Herausforderung war die Darstellung der Eisenbahnbrücke „Unübersehbar ist van Goghs analytische Auseinandersetzung mit der Farbe; vor allem Paul Signac stand dafür Pate. Es widersprach jedoch van Goghs Temperament, das Sujet mit einer Pointillié aufzulösen. Hingegen nutzt er kurze, zumeist horizontale Striche, die nahe aneinander gesetzt, den Gesetzen des Farbkreises gehorchen und bestimmte Lichtwirkungen vermitteln, wie zum Beispiel die Spiegelung der Brückenpfeiler im Wasser, Oberflächenstrukturen, wie das Mauerwerk der Brückenarchitektur und Bewegung auf der Wasseroberfläche"[76].

1888 zog van Gogh nach Arles, um dem Winter in Paris zu entgehen und bessere Lichtverhältnisse für die „blauen Töne und heiteren Farben des Südens" für seine Malerei zu finden. Bruder Theo ermöglichte ihm diese Umsiedlung. Hier fand van Gogh seinen eigentlichen Stil des breiten Pinselstrichs in reinen Farben. In künstlerischer Hinsicht war der Aufenthalt in Arles besonders produktiv; in sechzehn Monaten schuf er 187 Gemälde.

Während van Gogh im Allgemeinen seine Landschaften sozusagen mit dem Rücken zur Stadt Arles malte, gibt es drei Ausnahmen, in denen die Silhouette der Stadt erscheint. Auch bei ihnen sind es Weizenfelder mit Bauern beim Ernten. Beim „Blick auf Arles über die Kornfelder" von 1888 erscheint die Stadt als Horizont hinter einem vor ihr vorbeieilenden Eisenbahnzug. Die Schornsteine links mit ihren Rauchfahnen gehören zu einer Eisenbahnwerkstätte und einem Gaswerk. Wieder thematisiert van Gogh dabei den Gegensatz von Natur und Technik, wobei seine Vorliebe schon an dem überwiegenden Anteil zu erkennen ist, der auf dem Bild die Natur und die in ihr arbeitenden Schnitter einnehmen. Die Eisenbahn selbst ist schwarz mit einer dürftigen grauen Rauchfahne wie ein Spielzeug dargestellt. Das Bild ist nach einer feinen Zeichnung van Goghs entstanden, in der allerdings der Vordergrund lebendiger dargestellt ist. Bei dem Ölbild wurde festgestellt, dass die Strichelung vorne nachträglich ausgeführt wurde, wohl um das längliche Format zu betonen, das er in Anlehnung an japanische Holzschnitte gewählt hatte. Auch der Schnitter mit dem flachen Strohhut und die Garben bindende Bäuerin zitieren japanische Stilelemente. In diesen Jahren interessierte sich van Gogh für diese hohe Kunst besonders.

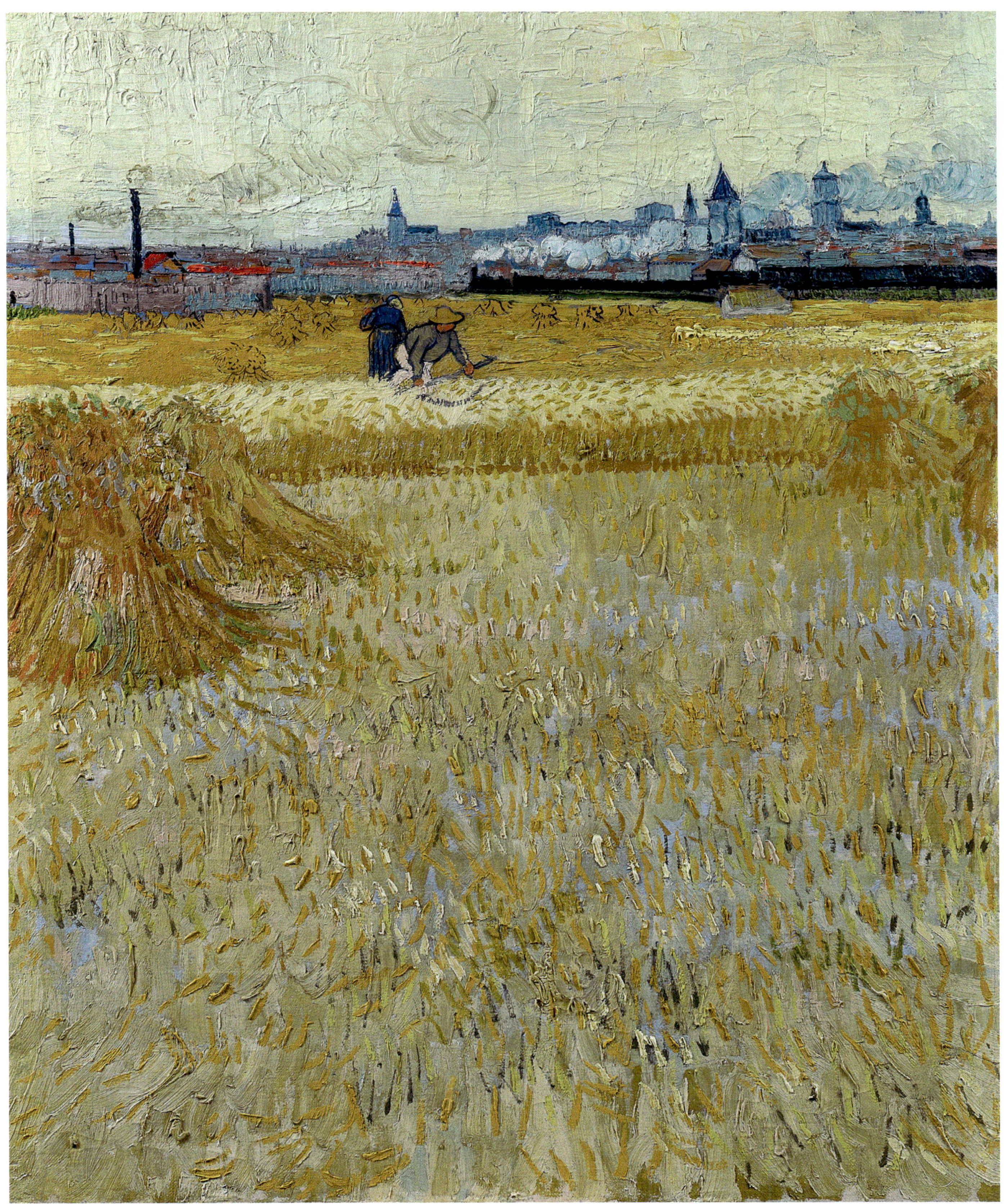

Das „Gelbe Haus" am 2, Place Lamartine in Arles steht im Zentrum des Bildes. Van Gogh hat es immer wieder gemalt, allerdings nicht so, wie es wirklich lag, sondern seine Umgebung weitläufiger gestaltet. Die hier gezeigte Version ist eine unsignierte, mit Wasserfarben versehene Federzeichnung. An der Straße, die zum Bahndamm mit der Eisenbahn auf der Brücke führt, sieht man ein Restaurant, vor dem mehrere Gäste im Freien sitzen. Vor dem „Gelben Haus" mit seinen grünen Fensterläden steht ein Mann. Eine Dame mit Kind geht auf ihn zu. Über dem Geschäft mit der gestreiften Markise ist ein Schild mit der Aufschrift „Comestibles" zu sehen. Seine hellen Fenster bilden einen Gegensatz zu den grüngestrichenen Holzteilen und dem dunklen Innern des „Gelben Hauses". Van Gogh hat hierzu seinem Freund Eugène Boch im September 1888 geschrieben: „Dann eine Aussicht von meinem Haus und der Umgebung, schwefelgelb im Sonnenlicht, der Himmel hartes, leuchtendes Kobalt – das ist äußerst schwierig."[77] 1941 wurde das „Gelbe Haus" bei einem Luftangriff der Alliierten zerstört.

Eine Eisenbahn fährt gerade über die Doppelbrücke in den Bahnhof von Arles ein, den man noch nicht sehen kann. Ihr schütterer Dampf mischt sich in den tiefblauen Himmel, der das obere Drittel des Bildes bestimmt.

Nachdem er im September seine Wohnung fertig möbliert hatte, wollte er den lang gehegten Traum verwirklichen, das „Atelier des Südens" zu begründen, in dem Künstler gemeinsam leben und arbeiten könnten. Aber nur Gauguin erklärte sich nach langem Zögern bereit zu kommen, nachdem Bruder Theo ihm die Reisekosten sowie eine monatliche Unterstützung zugesagt hatte. Jedoch endete das Zusammenleben schon zwei Monate später mit einem nie völlig geklärten Vorfall, in dessen Verlauf van Gogh sich nach einem Streit mit Paul Gauguin, wie dieser später berichtete, einen großen Teil seines linken Ohres abgeschnitten haben soll. Der Vorfall gilt als erstes Zeichen seiner psychischen Erkrankung, die mit Wahnvorstellungen, Albträumen sowie Depressionen verbunden war. Vincent bekam sie in den ihm verbleibenden eineinhalb Lebensjahren noch mehrmals für Tage oder auch Wochen, und sie hinderten ihn am Malen. In den Zwischenphasen war er jedoch klar und leistungsfähig.

An jedem schönen Tag suchte van Gogh in Arles und seiner Umgebung nach Motiven für Zeichnungen und Gemälde. Oft wählte er solche Plätze zum Arbeiten aus, die für ihn einen japanischen Charakter hatten oder ihn an holländische Landschaften erinnerten. Schon länger hatte er ein besonderes Interesse an japanischen Holzschnit-

14 Vincent van Gogh:
Het Gele Huis (De Straat) Arles, September 1888
Aquarell; 25,7 × 31,7 cm
Rijksmuseum, Amsterdam, NL

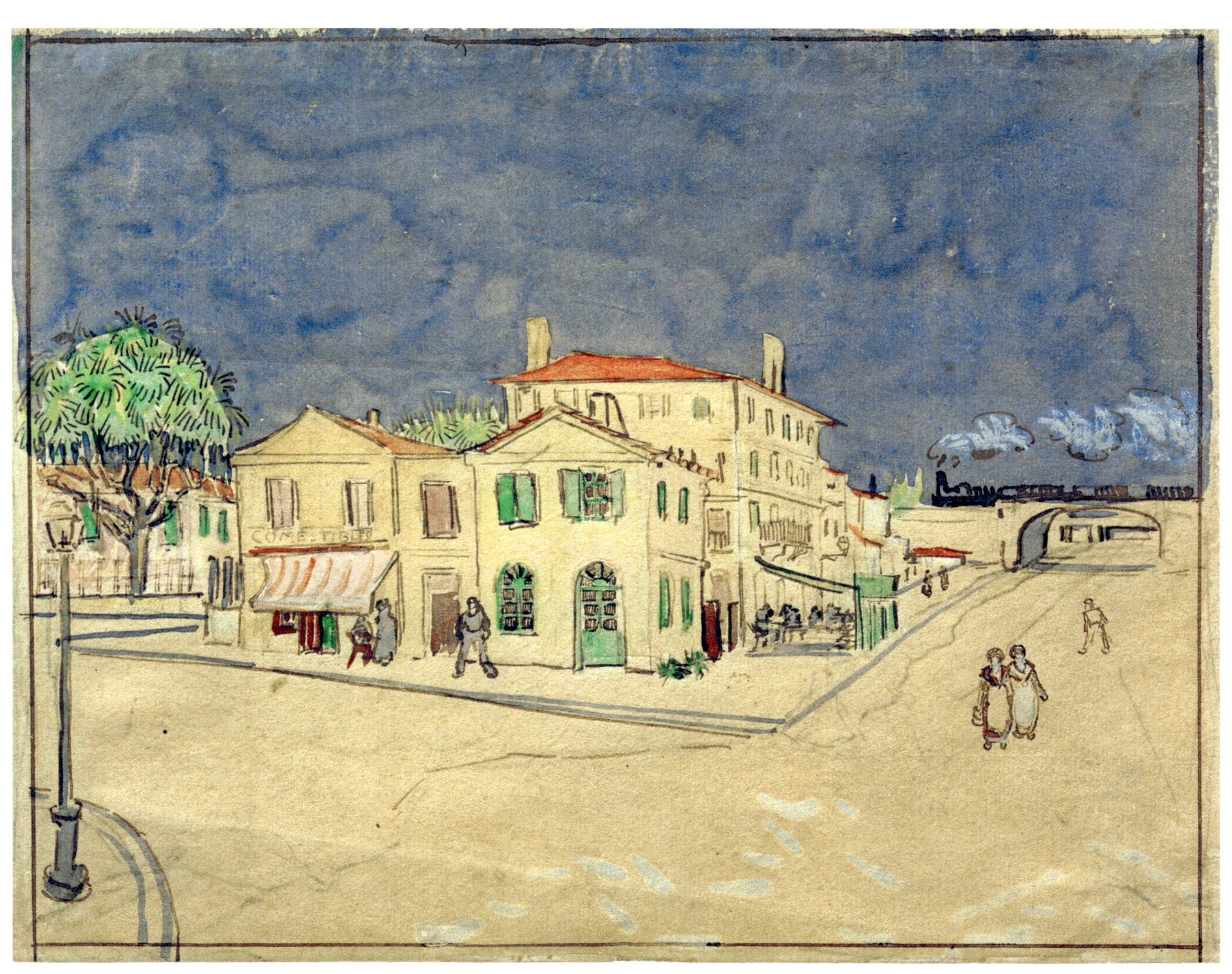

ten, die er auch sammelte. Inspirierten ihn anfangs die Aktivitäten in Arles auf dem Fluss - van Gogh malte die Sandkähne, die am Kai ihre Ladung löschten, aus der Perspektive des Bahngeländes – so richtete sich seine Aufmerksamkeit Mitte August auf das Bahngelände selbst. Der Bahnhof von Arles lag nicht weit von dem „Gelben Haus" an der Place Lamartin im Norden der Stadt. Neben dem Bahnhof befanden sich ein Lager und ein Rangierbahnhof. Im August 1888 machte van Gogh eine Zeichnung davon. Das danach geschaffene Ölbild vom selben Gelände zeigt abgestellte Eisenbahnwaggons: Zwei offenbar ausgemusterte einstöckige Personenwagen älterer Bauart, auf denen die Abkürzung der Linie PLM zu sehen ist und mehrere Güterwagen, von denen der Hinterste an dem hochgestockten Bremserhäuschen zu erkennen ist.

Ein hoher gelber Mast hinter dem gelben Personenwaggon führt Telegrafendrähte von links nach rechts über das Gelände. Das eiserne Gerüst hinter dem ersten Güterwagen entspricht dem Kran auf der Zeichnung. Der Vordergrund scheint einen Sandweg mit Fußspuren darzustellen, der von der grün-gelben Böschung eingefasst ist. Die

Perspektive im Bild weist ins obere linke Drittel. Ein graugrüner Himmel und eine hellgrüne Erde beherrschen die Umgebung der abgestellten erdfarbenen oder hellgrauen Wagen. Technik und Natur sind von den Menschen verlassen.

Im Februar 1889 führte ein erneuter Anfall Vincent van Goghs zu einem mehrtägigen Aufenthalt im Krankenhaus. Kaum entlassen, wurde er aufgrund einer Petition von Bürgern, die sich vor seinem unheimlichen Verhalten fürchteten, wiederum ins Hospital verbracht. Da der Maler sich noch nicht zutraute, allein zu leben, entschied er sich für eine Übersiedlung in die unweit gelegene Nervenheilanstalt „Saint-Paul-de-Mausole" in Saint-Rémy-de-Provence. Eine Behandlung fand dort nicht statt. Ihm war aber das Malen als Therapie erlaubt.

In den nach seiner Entlassung verbleibenden eineinhalb Lebensjahren hatte er noch mehrmals für Tage oder auch Wochen psychische Störungen, zwischen denen er klar und leistungsfähig war und pausenlos Bilder schuf. Im Sommer 1890 besuchte er kurz seinen Bruder in Paris, der einen Sohn bekommen hatte, hielt es dort aber nur wenige Tage aus, um dann zu seinem Arzt Dr. Gachet in Auvers-sur-Oise weiter zu reisen, wo er in der Auberge Ravoux wohnte. Hier verfiel er in einen wahren Schaffensrausch. In 70 Tagen schuf er rund 80 Gemälde und 60 Zeichnungen.

Zwischen September 1889 und April 1890 reichte Theo van Gogh mehrere Gemälde seines Bruders zu drei namhaften Ausstellungen avantgardistischer Kunst ein und erreichte damit, dass er eine breitere Öffentlichkeit fand. Die Reaktionen waren anerkennend und gipfelten in einem

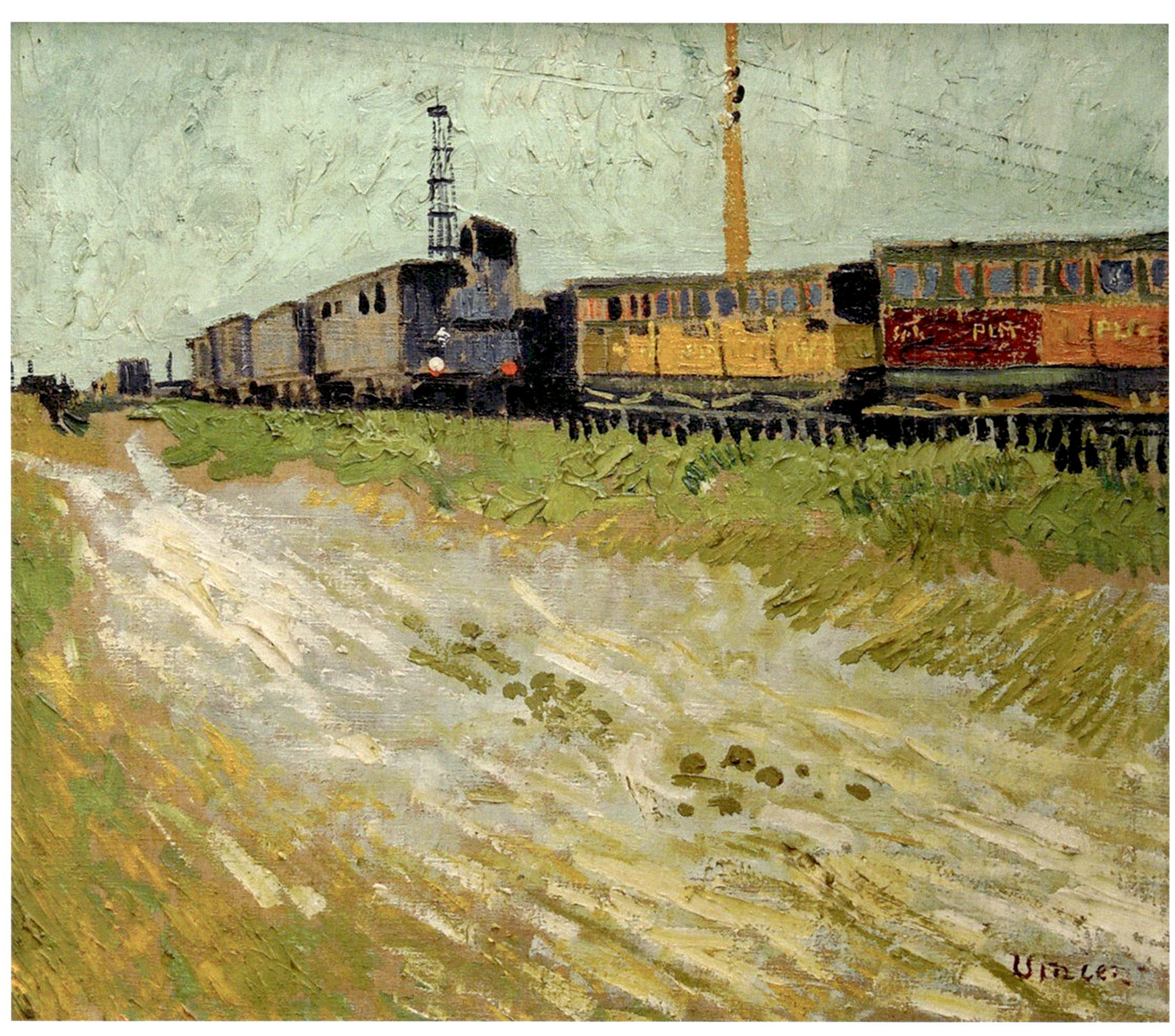

begeisterten Artikel in einer Kunstzeitschrift.

Aus dieser Zeit stammt das Gemälde der „Landschaft bei Auvers nach Regen". Es zeigt zwischen gepflügten und bepflanzten Feldern ein Pferdefuhrwerk, das sich auf der feuchten Landstraße spiegelt. Das bestellte Land mit seinen Strukturen und Farben beherrscht die Szene. Die zusammenlaufenden Furchen der Äcker betonen die Perspektive. Bei der vorbeifahrenden Eisenbahn weist die lange Dampfschleppe auf deren Geschwindigkeit hin. Hier begegnet die alte Ordnung der neuen. Das Alte behandelt der Maler liebevoller, das Neue ist schwarz und verhüllt den ganzen Horizont mit seiner Dampfschleppe.

Die Eisenbahnlinie im Hintergrund gehört zur Nordbahn (Compagnie des chemins de fer du Nord), deren Hauptstrecke nach Dünkirchen 1846 eröffnet wurde. Sie führt über Pontoise und Persan-Beaumont nach Creil, wo sie sich verzweigt: Eine Strecke geht nach St. Quentin, die andere nach Amiens und darüber hinaus. Auvers-sur-Oise ist die fünfte Station nach Pontoise. Man kam also schon zu van Goghs Zeiten verhältnismäßig schnell dorthin. Das friedliche und schöne Dorf hat viele seiner Malerkollegen angezogen,

Am 27.Juli 1890 schoss sich Vincent van Gogh auf einem Feld eine Kugel in den Bauch. Er konnte gerade noch zu seinem Gasthof zurückkehren, wo er am nächsten Tag an einer Blutvergif-

tung verstarb. Sein Arzt Dr. Gachet, der zur Stelle war, konnte oder wollte wohl nicht mehr helfen.

Nach seinem Tod wurde Auvers zu einer Art Wallfahrtsstätte für den Besuch des Sterbezimmers und seines Grabsteins, der neben dem seines Bruders Theo an der Mauer der Ortskirche steht. Denn auch dieser war ein halbes Jahr nach ihm verstorben. Maler wie Henri Rousseau und Maurice de Vlaminck, auch Otto Freundlich haben sich durch die „Aura" des Ortes anziehen lassen. Als Hommage für Vincent van Gogh hat Vlaminck 1925 die Kirche von Auvers gemalt.

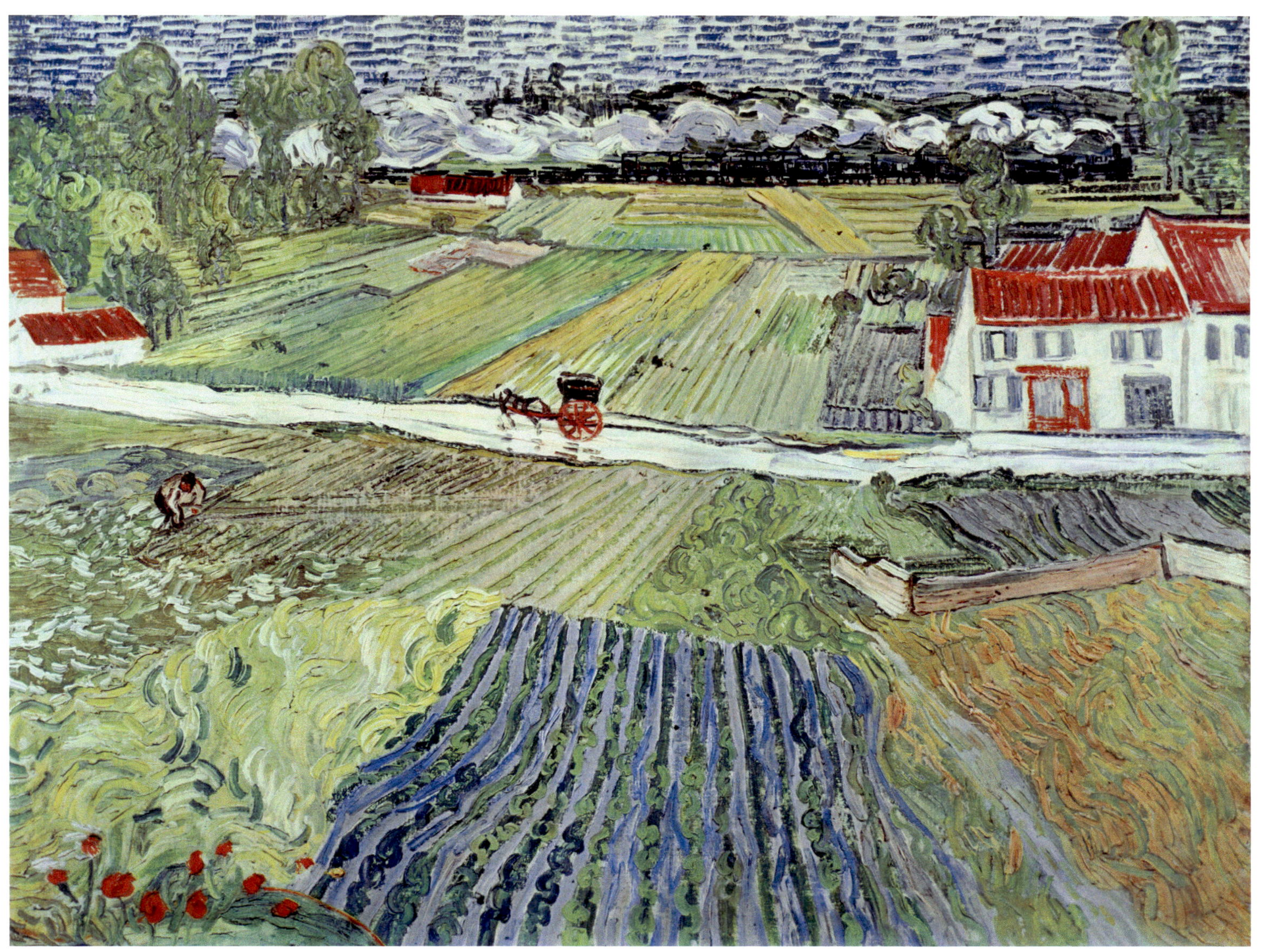

KÄTHE KOLLWITZ
(8. Juli 1867 in Königsberg –
22. April 1945 in Moritzburg bei Dresden)

Die Kunst von Käthe Kollwitz ist vom Mitleid mit Armen und Unterdrückten geprägt. Nachdem ihr Sohn im Ersten Weltkrieg gefallen war, hatte sie vor allem auch das Elend des Krieges zeichnerisch, grafisch und in Plastiken eindrücklich dargestellt. Berühmt wurde ihre Skulptur „Mutter mit totem Sohn" in der Neuen Wache, Berlin, die 1931 von dem Architekten Heinrich Tessenow zu einer Gedenkstätte für die Gefallenen des Ersten Weltkrieges umgestaltet worden war.[78] Auch ihr Denkmal der „Trauernden Eltern" auf dem deutschen Soldatenfriedhof im Belgischen Vladslo ist ein eindrückliches Zeugnis ihrer ständigen Auseinandersetzung mit dem Schrecken und Elend von Kriegen und der Zerstörung menschlichen Zusammenlebens.

Ihr Gemälde der heimkehrenden Arbeiter von 1897–99 gehört zu ihren frühen Werken und ist mit Wasserfarben ausgeführt. In der Literatur über Kollwitz taucht dieses Werk zunächst unter dem irreführenden Titel „Heimkehrende Arbeiter vom Lehrter Bahnhof" auf, dem Standort des heutigen Berliner Hauptbahnhofs. Plausibler erscheint jedoch eine Lokalisierung in der Nähe der Kollwitz`schen Wohnung. Diese lag während ihrer Berliner Zeit in der Weißenburger Straße 25, der heutigen Kollwitzstraße. Die von ihr gemalte Architektur des gemauerten Bahnhofsausgangs

stimmt genau mit der des 1892 eröffneten Bahnhofs „Prenzlauer Allee" überein, der zum Berliner S-Bahnring gehört. Diesen Namen hat er von der nahezu im rechten Winkel zu den Gleisen verlaufenden Allee. Er verfügt über einen Bahnsteig für die Ringbahnzüge sowie ein Empfangsgebäude im Klinkerstil, das im Zweiten Weltkrieg zwar beschädigt, jedoch nachher nicht abgerissen worden war. Inzwischen ist das restaurierte Empfangsgebäude unter Denkmalschutz gestellt.

Käthe Kollwitz wurde in Königsberg geboren, wo ihr Vater Karl Schmidt als Maurermeister gearbeitet hatte. Als linksorientierter Jurist hatte er aus politischen Gründen keine seiner Ausbildung entsprechende Anstellung bekommen. Durch ihn gefördert, nahm sie ab 1881 Zeichen- und Malunterricht und ging dann 1885/86 an die sogenannte Damenakademie des „Verein der Berliner Künstlerinnen". In dieser Zeit lernte sie Gerhart Hauptmann und Arno Holz kennen und interessierte sich für die Radierungen Max Klingers . Nach einem Jahr kehrte sie nach Königsberg zurück, wurde dort von dem Maler Emil Neide unterrichtet und studierte danach bis 1890 in der Münchner Akademie der Künste bei Ludwig Herterich. Anschließend lebte sie in Königsberg als freischaffende Künstlerin. Im Juni 1891 heiratete sie den Arzt Karl Kollwitz, mit dem sie nach Berlin zog, um sich in dem Arbeiterbezirk Prenzlauer Berg niederzulassen. 1892 gebar sie ihren Sohn Hans, 1896 den Sohn Peter. Von 1898 bis 1902/1903 war sie Lehrerin an der Damenakademie „Verein der Berliner Künstlerinnen". Von 1918 bis 1933 arbeitete sie als Professorin an der Berliner Akademie der Künste. Von den Nationalsozialisten aus diesem Amt entlassen und mit öffentlichem Malverbot belegt, wandte sie sich der Radierung und

17 Käthe Kollwitz:
Arbeiter vom Bahnhof kommend, 1897–99
Pinsel in Wasserfarben, weiß gehöht, auf Ingres
Käthe-Kollwitz-Museum, Köln

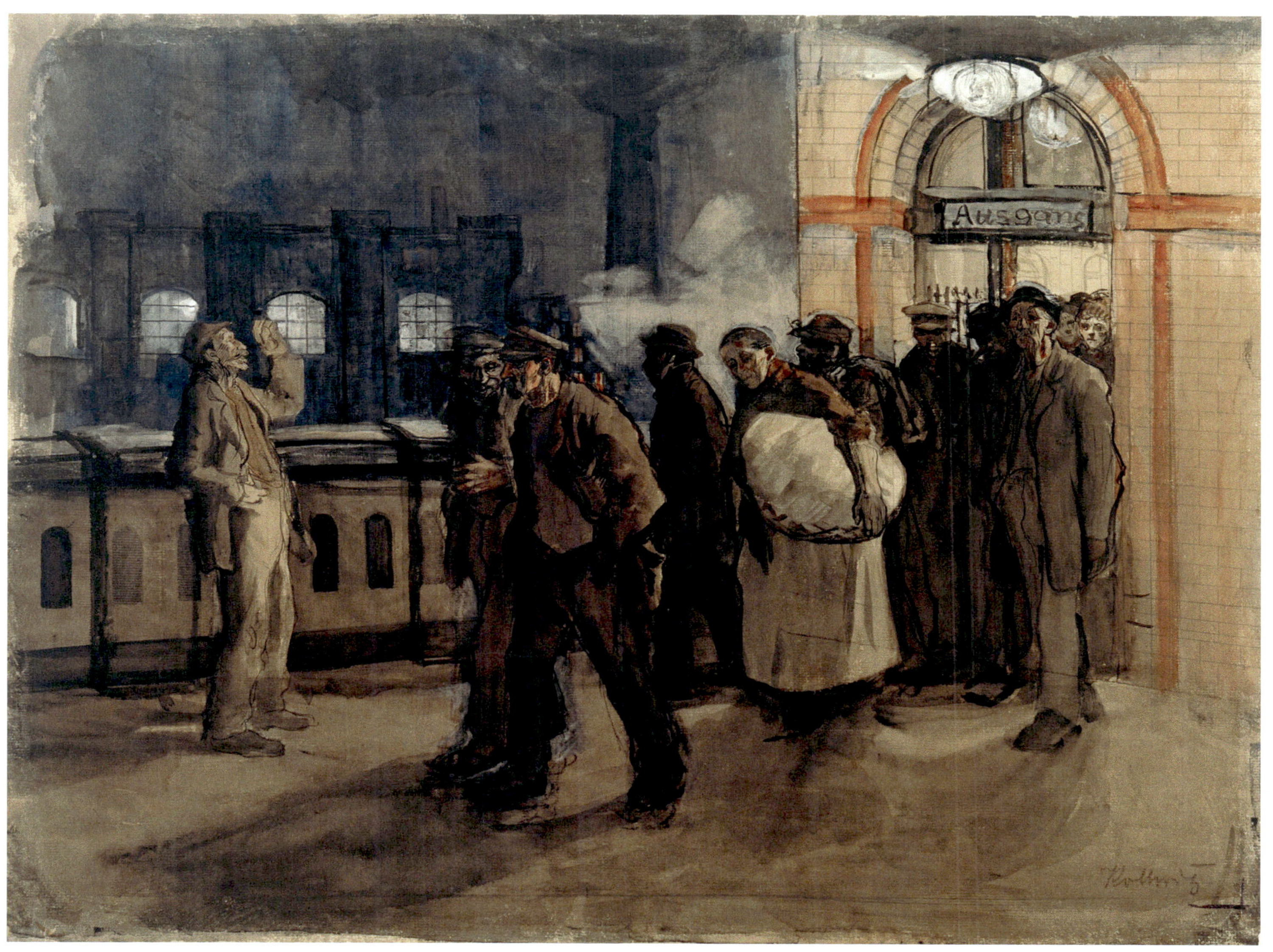

Lithographie und auch dem Holzschnitt zu, die ihr für ihre intensiven Aussagen besonders geeignet schienen. So konnte sie im Verborgenen ihre künstlerischen Arbeiten fortführen und wesentlich erweitern. Auf Einladung von Ernst Heinrich von Sachsen zog Käthe Kollwitz im Juli 1944 in den Rüdenhof neben Schloss Moritzburg bei Dresden. In dieser Wohnung starb sie am 22. April 1945, wenige Tage vor dem Ende des Krieges. Das Gebäude ist heute als Käthe-Kollwitz-Haus Moritzburg eine Gedenkstätte, die an Leben und Werk der sozial engagierten Künstlerin erinnert. In Köln besteht in der Kreissparkasse ein „Käthe-Kollwitz-Museum", in dem das hier gezeigte Bahnhofsbild hängt.

ARMAND GUILLAUMIN
(16. Februar 1841 in Paris –
26. Juni 1927 in Orly, Val-de-Marne, F)

Wenn man unter den Malern ein Glückskind sucht, dann sollte man Armand Guillaumin nicht übergehen. Sein Glück bestand darin, dass er nach einer entbehrungsreichen Jugend und bescheidenem Berufsleben 1891 in der National-Lotterie 100.000 Francs gewann, was ihm erlaubte, sich ganz der Kunst zu widmen und seit 1892 in Crozant im Département Creuse zu leben. Weit über 100 Gemälde haben diese Landschaft zum Motiv. Von hier aus bereiste er auch 1903/04 Südfrankreich, die Auvergne und Holland.

Als Sohn eines Arbeiters wurde Jean-Baptiste Armand Guillaumin in Paris geboren. Im Alter von 15 Jahren musste er seinen Lebensunterhalt in dem Wäscheladen eines Onkels verdienen. Ab 1860 war er für die 1843 eröffnete französische Eisenbahngesellschaft „Compagnie du chemin de fer de Paris à Orléans", ab 1868 als Nachtarbeiter für das Straßenbauamt „Ponts et Chaussées" tätig. Er bildete sich vornehmlich als Autodidakt zum Maler aus, besuchte aber ab 1861 die Malakademie „Académie Suisse" in Paris. Dort begegnete er Paul Cézanne und Camille Pissarro, mit denen er lebenslang befreundet blieb. Zu seinen späteren Freunden zählten außerdem Vincent van Gogh und dessen Bruder, der Kunsthändler Theo, der einige von Guillaumins Gemälden verkaufte. Im Jahr 1873 stellte ihm der Arzt van Goghs, Dr. Paul Gachet, in seinem Haus in Auvers-sur-Oise sogar ein Zimmer zur Verfügung. Ein Jahr später bewohnte er dasselbe Haus wie Cézanne.

Guillaumin zeigte seine Gemälde in den Ausstellungen der impressionistischen Gruppe sowie im „Salon des Indépendants" von 1886. In

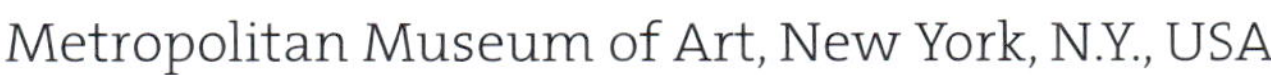
18 Armand Guillaumin:
Railroad Bridge over the Marne at Joinville, 1871–75
Öl auf Leinwand, 58,7 × 72,1 cm
Metropolitan Museum of Art, New York, N.Y., USA

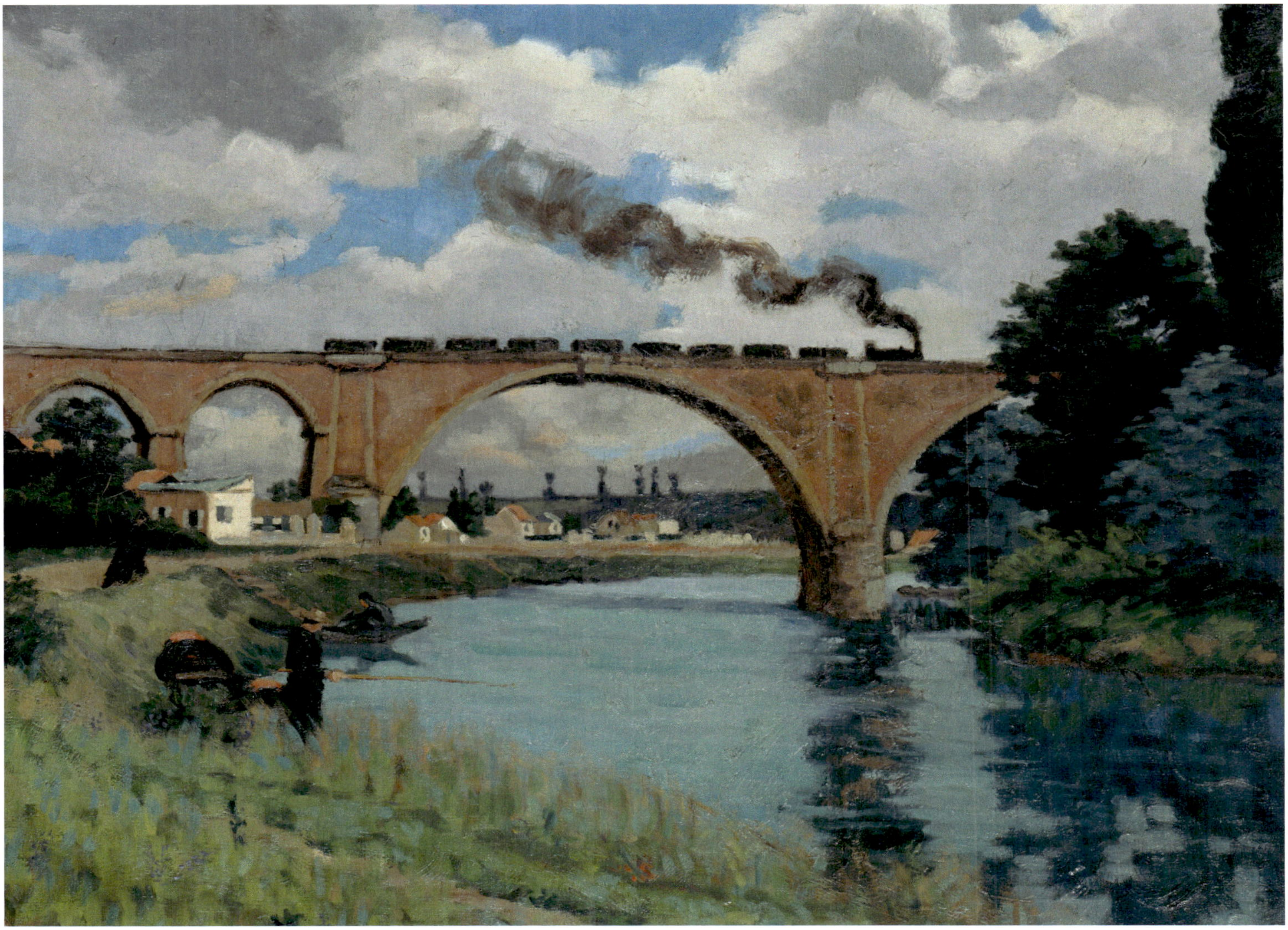

diesem Jahr heiratete er seine Cousine, die Lehrerin Marie-Joséphine Charreton. Er starb 1927 im hohen Alter von 86 Jahren als letzter überlebender Vertreter der französischen Impressionisten. Seine Eisenbahnbilder zeigen das Spiel der schwarzen Rauchfahne der Lokomotive mit dem hellen Himmelsgewölk. Die Fabrikschornsteine am Horizont zeigen die aufkommende Industrialisierung. Für sie dient der Brückenbogen als Rahmen.

Joinville wurde zu Guillaumins Zeiten über die Staatsbahn an die Innenstadt von Paris angebunden. Lokomotiven und Personenwagen waren die ihrer Zeit, wie von Monet dargestellt. Heute wird die Verbindung über den „Transport express régional (TER)" genannten Regionalverkehr in etwas über zwei Stunden abgewickelt. Ausflügler nutzen die Eisenbahnverbindung, um die Lokale am Flussufer zu besuchen, zu baden und zu angeln.

Die Brücke über die Marne bei Joinville ist von Westen her gemalt worden. Der Bahnhof dazu liegt südlich. Joinville war ursprünglich ein Teil des benachbarten Ortes Saint-Maur. Seinen heutigen Namen erhielt er erst 1831 von François d' Orléans, der als Sohn Louis Philippes I. den Titel des Prinzen von Joinville trug. Um Verwechslungen mit dem nahegelegenen Joinville im Département Haute-Marne in der Champagne zu vermeiden erhielt er dann den Zusatz „le Pont". Dieser bezieht sich auf eine alte Flussquerung über die Marne, die durch die abgebildete Eisenbahnbrücke ersetzt wurde. Da sie im Zweiten Weltkrieg 1944 zerstört worden war, wurde an ihrer Stelle ein Nachkriegsneubau mit nur einem weitgestreckten Bogen errichtet.

Das ganz anders gestaltete Gemälde der zwei Züge, die sich auf einer weitgezogenen Gleiskurve begegnen, zeigt das Tempo, mit dem sie aneinander vorbeifahren. Da Guillaumin 1893 im Marnetal gelebt hat, liegt es nahe, dass auch dieses Bild dort entstanden ist. Die Geschwindigkeit verweht die hellen Dampfwolken in die gleiche Richtung wie der dunkle Rauch des Fabrikschornsteins am Horizont. Kreisende Wolken am weiten Himmel nehmen die Bewegung auf. Durch die perspektivisch zusammenlaufenden Feldflächen und Telegrafenstangen wird dem Bild Tiefenwirkung gegeben. Das Verhältnis von Natur und Technik ist ähnlich beschrieben wie bei den Zeitgenossen: Sie stehen einander gegenüber und konkurrieren. Die Malerei sucht ihre ästhetische Verständigung.

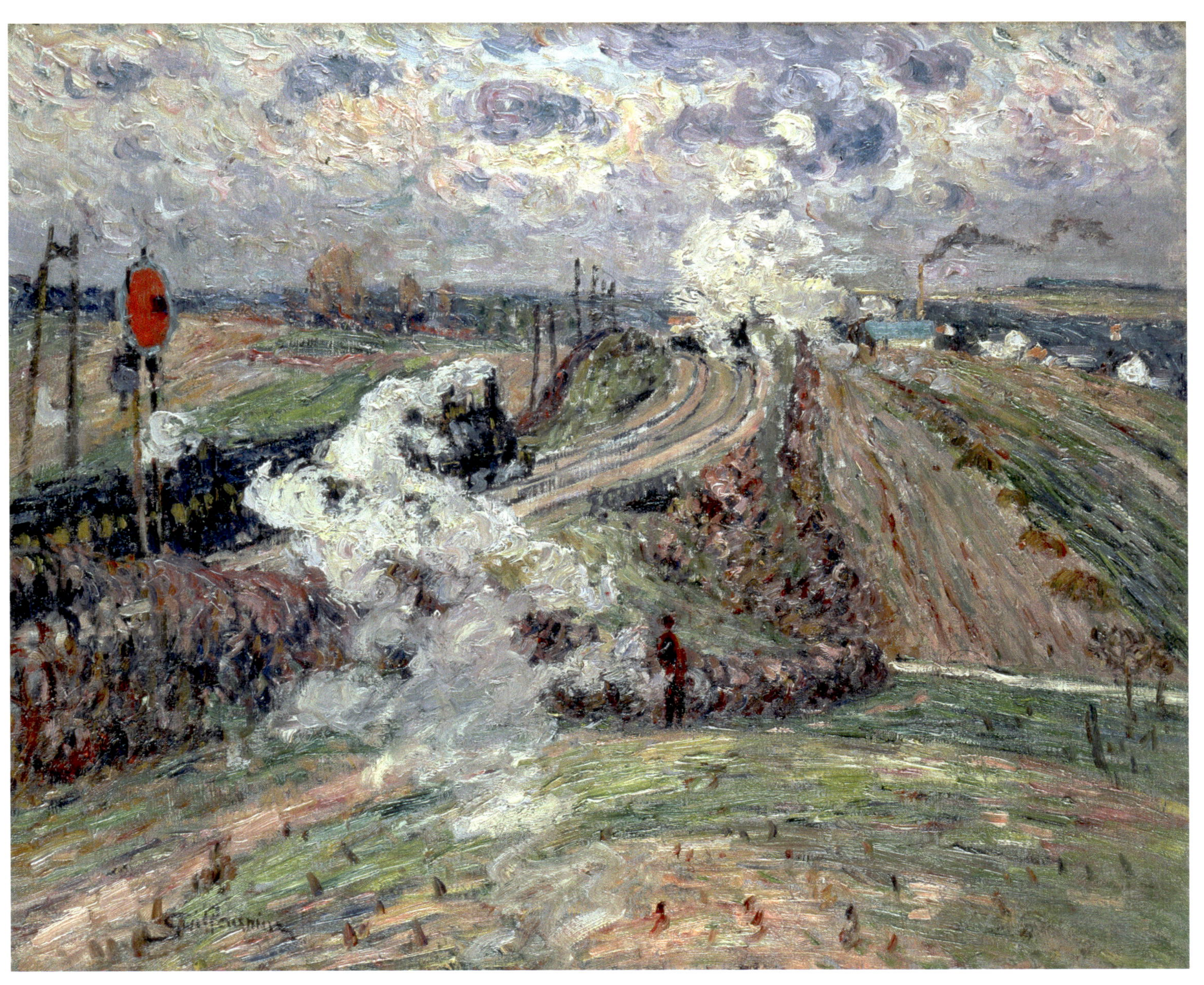

HENRI ROUSSEAU
(21. Mai 1844 in Laval, F –
2. September 1910 in Paris, F)

Henri Rousseau interessierte sich von Kindheit an für Dichtung und Musik. Nach der Schulzeit diente er als Klarinettist in einem Infanterieregiment. Danach gelang es ihm, beim Zoll angestellt zu werden; daher seine Bezeichnung „Le Douanier". 1869 heiratete er die 18-jährige Schneiderin Clémence Boitard, mit der er neun Kinder hatte. Von diesen überlebte nur die Tochter Julia den Vater. Nach dem Tod seiner Frau Clémence im Jahre 1888 ließ sich Rousseau mit 49 Jahren frühpensionieren. Schon vorher hatte er zu malen begonnen.

Der erste, der die Bedeutung seiner Bilder erkannte, war Alfred Jarry. Durch ihn lernte er Paul Gauguin kennen. In dessen Atelier traf er die Schriftsteller Stéphane Mallarmé und August Strindberg sowie den Maler Edgar Degas. Bald stellte er selbst im „Salon des Indépendants" aus. Über den Dichter Guillaume Apollinaire knüpfte er Beziehungen zur künstlerischen Avantgarde. Er traf Delaunay, Picasso, Braque, Vlaminck, Brâncuși und Soupault. Apollinaire sah in Rousseau den Naiven eines neuen Zeitalters, in dessen Bildern viel von dem vorweggenommen schien, was dann in der Moderne aufkam. Der Surrealist André Breton resümierte, „mit Rousseau könnten wir zum ersten Mal von ‚Magischem Realismus' sprechen".

Henri Rousseau starb mit 66 Jahren am 2. September 1910 im Hôspital Necker in Paris an einer Blutvergiftung.[79]

Die Gemeinde Malakoff wurde 1883 gebildet, indem ein Gebiet der in der Île de France liegenden Stadt Vanves dafür abgetrennt worden war. Benannt wurde sie nach dem General Plessier, der im Krimkrieg das Fort Malakoff vor Sewastopol erobert hatte und dafür zum Herzog von Malakoff erhoben worden war.

Von Paris erreicht man den Ort mit der Pariser Métrolinie 13 und der Trasilien (Vorortzüge) Paris-Montparnasse. Zu Rousseaus Zeiten war er noch ländlich, aber von einem dicht besiedelten Industriegebiet umgeben, wie die Telegrafenmasten zeigen. Er soll auch der erste gewesen sein, der sie als ein wichtiges Gestaltungselement und Hinweis auf die Eisenbahn in die Malerei seiner Zeit eingeführt hat. Die Kirche im Hintergrund könnte Notre Dame de Paris in der Avenue Arblade in Vanves sein. Sie liegt direkt neben der doppelgleisigen Station „Vanves-Malakoff".

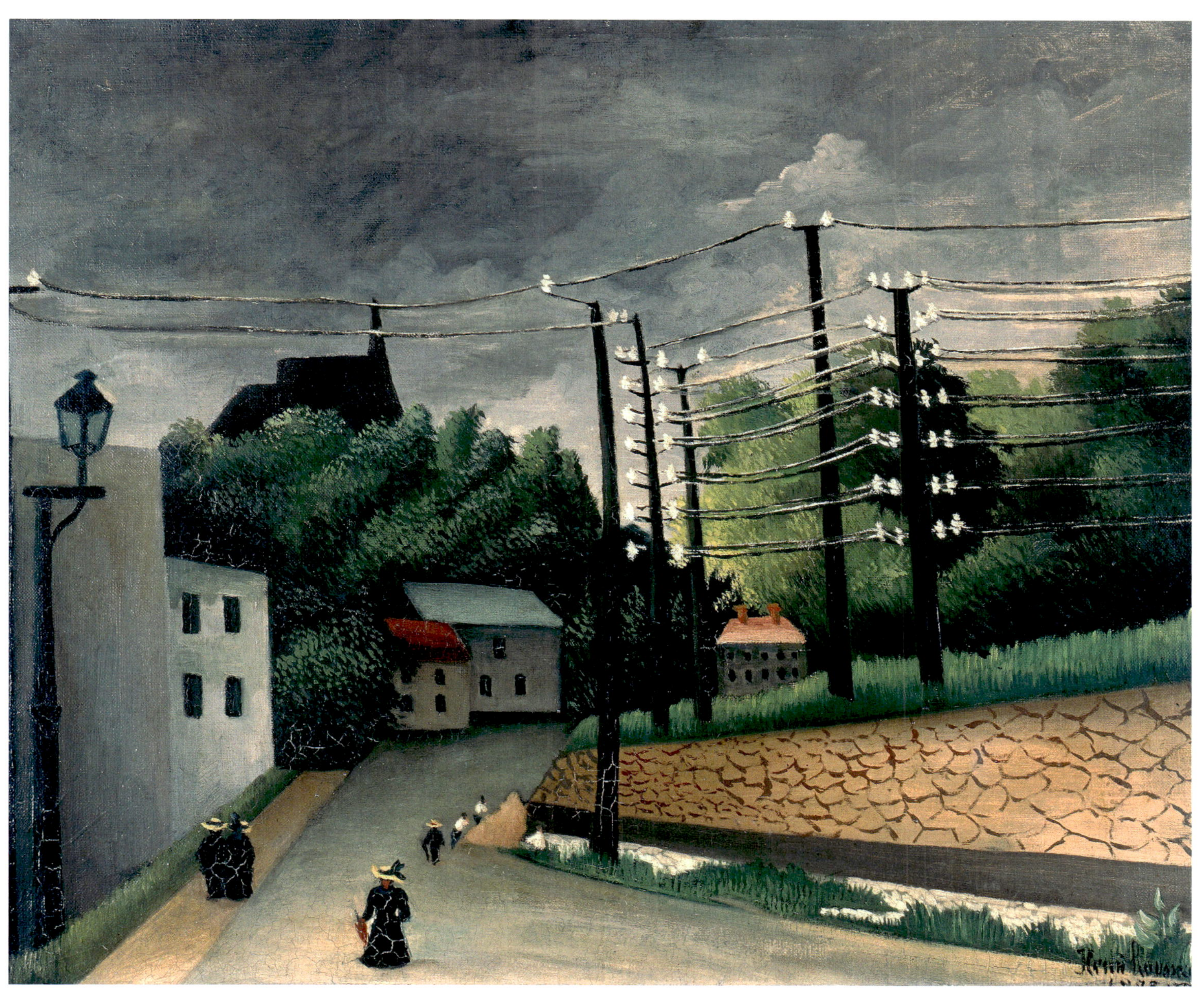

HERMANN PLEUER
(5. April 1863 in Schwäbisch Gmünd –
6. Januar 1911 in Stuttgart)

Für den Eisenbahnbau ist Württemberg nicht besonders günstig. Das Land liegt zwar an mehreren Flüssen, die sich dafür eignen, die erforderlichen ebenen Trassen an ihren flachen Ufern aufzunehmen. Mit Ausnahme von Reutlingen und Tübingen liegen jedoch die größeren Städte des Landes und der angrenzenden Länder von seiner Hauptstadt Stuttgart durch zahlreiche Höhen des Schwarzwaldes, des Odenwaldes und der Albhöhen so, dass sie nur über längere Steigen oder Tunnelbauten überwunden werden können. Das erwies sich stets als höchst schwierig und teuer. Deshalb zögerte das Königreich zunächst mit dem Bahnbau. Gesetzlich festgelegt wurde der Streckenbau für die „Königlich Württembergischen Staats-Eisenbahnen (K.W.St.E.)" erst durch das Eisenbahngesetz vom 18. April 1843. Es sah vor, dass der Bau von Zweigstrecken auch durch Privatgesellschaften möglich sein sollte. Zugleich gab das Gesetz den Anstoß für die Gründung der Maschinenfabrik Esslingen, die dann für die Ausstattung der Bahn mit Fahrzeugen und Technik bereit stand.

Das Württembergische Schienennetz entwickelte sich zunächst mit der "Centralbahn" von Stuttgart aus am Neckar entlang, einerseits als Ostbahn nach Ulm und weiter über die Südbahn nach Friedrichshafen am Bodensee, andererseits als Westbahn nach Bruchsal, wo sie Anschluss an das Badische Eisenbahnsystem fand. Von Bietigheim zweigte die Nordbahn nach Heilbronn ab.

Nach dem Ersten Weltkrieg beendete die Reichsverfassung von 1919 die Eigenständigkeit des württembergischen Eisenbahnwesens. Durch einen Staatsvertrag zwischen dem Deutschen Reich und den Ländern gingen am 1. April 1920 unter anderem die Württembergischen Staatseisenbahnen in das Eigentum des Reiches über und bildete zusammen mit den ehemaligen Staatsbahnen Bayerns, Badens, Preußens, Mecklenburgs, Oldenburgs und Sachsens den Grundstock der zum 1. April 1920 gegründeten Deutschen Reichsbahnen, die ab 1921 Deutsche Reichsbahn (DR) hieß und auf Betreiben der Reparationsgläubiger des Ersten Weltkriegs von der Deutschen Reichsbahngesellschaft betrieben wurde.[80]

Bahntechnisch ließ sich die K.W.St.E. bis etwa 1865 nicht, wie die meisten deutschen Staaten, vom englischen Vorbild leiten, sondern orientierte sich an den USA. So verwendete man, wie dort, Großraumwagen mit Drehgestellen, um die landschaftsbedingten zahlreichen Kurven leichter bewältigen zu können. Das galt auch für die Lokomotiven, bei denen extra ein Triebwerk zur Verbesserung des Kurvenverhaltens entwickelt wurde. Eingesetzt wurden zunächst veraltete Lokomotiven mit der Achsfolge 1'B.

Die K.W.St.E baute in weitaus stärkerem Maße als andere deutsche Staatsbahnen, in der für Schwaben üblichen sparsamen Art ältere Lokotiven um, die auf den zahlreichen Nebenstrecken eingesetzt wurden.[81] Damit verbunden entstanden neue Lokomotivtypen sowohl im Aussehen als auch in ihrer Leistungsfähigkeit. Ab 1899 wurde von der Maschinenfabrik Esslingen die Schnellzuglokomotiven AD entwickelt und gebaut. Sie waren mit einem Zweizylinder-Verbundtriebwerk ausgestattet. Auffallend war das Verbindungsrohr zwischen den beiden Dampfdomen. 98 Maschinen dieser Bauart entstanden bis 1907. Dieser Lokomotivtyp erscheint auch auf den Gemälden des schwäbischen Eisenbahnmalers Hermann Pleuer.

21 Hermann Pleuer:
Einfahrender Zug im alten Stuttgarter Bahnhof, 1909
Öl auf Leinwand, 80 × 100 cm
Kunstmuseum Stuttgart

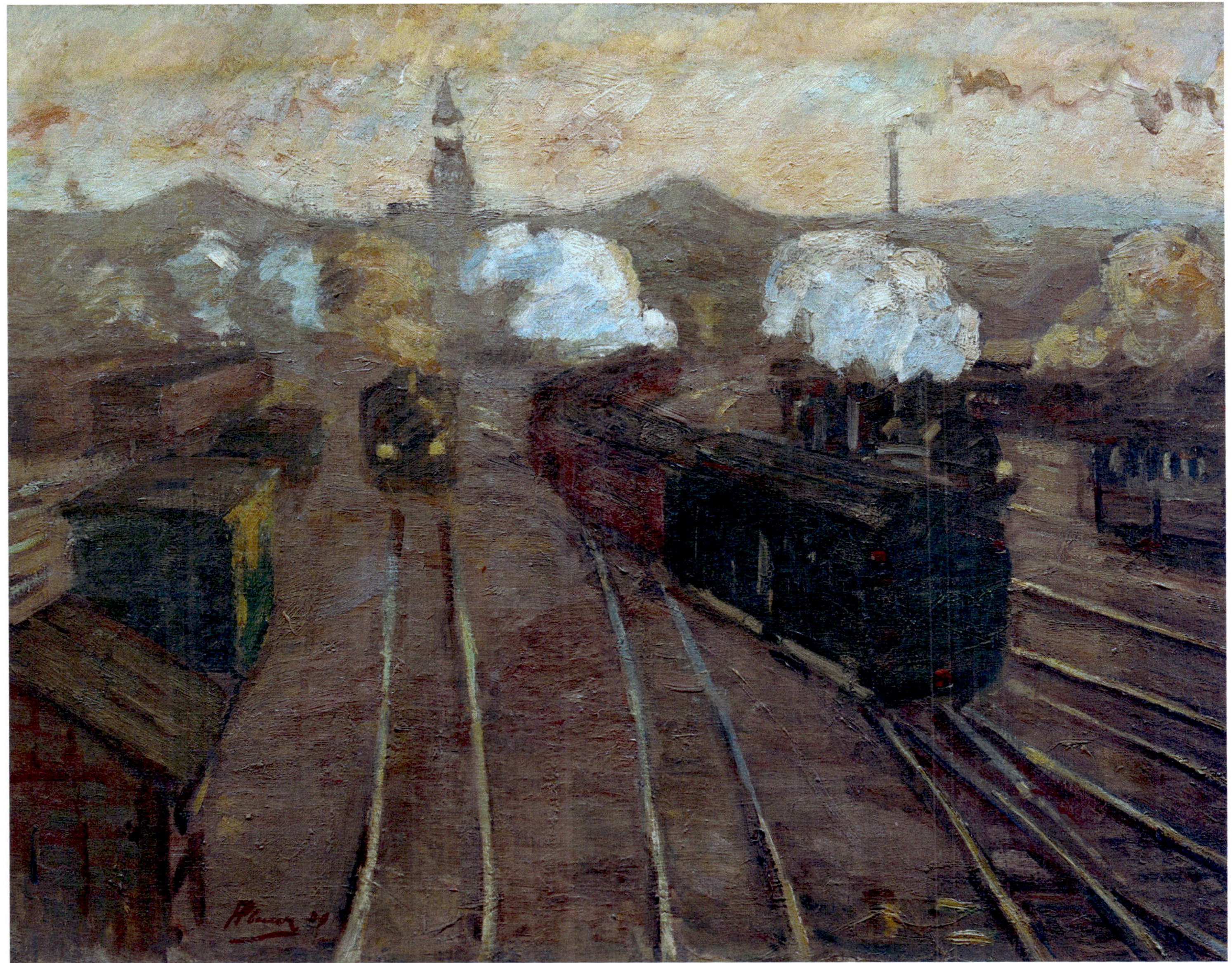

Hermann Pleuer besuchte zunächst von 1879 bis 1881 die Stuttgarter Kunstgewerbeschule und von 1881 bis 1883 die Stuttgarter Kunstakademie, ehe er an die „Akademie der Bildenden Künste" in München ging. 1886 kehrte er nach Stuttgart zurück. Es entstanden anfangs Bilder zur Künstlerbohème mit Nacktbildern von Frauen im Mondschein, aber auch Landschaften. Fasziniert wandte er sich nach der Jahrhundertwende den Königlich-Württembergischen Staats-Eisenbahnen zu. Dabei fand er finanzielle Unterstützung durch den Freiherrn Franz von Koenig-Fachsenfeld, einem Sammler, der für ihn in seinem Schloss Fachsenfeld bei Stuttgart einen eigenen Saal für seine künstlerischen Arbeiten eingerichtet hatte. Zahlreiche Eisenbahnbilder von ihm wie das hier abgebildete befinden sich auch im Kunstmuseum Stuttgart.[82]

Pleuer war Mitglied in dem 1909 in Weimar von Harry Graf Kessler mit Walter Leistikow, Max Klinger, Alfred Lichtwark, Max Liebermann, Lovis Corinth und Max Slevogt gegründeten „Deutschen Künstlerbund". Er verstarb 47-jährig an einer Lungentuberkulose.

LYONEL FEININGER
(17. Juli 1871 in New York – 13. Januar 1956 in New York, USA)

Lyonel Feininger war der Sohn eines angesehenen, deutschen Musikerpaares, das in New York, USA, lebte, sein Vater Konzertgeiger, seine Mutter Pianistin und Sängerin. Mit 16 Jahren hatte er seine Eltern 1887 auf einer Konzertreise nach Hamburg begleitet und beschlossen, hier auf der Gewerbeschule eine Ausbildung als Zeichner und Grafiker zu beginnen, um sich für die Aufnahmeprüfung zur „Königlichen Akademie" in Berlin vorzubereiten. Die aus privaten Initiativen von Hamburger Bürgern hervorgegangene „Patriotische Gesellschaft zur Beförderung der Künste und nützlichen Gewerbe von 1765" hatte bereits 1767 die „Hamburger Gewerbeschule" gegründet, aus der später die „Hochschule für bildende Künste Hamburg (HFBK)" am Lerchenfeld hervorging.[83] Am 1. Oktober 1898 begann er mit seinem Studium in Berlin, ging dann im folgenden Jahr nach Paris, um an der „Académie Colarossi" sein Studium fortzusetzen. 1893 kehrte er nach Berlin zurück, wo er als freier Illustrator und Karikaturist für die Zeitschriften „Harpers Young People", „Ulk" und „Humoristische Blätter" arbeitete.

1901 heiratete Feininger die Pianistin Clara Fürst, trennte sich aber 1905 von ihr und seinen beiden Töchtern, nachdem er die Künstlerin Julia Berg, geborene Lilienfeld, kennengelernt hatte. Zusammen reisten sie 1906 nach Paris, wo ihr Sohn Andreas zur Welt kam. Dort traf er Robert Delaunay und Henri Matisse und schloss mit der „Chicago Sunday Tribune" einen Vertrag über zwei Comic-Serien, „The Kin-der-Kids" und „Wee Willie Winkie's World", die beide früh wieder eingestellt wurden, heute aber zu den Klassikern des Genres zählen.

Wieder zurück in Berlin wandte er sich 1907 der eigentlichen Malerei zu, heiratete 1908 Julia und wurde 1909 Mitglied der Berliner Sezession. 1912 lernte er die Künstlergruppe „Brücke" kennen und stellte seine ersten künstlerischen Kompositionen her. Gemeinsam mit den Künstlern des „Blauen Reiters" nahm er 1913 auf Einladung von Franz Marc am Ersten Deutschen Herbstsalon in der Berliner Galerie „Der Sturm" teil. 1914 gestaltete der vielseitige Künstler Modelle von Eisenbahnen für die industrielle Spielzeugfabrikation.

Feiningers früh entstandenen Gemälde und Zeichnungen sind voller Bewegung und haben oft einen spaßigen Ausdruck. Das gilt auch für den „Railroad Train". Der begabte und gelernte Zeichner ergriff gern die mit der Technik verbundene Formenwelt auf, um sie in spielerischer Weise aufzulockern. Auch seine Farben machen seine Werke in ähnlicher Weise heiter, wie dies bei Paul Klee der Fall ist.

Wie Feininger erlebten viele Künstler die geistigen und gesellschaftlichen Zustände in Deutschland in ähnlicher Weise. Wassily Kandinsky beschrieb sie in seinem 1912 erschienenen Buch „Über das Geistige in der Kunst" als eine Periode des Niedergangs: „Die Menschen legen zu diesen stummen und blinden Zeiten einen ausschließlichen Wert auf äußere Erfolge, sie kümmern sich nur um materielle Güter und

begrüßen einen technischen Fortschritt, welcher nur dem Leibe dient und dienen kann, als eine große Tat, die rein geistigen Kräfte werden im besten Falle unterschätzt, überhaupt nicht bemerkt"[84], schrieb er darin. Kandinsky und mit ihm die übrigen Mitglieder vom „Blauer Reiter" waren fest davon überzeugt, mit der Revolutionierung der Kunst an einer neuen Epoche des Geistes mitwirken zu können. Die „Brücke"-Künstler beschäftigten sich künstlerisch vornehmlich mit dem bisher noch Unverbrauchten, dem nackten Menschen oder der fernen Kunst der Südsee. Darin fanden sie das in der Gegenwart Vermisste, Ursprüngliche und die Naturverbundenheit. In diesen beiden Künstlervereinigungen zeigte sich ebenfalls bereits die Unterscheidung zwischen denen, welche die Technik in die Moderne einbeziehen und denen, die auf die Natur und das Natürliche zurückgreifen wollen. So lehnte Feininger auch den Kubismus und den Konstruktivismus seiner Malerkollegen ab.

Vom Ausbruch des Ersten Weltkriegs wurde Feininger als US Bürger nicht betroffen, sodass er nach Berlin zurückkehren konnte. Seine erste Einzelausstellung wurde am 2. September 1917 in der Galerie „Der Sturm" mit 45 Gemälden und 66 weiteren Werken eröffnet. Die Sommermonate verbrachte er gerne am Meer, zunächst noch allein auf Rügen, dann mit seiner Frau Julia und den Söhnen Andreas, Laurence und Theodore Lux auf der Insel Usedom. Von 1924 bis 1935 war er in den Sommermonaten in Deep an der pommerschen Ostseeküste nahe Kolberg. Bei diesen Aufenthalten machte er viele seiner von ihm so genannten „Naturnotizen", auf deren Motive er bei späteren Arbeiten zurückgriff.

Im November 1918 schloss er sich der „Novembergruppe" an, die über die Kunst eine soziale Revolution in Deutschland unterstützen wollte und auch Verbindung zum Bauhaus hatte. Über sie lernte er Walter Gropius kennen, der ihn 1919 nach Weimar holte, wo er mit der Leitung der Druckerei betraut wurde. Als seine erste Bauhaus-Veröffentlichung gab er 1921 eine Mappe mit Linolschnitten heraus. 1924 bildet er mit Wassily Kandinsky Paul Klee und Alexej von Jawlensky die Gruppe „Blaue Vier". Nachdem das Bauhaus in Weimar infolge von Eingaben des deutsch-völkischen Blocks im Thüringer Landtag 1925 geschlossen wurde, konnte es 1926 in Dessau mit Unterstützung der Stadtverwaltung ein eigenes Gebäude errichten, zu dem von Walter Gropius auch drei Meisterhäuser für die Direktoren gebaut wurden. Ende Juli 1926 zog Feininger mit seiner Familie in eines dieser Meisterhäuser. Dort ließ er sich auf eigenen Wunsch von sämtlichen Lehrverpflichtungen entbinden, blieb aber auf Drängen von Gropius „Meister". 1930/31 arbeitete er auf Einladung der Stadt Halle (Saale) an insgesamt elf expressionistischen Stadtansichten. Am 1. April 1928 trat Gropius als Direktor des Bauhauses zurück. Auf seinen Vorschlag wurde der Schweizer Architekt Hannes Meyer neuer Direktor, der die Zusammenarbeit mit der Industrie intensivierte und eine Konzentration auf das Fach Architektur bewirkte. Ab 1930 leitete der Architekt Ludwig Mies van der Rohe das Bauhaus in Dessau, nachdem Meyer wegen seiner linken Einstellung fristlos gekündigt worden war. 1931 gewann die

NSDAP auch die Gemeindewahl in Dessau und setzte 1932 die Schließung des staatlichen Bauhauses durch. Mies van der Rohe führte das Bauhaus noch für ein weiteres Semester in Berlin-Steglitz als Privatinstitut weiter, bevor er nach vielfachen Querelen mit den Nationalsozialisten am 10. August 1933 dessen Selbstauflösung bekannt gab. Auch Lyonel und Julia Feininger fühlten sich von dem Regime der Nationalsozialisten so bedroht, dass sie in die USA zurückkehren wollten. Dies gelang ihnen mit Hilfe des Quedlinburger Kunstsammlers Hermann Klumpp im Juni 1937. In New York erhielt Feininger sofort einen Lehrauftrag am Mills College und fertigte erste Aquarelle, in denen er sich mit dem Typus der Großstadt befasste.

Nach dem Krieg engagierte sich Feininger wieder in Deutschland als Mitglied des Deutschen Künstlerbundes, beteiligte sich auch 1953 an der 3. Jahresausstellung der Hamburger Kunsthalle und stellte in den Folgejahren bis 1956 in Frankfurt, Baden-Baden und Düsseldorf aus, ist aber in New York wohnen geblieben. Dort starb er im Alter von 84 Jahren und wurde auf dem Mount Hope Cemetery in Hastings-on-Hudson (Westchester County, New York) bestattet.

Die Komposition des Gemäldes „Railroad Train" von 1941 findet sich in einer 1918 entstandenen Bleistiftskizze vorformuliert. Scheint bei dem hier vorliegenden Gemälde in der Silhouettierung des Bildgegenstandes und in der grotesken Abbreviatur stilistisch ein ähnlicher Ansatz wie im Frühwerk gegeben, so verzichtete Feininger nun doch fast gänzlich auf minutiöse zeichnerische Details zugunsten eines neuen und betont malerischen Einsatzes der Farbe.

Recht bunt geht es überhaupt hier nun her. Der seltsame Zug hat nicht nur die skurrilsten Aufbauten, er fährt auch entgegen aller guten

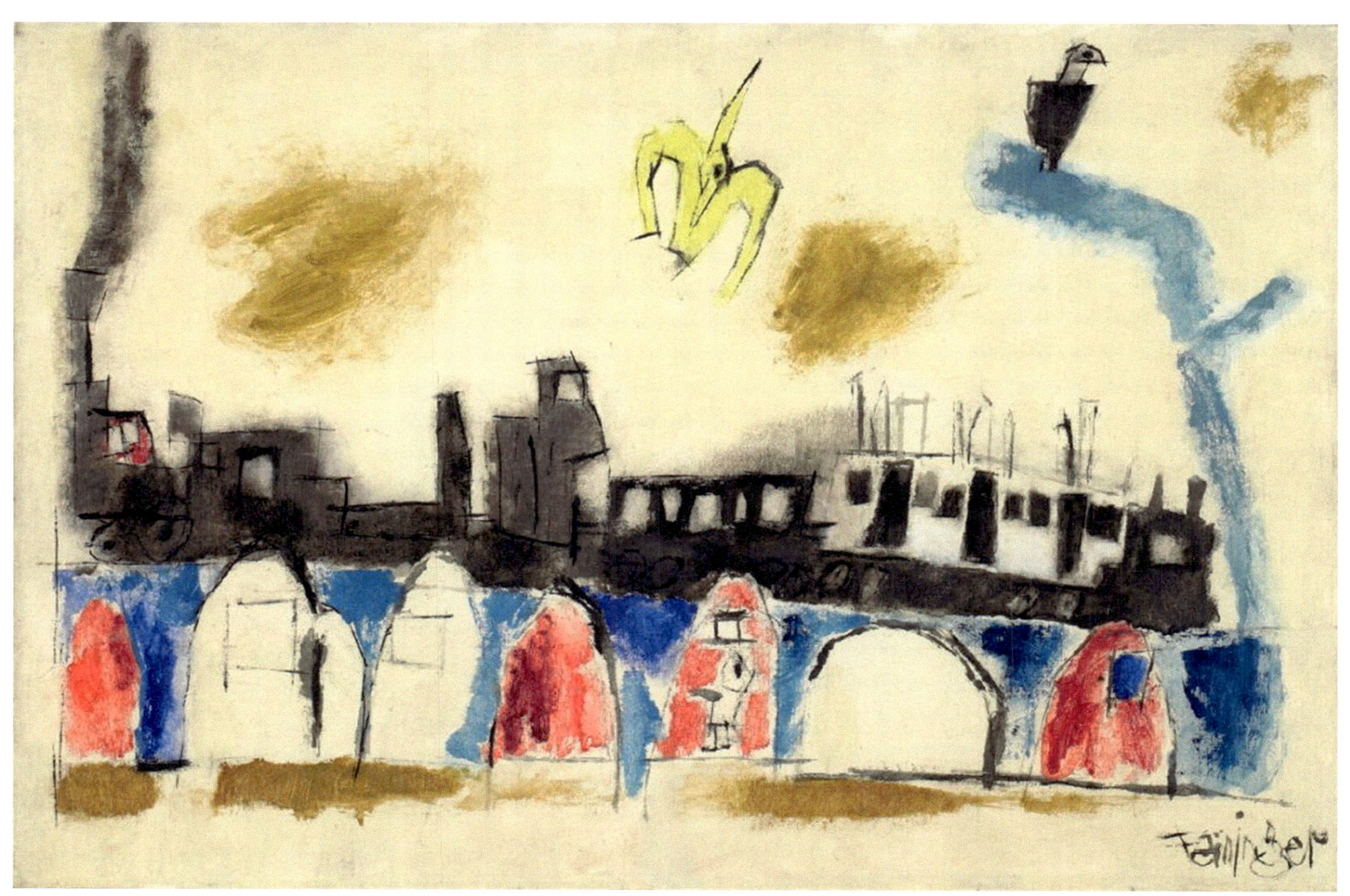

Gewohnheit nicht ordentlich von links nach rechts, sondern à rebours von rechts nach links durch das Bild, und hätten wir eine kinetische Animation und Akustik, würde es tüchtig wackeln, metallisch scheppern und klingeln, ein „Spook" am helllichten Tage. Im Kontrast zum aufsteigenden Rauch des Gefährts erhebt sich am anderen Ende auf blauem, kahlem Geäst ein Galgenvogel, fast politisch, der das Ganze überaus kritisch beobachtet. Von den Herren im Zylinder aus der guten alten Zeit ist ein Strichmännchen unter den Arkaden übrig geblieben, das hinauf zu grüßen scheint. Ihm begegnet jenseits der Bahn ein Vogelgebilde im Sturzflug - oder steigt es auf und von dannen - oder sowohl als auch? Hier scheint es, als zitiere Feininger sich selbst in formaler Anspielung auf die abstrakt-geometrischen, diaphanen Wolkenmotive und „Luftspiegelungen", den „Vogelwolken" aus anderen Werkzusammenhängen.[85]

Wie bei mehreren anderen Bildern gibt es bei Feininger oft Wiederholungen früherer Werke. Vom 5. April 1921 stammt die Zeichnung „Rangierzug", die zweifellos dem Ölbild Modell gestanden

hat. Aus den Bögen, auf denen die Bahntrasse ruht, kann man schließen, dass es wohl die der Berliner Stadtbahn sind. Von links nach rechts gesehen besteht der dargestellte Zug aus der rauchenden Lokomotive. Daneben ist ein Güterwagen mit Bremserhäuschen, über dem sich der gelbe Vogel erhebt. Dann folgen Personenwaggons mit ihren Abteiltüren, über denen auf einem blauen Baum ein Geier hockt. Die zeichnerische Auflösung der herkömmlichen Formen und Farben und ihre kompositorische Neuordnung zeigen Feiningers Bemühung, sich von der im selben Jahr von Dresden nach Berlin strebenden Gemeinschaft der „Brücke" zu lösen und seinen eigenen Stil zu entwickeln.[86] Das Bild kam aus dem Nachlass Feiningers als Leihgabe ins Museum of Modern Art, New York, und wurde von dort aus kürzlich vom Auktionshaus Lempertz, Köln, für 144 000 Euro versteigert.

Besonders haben es ihm die alten Lokomotiven aus den Anfängen der Eisenbahn angetan, wie er sie schon aus den USA kannte. Hier zeigte sich seine damals im Grunde konservative Einstellung, die ihn aber lebenslang begleitet hat.

Feiningers Arbeit: „Die Stadt am Ende der Welt" hat ihn ebenfalls lebenslang begleitet. Dies begann schon in der Zeit, wo er Spielzeugmodelle erstellen musste, kommt in seinen zahlreichen Stadtbildern zum Ausdruck und findet in diesem Projekt ihren Abschluss. Was hier gezeigt wird, ist nur eine kleine Auswahl der vielfältigen Teile, aus denen das Werk zusammengesetzt ist, damit es immer wieder in neuen Anordnungen zur Schau gestellt werden kann. Die Eisenbahn ist darin ein fester Bestandteil, aber auch sie verweist, wie alle anderen Elemente, auf eine vergangene Zeit, in die er sich immer wieder zurückgesehnt haben muss.

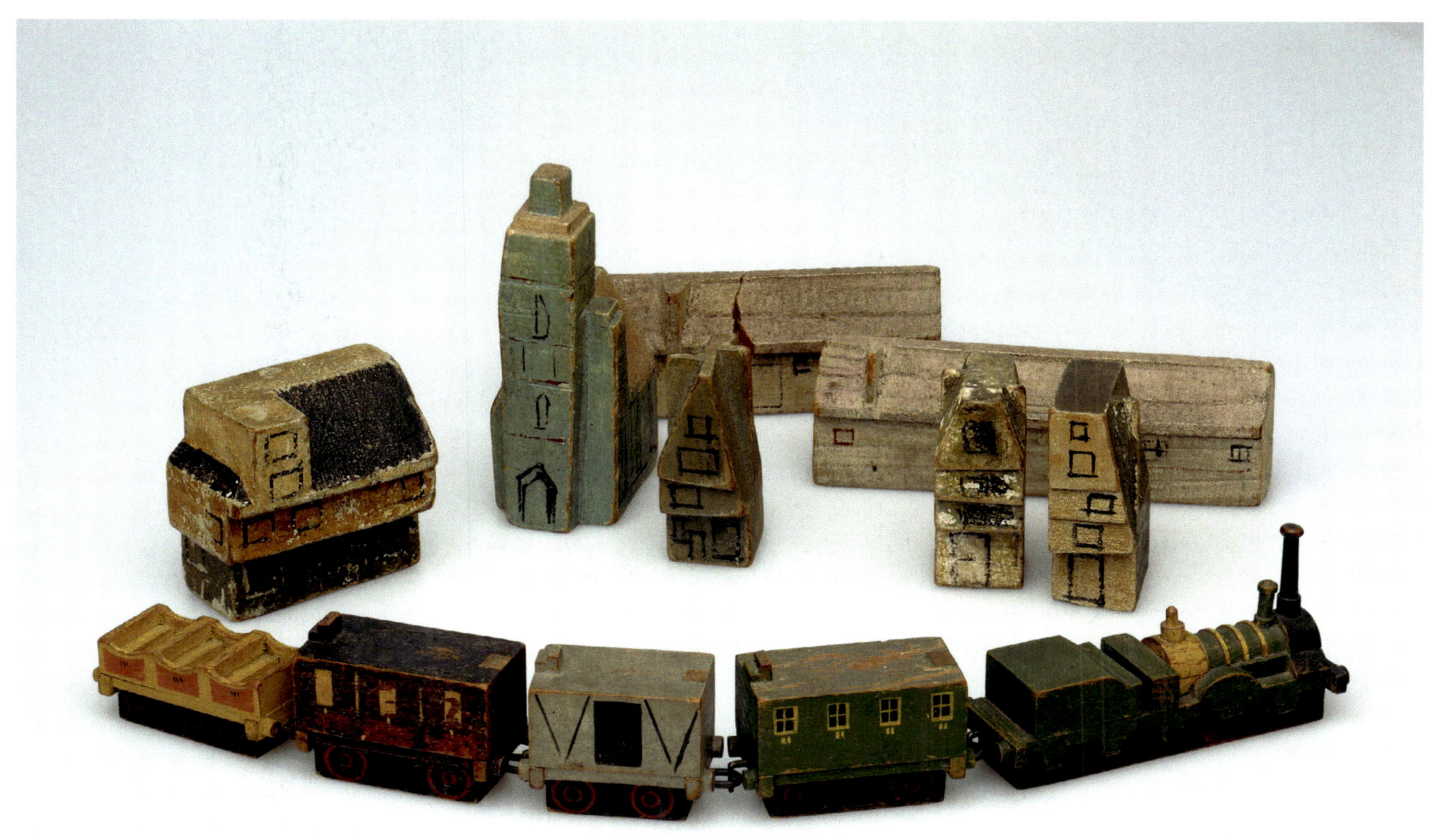

EDWARD HOPPER
(22. Juli 1882 in Nyack, N.Y, USA –
15. März 1967 in New York, USA)

Edward Hopper ließ sich zu einem Illustrator ausbilden und studierte anschließend Malerei. Dreimal reiste er nach Europa mit mehrfachen Paris-Aufenthalten. Seine Inspirationsquellen waren Künstler wie Francisco de Goya und die französischen Impressionisten, vor allem Monet. Er machte sich nicht viel aus den Tendenzen der Kunstszene und ignorierte vor allem die Abstraktion. Eher neigte er zur „Neuen Sachlichkeit". Zum Ende der 20er Jahre wurde er damit ein in den USA bekannter und anerkannter Maler. 1933 zeigte das „Museum of Modern Art" in New York seine Werke. 1941 bereiste er im Auto die Westküste der Vereinigten Staaten. Seine rasantesten Zeichnungen gelangen ihm, während seine Frau Josephine am Steuer des Autos saß und er von der Rückbank aus schnelle Skizzen des Gesehenen hinwarf. 1950 eröffnete das Whitney Museum in New York eine erste Retrospektive, die auch in Boston und Detroit gezeigt wurde. Im selben Jahr erlangte er das Ehrendoktorat des „Art Institute of Chicago". 1952 vertrat er mit drei anderen Malern die USA bei der Biennale in Venedig.

Das Eisenbahnthema hat Edward Hopper stets angezogen. Es gibt zahlreiche Zeichnungen dazu. Als er sich das finanziell leisten konnte, ist er auch gern mit der Bahn gereist. Die scheinbar „realistischen" Motive Edward Hoppers sind keine Wirklichkeits-Abbildungen, sondern eine vom Künstler geschaffene Aussage zu Einsamkeit, aber auch zur Poesie der technischen Schönheit. In seinen Bildern kommt Häusern eine besondere Bedeutung zu: Sie sind makellos und unbewohnt, stehen isoliert in der Landschaft. In ähnlicher Weise behandelt Hopper aber auch seine Eisenbahnbilder. Sie bestehen aus Schienenwegen, die, meistens bereits verrostet, in der Natur verschwinden, aus Waggons, die abgestellt sind oder den Schluss eines Zuges bilden. Hopper bannt den flüchtigen Augenblick zum Dauerzustand.

Zu den bekanntesten Gemälden Edward Hoppers gehört das „House by the Railroad" von 1925. In seiner einsamen Lage wirkt das viktorianische Gebäude völlig verlassen. Kein Lebewesen, nicht einmal Bäume oder Pflanzen umgeben es. Der Turm, die überdachte Front und die seitliche Veranda sollten wohl einen freien Ausblick auf die Natur erlauben, die aber nirgendwo erscheint. Der waagerecht verlaufende Gleiskörper verdeckt den unteren Teil des Hauses. In den Fenstern spiegeln sich schwarze Blöcke, die von den gegenüber liegenden Bauten stammen könnten. Ziegelrote Schornsteine auf dem Dach gehören bei Hopper zur Ausstattung vieler seiner Gebäude. Die harten Schatten am Haus lassen auf einen steilen Sonnenstand schließen. Das lichtblaue Gebäude dominiert das gesamte Bild, zumal der Blick über die rostfarbenen Schienen der Gleise im Vordergrund von einer Augenhöhe ausgeht, die eigentlich nur aus der Hocke möglich ist. Die Gesamtansicht wird stark geprägt durch den sehr großen Himmelsanteil, dessen graublau mit der milchigen Farbe des Gebäudes harmoniert. Dass Alfred Hitchcock das

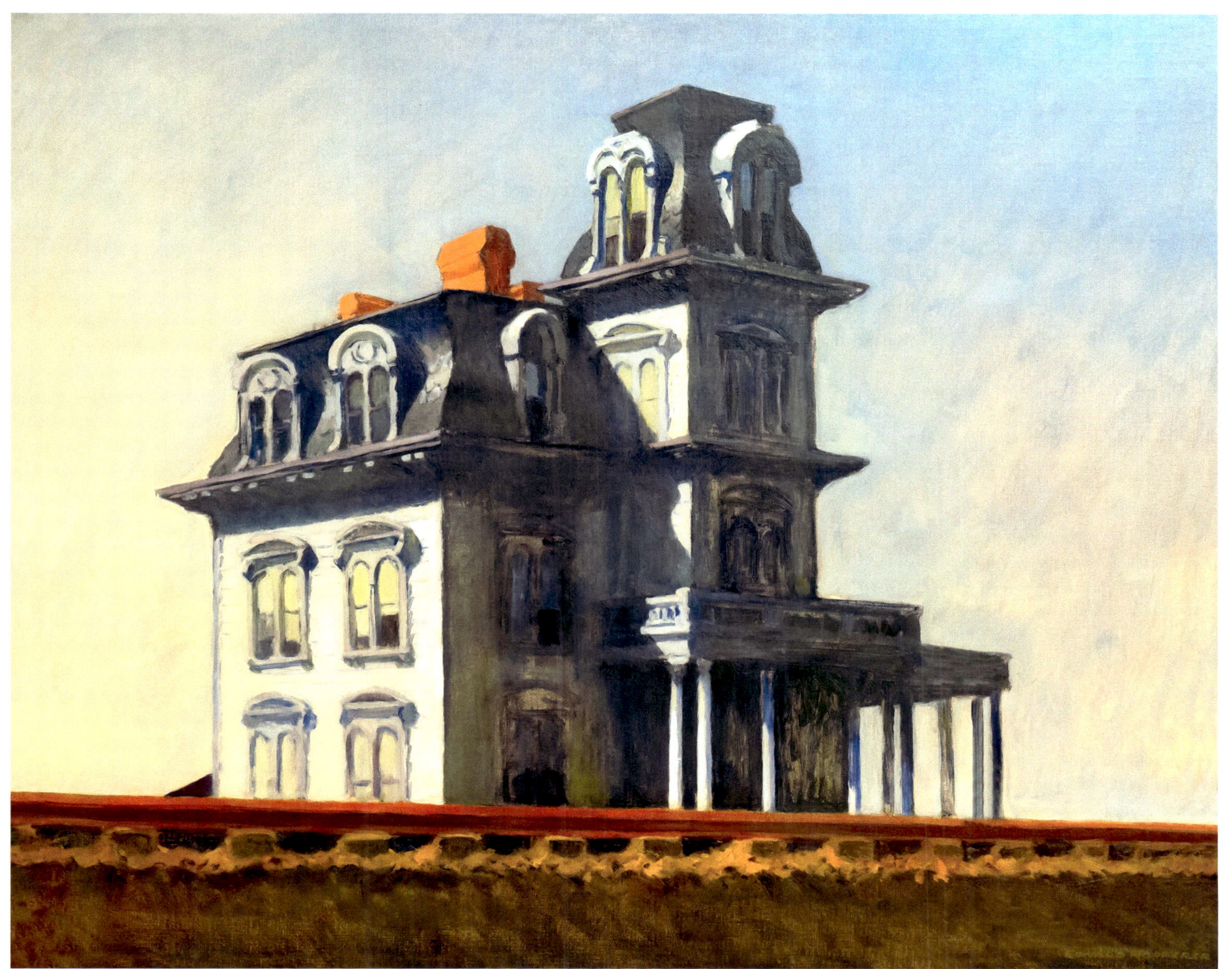

25 Edward Hopper:
Railroad Crossing, 1922—23
Öl auf Leinwand, 73,7 × 101 cm
Whitney Museum of American Art, N.Y., USA

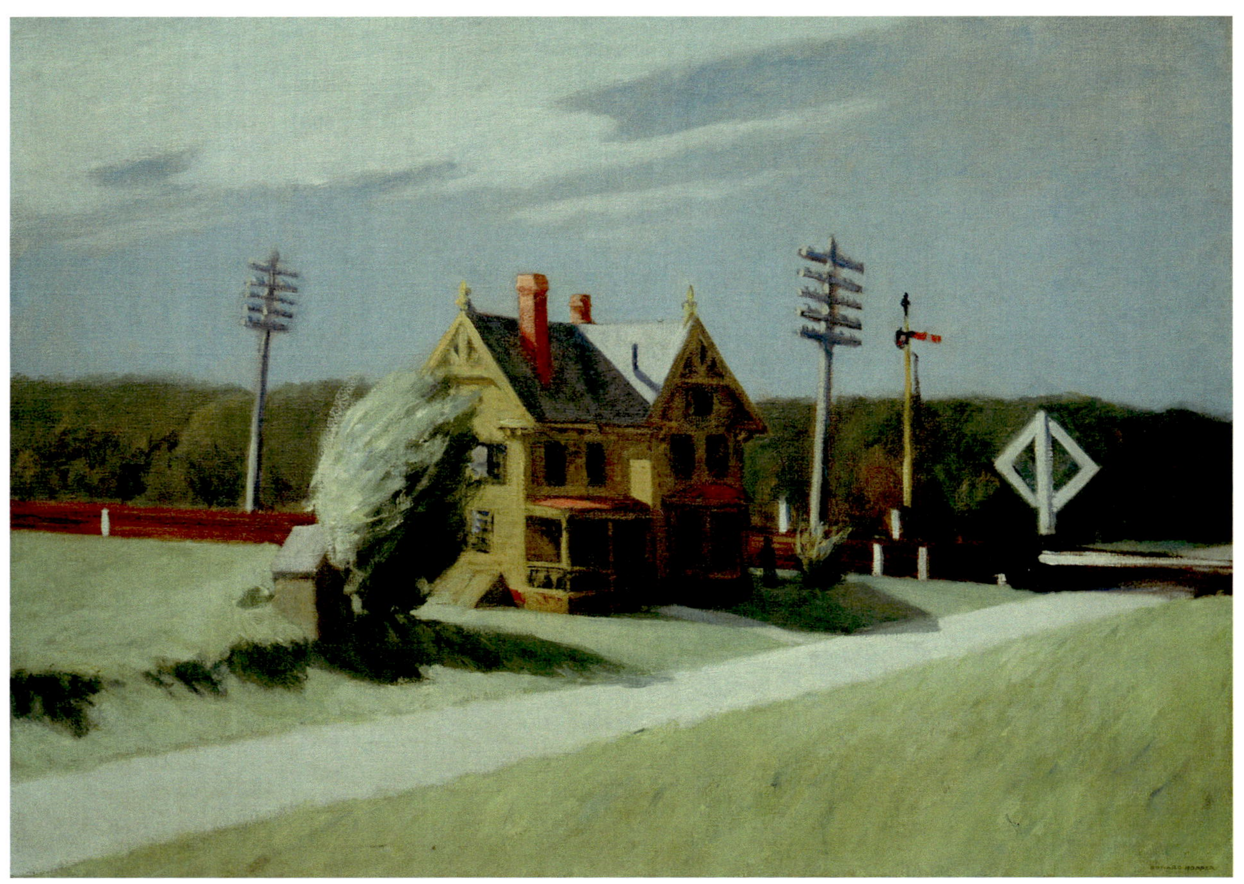

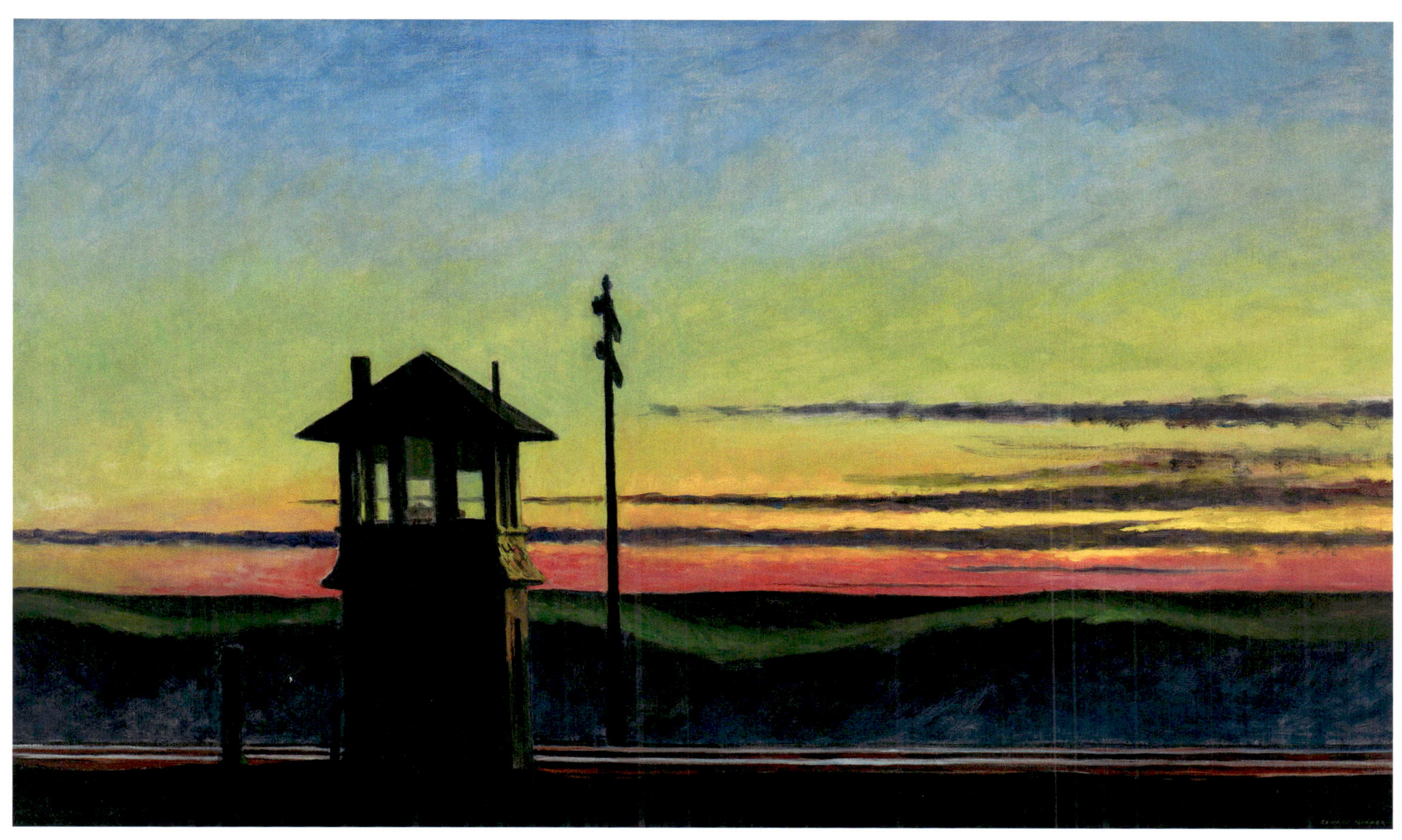

27 Edward Hopper:
Freight Cars, Gloucester, 1928
Öl auf Leinwand, 73,7 × 101,6
Addison Gallery of American Art, Phillips Academy, Andover, USA

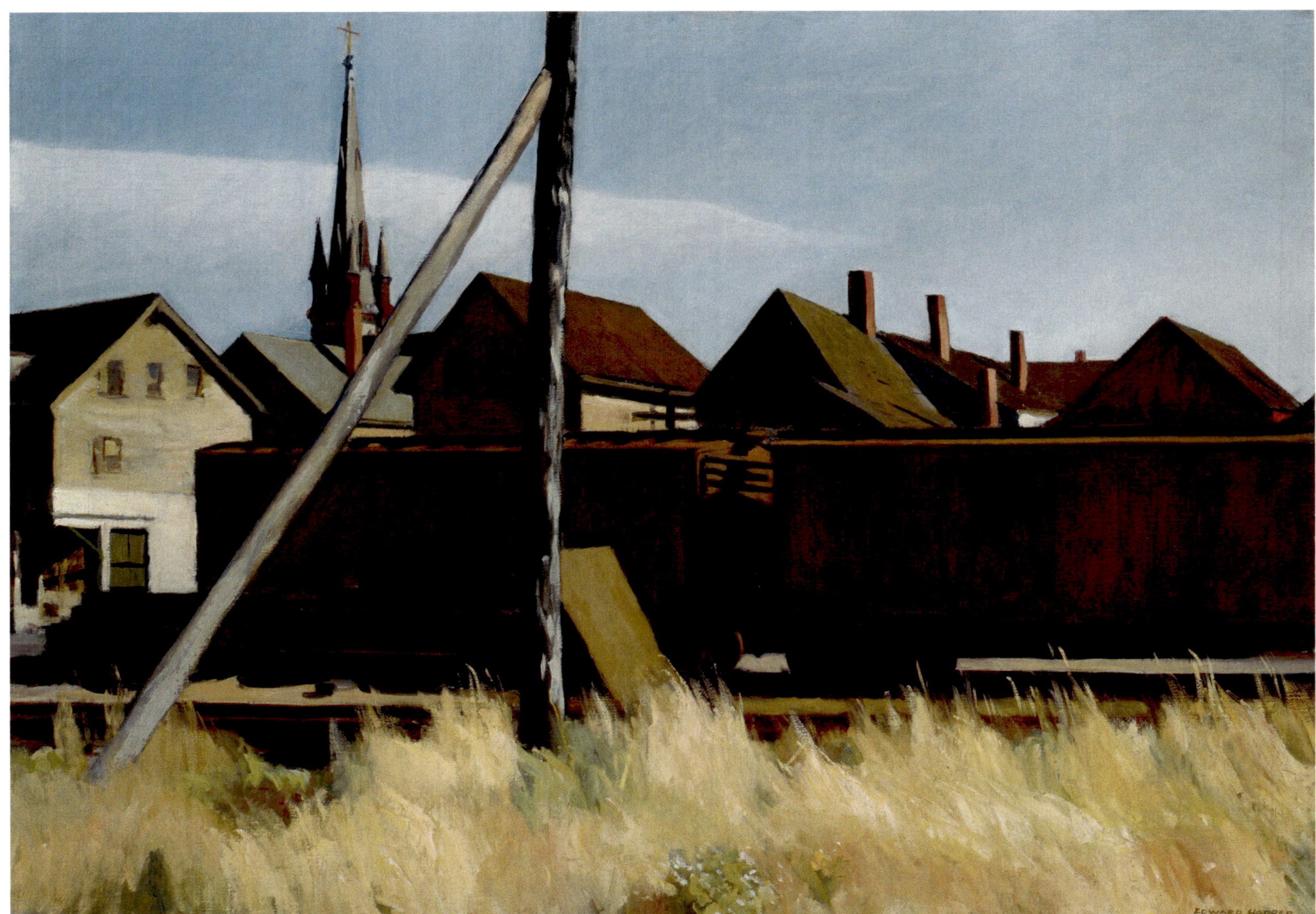

Haus für seinen Thriller „ Psycho" von seinem Filmarchitekten nachbauen ließ, zeigt, wie sehr es auch bei ihm für Einsamkeit steht, die viele Bilder Hoppers kennzeichnen. Der Direktor des Museum of Modern Art (MoMA) in New York, Alfred H. Barr jr., erwarb es im Januar 1930 als erstes Gemälde für dessen ständige Sammlung.

Das Gemälde „Railroad Crossing" von 1922–23 enthält nahezu alle Elemente, die Hopper in seinen Bildern gern vereinigt: Ein rostiger Schienenweg durchquert das Bild im rechten Winkel zur leeren Straße, die durch den unteren Teil als heller diagonaler Streifen verläuft. Die Schranke neben dem viereckigen Achtungszeichen ist geschlossen, das hohe Flügelsignal steht auf „Halt". Zwei Telegrafenmasten umgeben das Bahnwärterhaus, aber verbindungslos ohne ihre Leitungen. Im Schatten des Hauses, kaum zu erkennen, steht eine Frau im dunkelblauen Kleid vor einem Busch, dessen oberen Zweige ebenso wie der windgebeugte Lebensbaum neben dem kleinen Giebelschuppen in der flacheinfallenden Sonne aufleuchten.

„Der Kreuzungspunkt einer Straße und einer Eisenbahn-Trasse thematisiert den Raum und die Orientierung, die eine solche Wegmarke beim Reisen in einem weiten Land wie Amerika bietet. Auch mit Tankstellen, wie Edward Hopper sie gemalt hat, verbindet sich dieses Gefühl, eine Strecke des Weges hinter sich gelassen zu haben und seinem Ziel näher gekommen zu sein. Das Haus mit seinen menschenleeren Veranden zur Straße wird durch die Gleise vom angrenzenden Wald getrennt. Auch wenn hier niemand zu sehen ist — das Gebäude verleiht der Topographie ein Gesicht, macht die Stelle wieder erkennbar. Die das Haus überragende Signalanlage deutet überdies auf ihre

Funktion als Orientierungspunkt. Die Leere der Fläche im unteren Drittel lässt die Weite der Landschaft erahnen".[87]

Aufgrund seiner Erfolge konnten sich Hoppers 1929 eine Eisenbahnreise nach Colorado und New Mexiko leisten. In seinem New Yorker Atelier entstand danach das Gemälde „Railroad Sunset". Es zeigt den Blick aus dem Zugfenster auf welliges Land, Dunst und gestreckte Abendwolken über dem Rot der versunkenen Sonne. Davor ein Parallelgleis für den rechtsseitigen Gegenverkehr mit einem Telegrafenmast, wieder ohne verbindende Leitungen.

Das Gemälde „Railroad Sunset" entstand in Hoppers New Yorker Atelier am Washington Square. Doch gleicht der Blick dem eines Reisenden aus dem Zugfenster. Die Schienen verlaufen quer zum Ausblick, der Blickpunkt liegt auf der Höhe des Bahndamms. Es bietet sich eine hügelige, dünenartige Gegend dar, unterbrochen von einem unbesetzten Bahnwärterhäuschen, das von der untergehenden Sonne angestrahlt wird.

„Die wechselnden Stimmungen verschiedener Tageszeiten werden in Hoppers Gemälden häufig thematisiert, oft finden sich in den Bildtiteln genaue Zeitangaben. Mit dem schwindenden Licht des Sonnenuntergangs wird dabei auch das Sehen thematisiert. Das Motiv des Bahnwärterhäuschens ist unspektakulär und im doppelten Sinne flüchtig. Der visuelle Haltepunkt im Vorüberfahren entzieht sich dem Blick des Reisenden und verschwindet zunehmend in der Dunkelheit. Railroad Sunset stellt eine moderne Interpretation des romantischen Motivs der Lebensreise dar.

Im folgenden Sommer fuhren die Hoppers zum ersten Mal nach South-Truro auf Cape Cod, wohin sie immer wieder zurückkehrten und wo sie sich 1934 ein Grundstück kaufen sollten, auf dem sie ein Atelierhaus errichteten. Man konnte meinen, Railroad Sunset habe den Blick auf diese Dünenlandschaft vorweggenommen."[88]

Das Cape Cod liegt im Nordosten von Massachusetts, USA. Er ist ein beliebtes Urlaubsziel, weil es zwei Küstenstrände hat: einen stürmischen und wellenreichen zum Atlantik hin und einen stillen auf Seiten der Cape Cod Bay. Von seinem Sommerhäuschen bei Truro aus malte Hopper zahlreiche Bilder wie „Corn Hill" (1930), „Highland Light, North Truro" (1930) und „Cottages at North Truro" (1936). Auch lag es nicht allzu fern von Gloucester, Massachusetts, der Heimat seiner Frau. Ursprünglich führte eine Eisenbahnlinie zum ertragreichen Fischereihafen. Sie diente zuletzt nur noch dem Hafen und keinem Personenverkehr mehr und wurde inzwischen stillgelegt. Die großen Dünen auf dem Cape haben mit ihrem Sand die Gleise weitgehend verschluckt. Obwohl Hopper viel gereist ist, hat er doch den größten Teil seines Lebens in New York verbracht. In seinem Atelier am Washington Square, in dem er seit Dezember 1913 ununterbrochen gearbeitet hatte, starb er im 85. Lebensjahr. Seine letzte Ruhestätte fand er im Familiengrab auf dem Oak Hill Cemetery in seinem Geburtsort Nyack, N.Y, USA.

UMBERTO BOCCIONI
(19. Oktober 1882 in Reggio in Kalabrien –
17. August 1916 bei Verona, I)

Die Stadt Reggio in Kalabrien am Golf von Messina gegenüber von Sizilien ist, nachdem sie wegen der Machenschaften der Ndrangheta als Hauptstadt von Kalabrien abgesetzt wurde, vor allem durch die Männerbronzen berühmt geworden, die 1972 in Riace aus dem Meer geborgen wurden und jetzt nach ihrer Restaurierung im „Museo Nazionale della Magna Grecia" in Reggio ausgestellt sind. Dass dieser Ort auch mit Umberto Boccioni einen Maler und Bildhauer hervorgebracht hat, der erhebliche kunsthistorische Bedeutung erlangte, kommt bisher in der Selbstdarstellung der Stadt nicht zum Ausdruck.

Nach Abschluss seiner Schulzeit in Reggio ging Umberto nach Rom, um an der „Scuola Libera del Mondo" und der „Accademia di Belle Arti" Design zu studieren. Über seine Lehrer Giacomo Balla und Gino Severini begegnete er den Techniken der divisionistischen Malerei, die uns schon bei den Nachimpressionisten wie Paul Signac und Camille Pissarro als Pointilisten begegnet waren. Von 1902 bis 1904 verbrachte er Studienaufenthalte in Paris und Berlin, um sich mit dem Impressionismus und Neoimpressionismus weiter vertraut zu machen.

Seit 1904 wohnte Boccioni in Padua und Venedig und führte an der „Accademia di Belle Arti" seine Studien zu Ende. 1907 zog er nach Mailand, um mit Filippo Tommaso Marinetti das erstes Manifest der futuristischen Maler zu verfassen und 1909 in der Pariser Zeitung „Le Figaro" zu veröffentlichen. Das Manifest preist die Ideologie der Geschwindigkeit als futuristischen Leitbegriff. Die Auflösung aller Formen durch Beschleunigung wurde dabei in allen denkbaren abstrakten und

halbfigürlichen Experimenten erprobt. Der zentrale Gedanke in Boccionis Arbeit war die Relation und Spannung zwischen Objekt und umgebendem Raum. Er verneinte den Begriff der fest definierten Linien und der geschlossenen Skulptur. Um das zu verstehen, braucht man sich nur die Rückseite der italienischen 2 Cent Münze anzusehen, auf der seine Skulptur „Forme uniche della continuità nello spazio" wiedergegeben ist.

Da Boccioni seit 1907 in Mailand lebte, wird das „Treno che passa" vielleicht einen Bezug zu der Landschaft haben, in der die frühen Eisenbahnlinien Italiens am meisten ausgebaut waren, also in Norditalien. Eine Eisenbahnlinie entlang eines Küstenstreifens mit dem Meer im Hintergrund gibt es dort nur auf der Adriaseite der Halbinsel.

Im Herbst 1911 siedelte der Künstler nach Paris über, wo er auf Pablo Picasso und Guillaume Apollinaire traf. Im folgenden Jahr wurden seine Gemälde auf der „ersten Futuristischen Ausstellung" in der Galerie Bernheim-Jeune in Paris gezeigt. 1914 erschien sein Manifest der futuristischen Maler auch in Moskau. Umberto Boccioni starb 1916 im Ersten Weltkrieg, als er bei einer Militärübung vom Pferd stürzte.

2009 veranstaltete der Gropiusbau in Berlin zusammen mit dem Italienischen Kulturinstitut und dem „Museo d`Arte Moderne Rovereto (Mart)" eine Ausstellung zu den künstlerischen Ausdrucksformen des Futurismus. Sie war vor allem dem Erfinder des Futurismus, Filippo Tommaso Marinetti, gewidmet. Es wurde bei ihr aber auch die bereits erwähnte Skulptur Boccionis gezeigt.

Sein Gemälde vom „Treno che passa" aus dem Jahre 1908 fällt in die Zeit seiner Auseinandersetzung mit dem Futurismus. Die aus dem Hintergrund quer hervorschießende Eisenbahn ist eigentlich nur an der Lokomotive zu erkennen, deren Rauchfahne sich als Zeichen ihrer Schnelligkeit über dem Zug kräuselt. Sie durcheilt eine blühende Landschaft, die das Bild bis zum Horizont füllt, wo das blaue Meer mit zwei Segelschiffen erscheint. Die Aussage ist klar: Technik stört die überwiegende Natur nicht, sie überhöht sie vielleicht sogar.

Die Entwicklung des Eisenbahnwesens in Italien ist ungewöhnlich kompliziert. Das liegt daran, dass in den ersten Jahren des Eisenbahnbaus das Land sich noch im Kampf um die nationale Einheit, dem Risorgimento, befand, der auch alle staatlichen Kräfte in Anspruch nahm. Er dauerte vom Wiener Kongress 1814/15 bis zur Ausrufung der konstitutionellen Monarchie des Königreichs Italien im Jahre 1861 und danach noch bis zur Eroberung Roms als letztem Bollwerk des Kirchenstaates im Jahr 1870.

Die erste Strecke auf italienischem Gebiet wurde schon im Oktober 1839 von Neapel nach Portici im 1816 geschaffenen Königreich beider Sizilien eröffnet, womit sowohl das heutige Sizilien mit Palermo als Hauptstadt als auch das Süditalien umfassende ehemalige Königreich Neapel gemeint war. Die Lokomotiven dafür wurden von der englischen Lokomotivenfabrik Longridge, Starbuck & Co. in Newcastle bezogen und damit auch die englische Spurweite übernommen, die dann für ganz Italien maßgebend wurde. Die zweite Eisenbahnlinie auf italienischem Boden von Mailand nach Monza entstand 1840 im Königreich Lombardo-Venetien, dessen Herrscher zu dieser Zeit in Personalunion auch der Kaiser von Österreich, König von Böhmen und Apostolischer König

von Ungarn war. Um eine Eisenbahnverbindung zwischen Mailand und Venedig herzustellen, wurde 1837 die „Ku.k. Lombardisch-venezianische ‚Ferdinands-Bahn'" gegründet. Sie erreichte Venedig aber erst, nachdem 1846 die Lagunenbrücke „Ponte della Libertà " nach Venedig fertiggestellt werden konnte.

Alle diese Bahnlinien waren vollständig privat finanziert worden. Es blieb nicht aus, dass vor allem die weniger benutzten Nebenstrecken Verluste machten. So entstanden vier größere Bahngesellschaften, die ganze Bahnnetze übernahmen. 1870 war es dann soweit, dass diese für ein ausgewogenes Verkehrsaufkommen sorgen konnten. Da damit die Kosten der Infrastruktur immer noch nicht gedeckt wurden, begann der italienische Staat zunehmend, diese Netze zu übernehmen. Wegen der für Italien kennzeichnenden politischen Vielfalt dauerte es jedoch bis 1905, bis alle bestehenden Bahnen in der „Ferrovia dello Stato (FS)" vom Staat übernommen waren.

Nicht minder uneinheitlich lief die Versorgung der italienischen Bahnen mit Lokomotiven. Nachdem die ersten noch aus England stammten oder aus englischen Einzelteilen in Italien zusammengebaut wurden, kam es später zu einem breiten Angebot von Lokomotiven aus Frankreich, Österreich und Deutschland. Auch entstanden in Italien mehrere Fabriken, die mit Eigenentwicklungen den regionalen Bedarf abdeckten. Um 1900 wurden zwei neue Techniken entwickelt: die Compound-Technik und der Heißdampfkessel. Die FS bestellte die ersten 24 Maschinen der Baureihe Gr 640 bei Schwartzkopff in Berlin. Diese Lokomotiven stellten einen der erfolgreicheren Ankäufe der FS dar. Wenn man es auch nicht genau erkennt: Die auf dem Bild Boccionis heranrasende Lokomotive könnte eine dieses Typs gewesen sein.

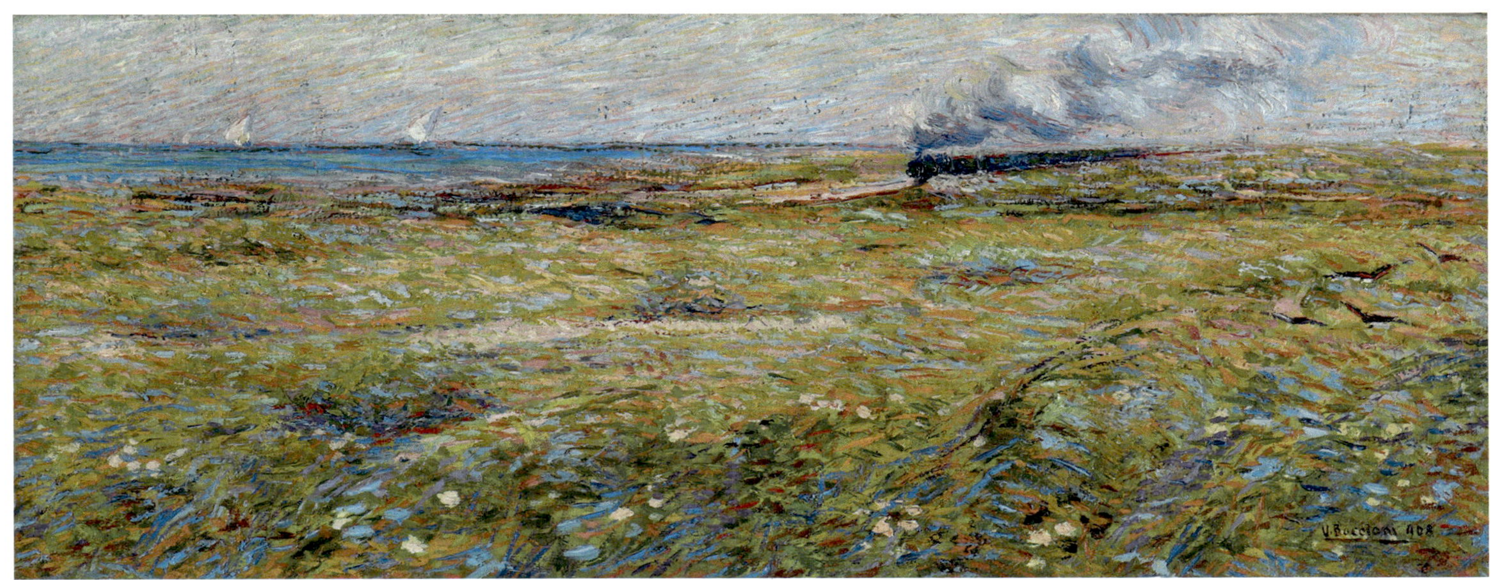

HANS BALUSCHEK
(9. Mai 1870 in Breslau –
27. September 1935 in Berlin)

Mit Hans Baluschek tritt kurz vor der Wende zum
20. Jahrhundert ein Künstler auf, der die aus der
Industrialisierung hervorgehende Verelendung
und Proletarisierung der Arbeiterschaft zum
Thema nimmt. Selbst Sohn eines Eisenbahninge-
nieurs, der sich in Breslau zunächst als selbststän-
diger Unternehmer versucht hatte, dann aber mit
seiner Familie 1876 nach Berlin zog, um als Königli-
cher Eisenbahningenieur bei der Staatsbahn tätig
zu werden, besuchte Hans Baluschek dort das kurz
zuvor gegründete „Askanische-Gymnasium", das
modernerweise nach einem humanistischen und
naturwissenschaftlichen Lehrplan arbeitete und
die künstlerische Entwicklung seiner Schüler
besonders förderte. Schon in seiner Schulzeit
begann er hier vornehmlich Bilder mit Kriegsdar-
stellungen zu kopieren. Als sein Vater 1887 für den
Eisenbahnbau auf Rügen nach Stralsund versetzt
wurde, verbrachte Hans die letzten beiden Schul-
jahre bis zum Abitur 1889 dort. Danach studierte
er an der „Königlichen Akademie der Bildenden
Künste" in Berlin bis 1893. In dieser Zeit entwickelte sich sein Interesse am Sozialismus und den
Schriften von Lew Tolstoi, Henrik Ibsen, Gerhart
Hauptmann und Arno Holz. Bekannt wurde Baluschek durch seine Darstellung der Berliner Groß-
stadtbevölkerung, ihres Alltagslebens in der Indus-
trielandschaft, auch ihres Elends in zu engen und
überbevölkerten Wohnungen. In mehreren Ausstellungen zeigte er ab 1895 bis zum Ende des Jahrhunderts seine sozialkritischen, naturalistischen
Bilder. Seit 1920 gehörte er der SPD an und küm-

merte sich in dieser Partei besonders um die Förderung der Kultur. So engagierte er sich für die
1920 gegründete Volkshochschule Berlin, eröffnete
1923 mit dem Reichspräsidenten Friedrich Ebert
die große Berliner Kunstausstellung und wurde
von 1929 bis 1933 sogar deren Leiter.

Bereits vom deutschen Kaiser Wilhelm I. als
„Rinnstein-Künstler" verunglimpft, wurde Baluschek unter den Nationalsozialisten als marxisti-
scher Künstler aus seinen Ämtern entfernt und
gegen ihn ein Ausstellungsverbot verhängt.
Gleichwohl kamen seine Bilder noch auf die Berliner Kunstausstellungen von 1933 und 1934. Ein
Jahr darauf verstarb der Künstler mit 65 Jahren.

Zu seinen frühesten Werken zählt ein sechs
Buntstiftzeichnungen umfassendes Mappenwerk
„Die Eisenbahn", das sich im Märkischen Museum
Berlin befindet. In ihm befindet sich auch sein Bild
„Die Auswandernden", das hier wiedergegeben ist
(Abb.31). Leider ist das Gemälde „Großstadtbahn-
hof" von 1904 im Zweiten Weltkrieg verschollen.
Es zeigt zwei dicht beieinander liegende Bahnhöfe.
Das können damals nur der Anhalter und der Pots-
damer Bahnhof gewesen sein. Von dem Potsdamer
Bahnhof führte die Strecke mit einer Rechtskurve
nach Schöneberg und Potsdam.

„Aus erhöhter Perspektive gab Baluschek
einen horizontweiten Überblick über ein Groß-
stadt-Bahnhofsgelände. Züge, Lokomotiven, ein
Stellwerk, zahllose Schienenstränge, Brücken und
im Hintergrund Fabrik und Wohnblocks sind im
Einzelnen genau und detailwahr wiedergegeben
und bilden gemeinsam eine grandiose Eisenbahnlandschaft. Die Farbflecke der Lampen, der Qualm
und Dampf vermitteln über das Sachliche hinaus
die eigentümliche, rauchgeschwängerte und dennoch poetische Stimmung der Dampfzugsepoche.
‚Die Maler malen den Städtern das verlorene Paradies, das draußen vor den Toren liegt', schrieb Nau-

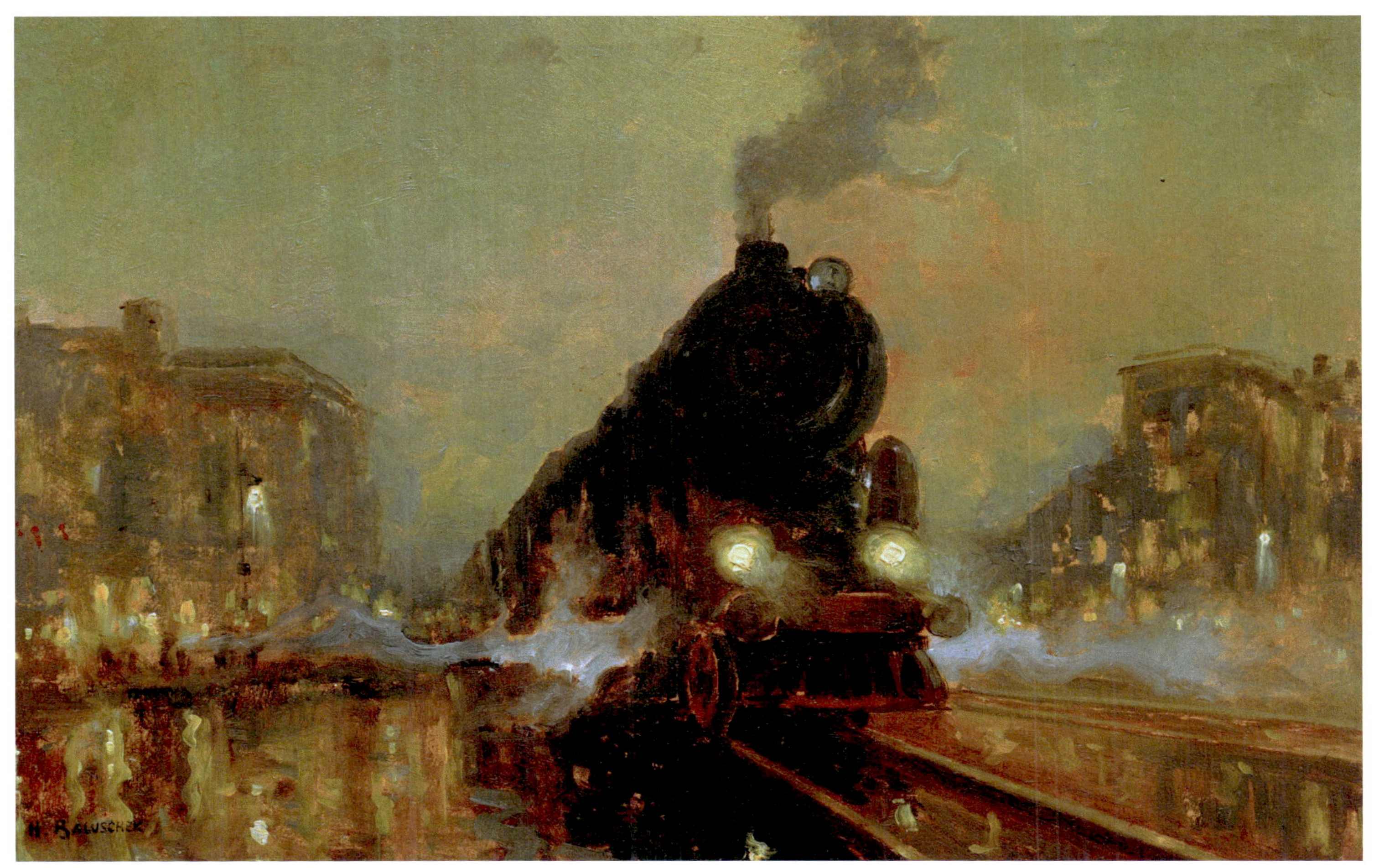

mann, dagegen gehörte Baluschek zu den wenigen Künstlern, die in der Welt ihres Stoffes mitten im Zeitalter des Verkehrs standen."[89]

Als Baluschek damals in der Berliner Sezession das monumentale Gemälde ausstellte, wurde es zum Hauptanziehungspunkt der ganzen Ausstellung. Friedrich Naumann schrieb: „Menzels Walzwerk hat wenig Nachfolge gefunden, Meunier bleibt etwas allein, Baluschek aber stellt sich immer bewusster in diese Reihe".[90] Der sonst eher skeptische Hans Rosenhagen zollte dieser Arbeit jedes Lob, Hermann Esswein sprach von „gereifter Höhe in Baluscheks Können und Wollen", und noch heute, urteilt Günter Meißner, gebühre diesem leider im Krieg verschollenen Gemälde ein besonderer Platz in der Geschichte der Dampfzugepoche."[91]

Die doppelgleisige Kurve über dem quer dazu verlaufenden, dreifachen Gleis im Gemälde „Arbeiterstadt" von 1930 ist ähnlich kleinteilig gemalt wie der „Großstadtbahnhof" von 1904. Seine Aussage ist deutlich: „Halt ein mit dem Wahnsinn der Industrialisierung, die mit der Bahn begonnen hat!" Anders kann man das sehr groß im Vordergrund stehende Haltesignal über dem Bahnbeamtenprofil auf der Gleisbrücke eigentlich nicht deuten, zumal es noch einmal bei dem auf Halt stehenden Vorsignal für das vordere Quergleis wiederholt wird. Die dunklen Qualmwolken aus den Fabrikschornsteinen, die den Himmel schwärzen, die Schattenprofile der Hausfassaden sagen dasselbe. Auf den Dächern und am Boden liegt schmutziger Schnee, der die Gegensätze noch verstärkt. Die Arbeiterstadt könnte beim Berliner Gleisdreieck liegen, in dessen Nähe Baluschek seine Jugend verbracht hatte.

„Die Auswandernden" von 1924 betrifft die wirtschaftliche Situation nach der Hyperinflation, die von 1918 bis 1923 in Deutschland zu der starken Arbeitslosigkeit und Verelendung beitrug. Der Vater hält sich an einem Schaufelstiel fest, seine Frau beugt sich über ihr schlafendes Kleinkind. Der blasse Sohn hält sein Holzpferdchen in der rechten Hand und stützt sich auf die Holzkiste, in der sich wohl der Hausrat befindet. Die Familie erwartet den Zug, der sie vielleicht zu einem Auswandererschiff etwa über die Ballinstadt in Hamburg oder in Bremerhaven bringt. Das Signal steht schon auf „freie Fahrt". Wie eng Elend und Ausland schon sprachlich zusammenhängen, wird hier vor Augen geführt.

Im Gemälde „Bahnhofshalle" von 1929 zeigt Hans Baluschek die Innenansicht des alten Ostbahnhofs von Berlin-Friedrichhain, bestehend aus zwei nebeneinander liegenden Glasdachhallen, deren hier gezeigte linke etwas größer ist als die rechte daneben. Auf dem mittleren Bahnsteig zwischen einem angekommenen und einem auf Abfahrt wartenden Zug drängeln sich die Passagiere mit Hut und Schal. Es scheint kalt zu sein. Nur der Verkäufer in Bäckerweiß und der Dampf der Lokomotive hellen das Dämmerlicht auf, das von den elektrischen Hängelampen in der Halle und dem Abendlicht ausgeht. Der Bildaufbau mit den Personen im Vordergrund und der Perspektive der von innen beleuchteten Personenwagen gibt dem Bild eine Ausgewogenheit, die über die realistische Darstellung hinausgeht und die dämmrige Aura des Bahnhofgeschehens wiedergibt.

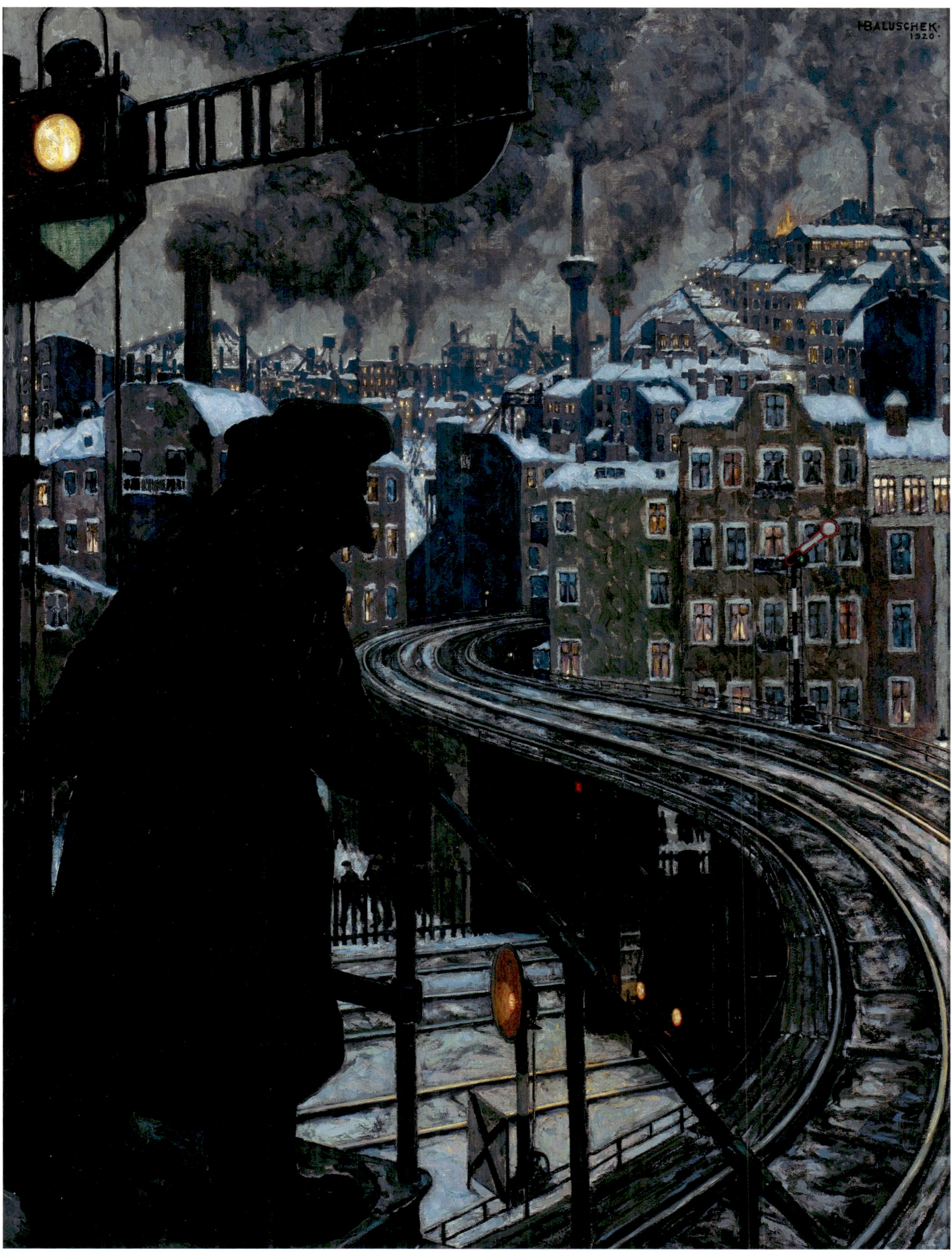

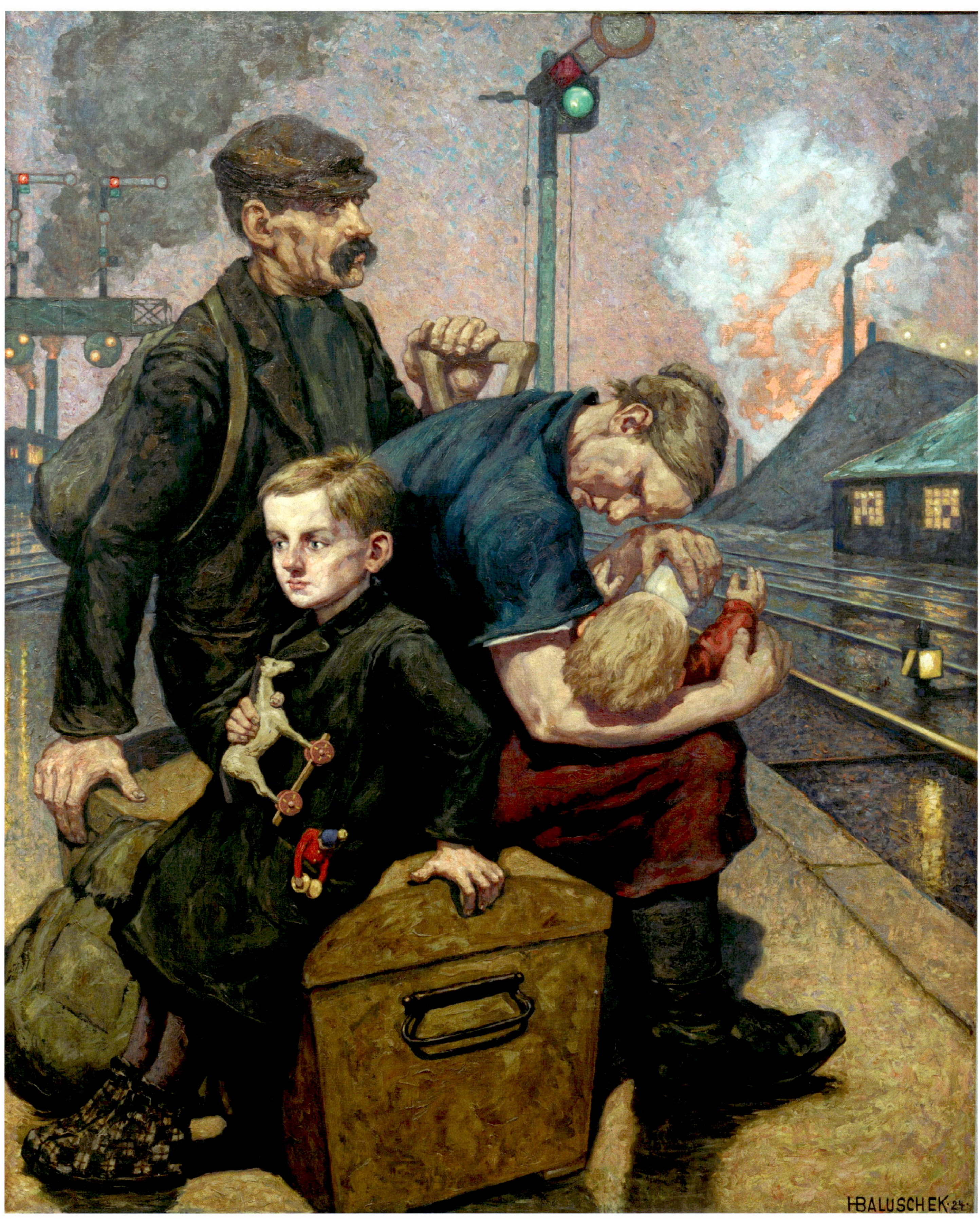

H BALUSCHEK 24.

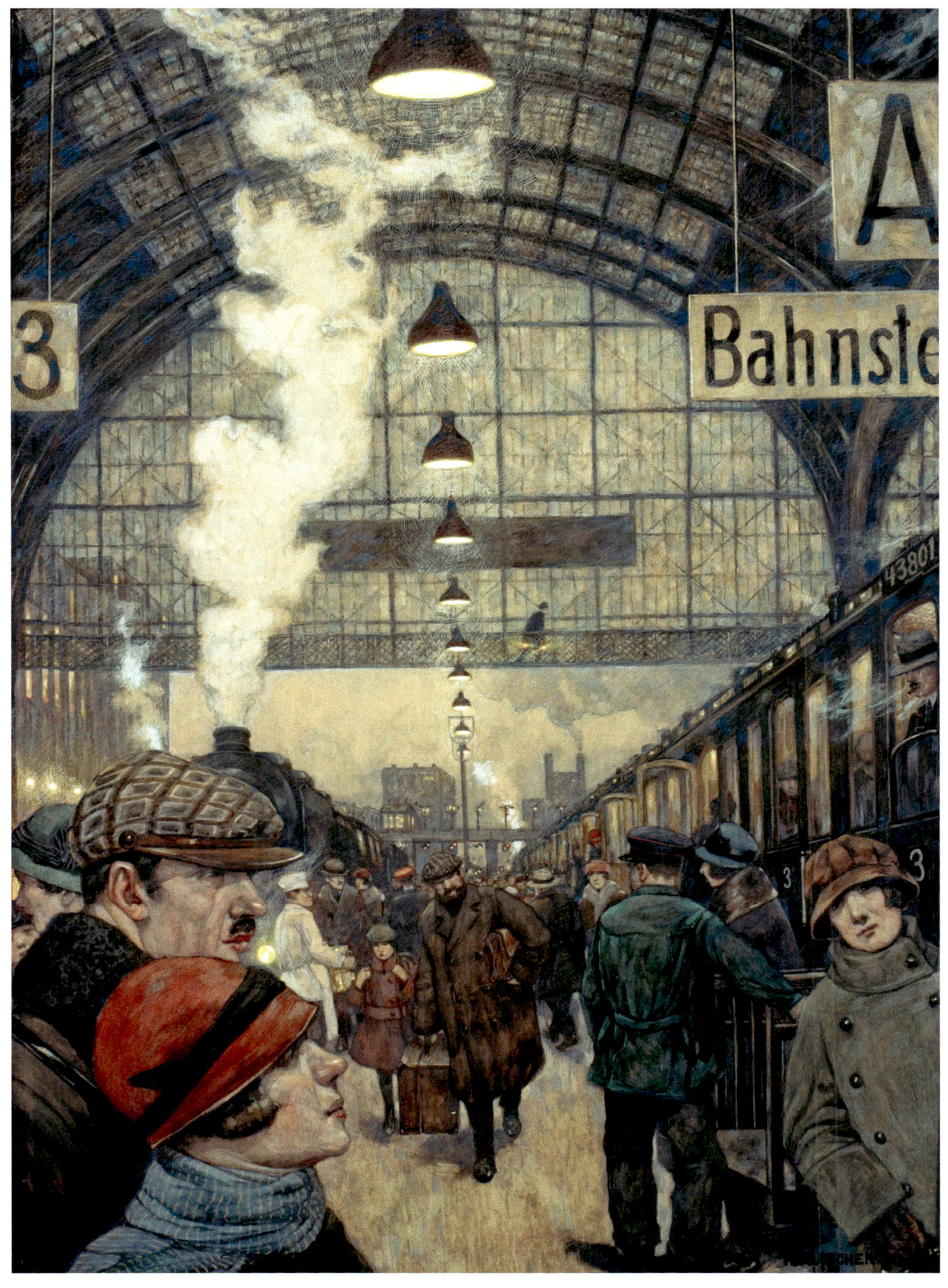

31 Hans Baluschek:
Die Auswandernden, 1924
Öl auf Leinwand, 150 × 120 cm
Stadtmuseum Berlin

32 Hans Baluschek:
Bahnhofshalle (Lehrter Bahnhof), 1929
Pastell, 99 × 70 cm
Berlinische Galerie, Berlin

WASSILY KANDINSKY

(4. Dezember 1866 in Moskau, Russland –
13. Dezember 1944 in Neuilly-sur-Seine, F)

Von den hier gezeigten Malern gehört Wassily Kandinsky zweifellos zu den Vielseitigsten, aber auch zu den Umtriebigsten. In Moskau geboren, in Odessa aufgewachsen, erhielt er die Erziehung eines aus wohlhabendem Hause stammenden Sohnes, allerdings nicht durch seine Eltern, die sich 1871 hatten scheiden lassen, sondern durch die Schwester der Mutter, die ihn aufzog. Er erhielt Zeichen- und Malunterricht, besuchte das humanistische Gymnasium in Odessa, machte dort 1885 sein Abitur und begann 1886 an der Lomonossow-Universität in Moskau mit dem Studium der Rechtswissenschaften, Nationalökonomie und Ethnologie. Als ihn 1889 eine Expedition in das nördliche Ural-Gebirge brachte, wo er das Rechtssystem der Syrjanen erforschen wollte, ergriff ihn die Begegnung mit diesem Kulturvolk so stark, dass er begann, es im Stile des englischen Jugendstils in Zeichnungen und Grafiken darzustellen, was dann sein Frühwerk prägte. 1892 heiratete Kandinsky seine Cousine Anna Tschimiakin. Im Jahr darauf wurde er Assistent an der Juristischen Fakultät der Lomonossow-Universität, an der er auch promovierte und zum Attaché der Juristischen Fakultät

ernannt wurde. Nachdem er noch eine Zeit lang als künstlerischer Leiter einer Druckerei in Moskau gearbeitet hatte, entschied er sich ganz für die Malerei und zog nach München, um von 1897 bis 1899 die private Malschule von Anton Ažbe zu besuchen. Hier traf er auf Alexej von Jawlensky mit dem ihn dann eine lebenslange Freundschaft verband.

1901 gründete er zusammen mit Wilhelm Hüsgen und weiteren Künstlern die Künstlergruppe „Phalanx" und leitete eine Zeit lang deren „Schule für Malerei und Aktzeichnen". Dabei begegnete er auch Gabriele Münter, die seine Lebensgefährtin wurde. Obwohl in Russland bereits verheiratet, verlobte sich Kandinsky 1903 mit ihr und zog später mit ihr nach Murnau an den Staffelsee, wo beide ihren expressionistischen Stil entwickelten. 1904 beteiligte er sich am „Salon d´Automne" in Paris. Inzwischen war er Mitglied des Deutschen Künstlerbundes geworden, an deren dritter Jahresausstellung in Weimar er teilnahm. Mit Alexej von Jawlensky schuf er 1909 die „Neue Künstlervereinigung München e.V.", der sich Adolf Erbslöh, Edmund Kanoldt, Alfred Kubin, Gabriele Münter und Marianne von Werefkin anschlossen.

Aus dieser Zeit stammt das hier wiedergegebene Gemälde von der „Eisenbahn bei Murnau". Da die Eisenbahn direkt an Gabriele Münters Grundstück vorbeiführte, gehörte sie ebenso wie das Murnauer Schloss und die Pfarrkirche zu ihrem täglichen Anblick.

Die Strecke von München über Murnau nach Garmisch wurde 1888 von der „Lokalbahn Aktiengesellschaft (LA) München" gebaut und ein Jahr später mit Dampfbetrieb eingleisig in Betrieb

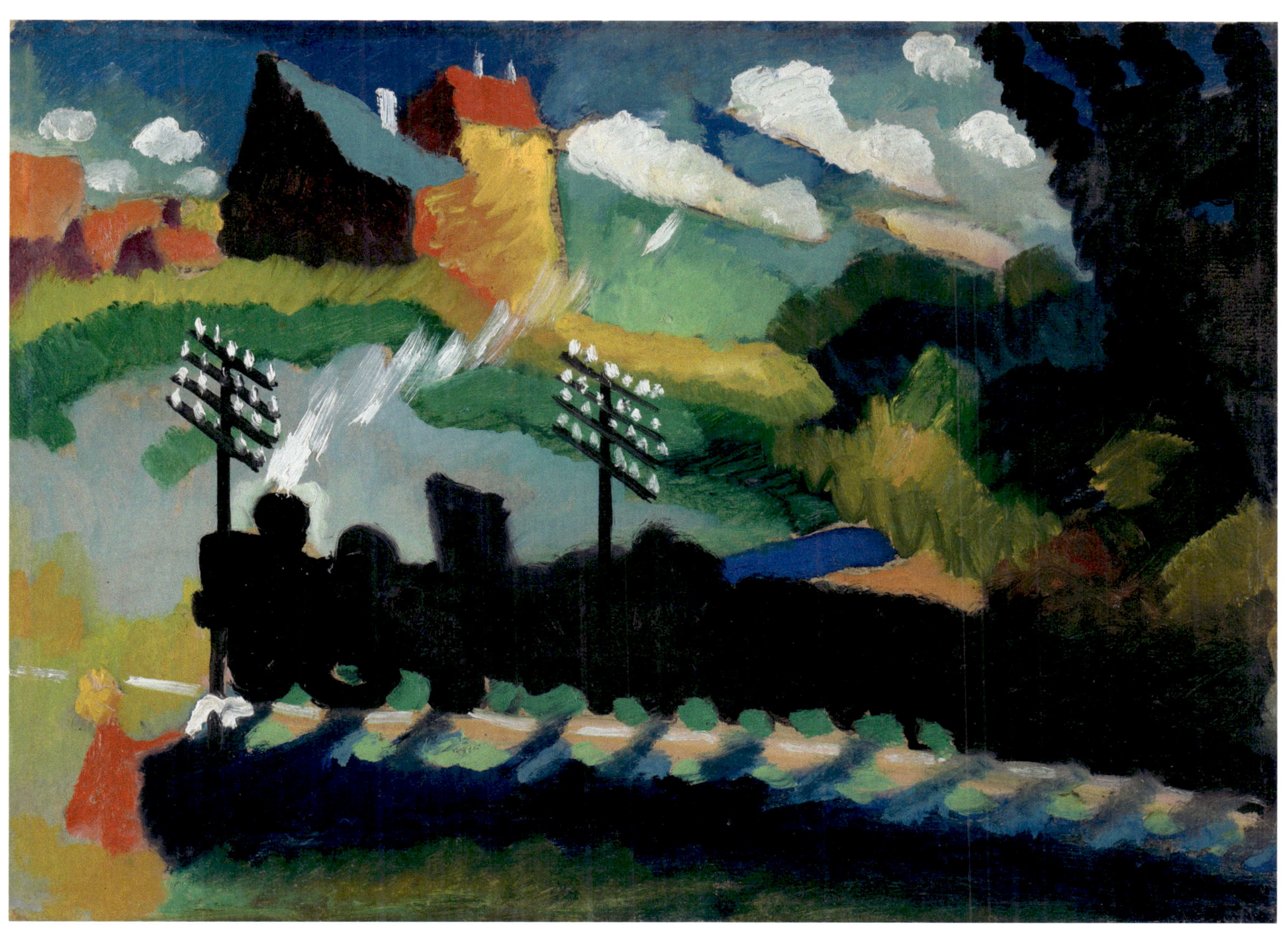

genommen. Seit 1900 bestand hier die erste durchgängige Schnellzugverbindung. Die Fahrzeit dieses Zuges betrug drei Stunden.[92] Am 1. Januar 1908 übernahm die Bayerische Staatsbahn die Strecke als Teil der späteren Bahnstrecke München–Garmisch-Partenkirchen. Das Gemälde „Eisenbahn bei Murnau" von 1909 ist also kurz danach entstanden.

Das Bild konzentriert sich auf die schnelle Fahrt des Zuges, sodass sich seine Umrisse verwischen. Alles ist nach vorn gerichtet, wo keine Gleise mehr zu sehen sind. Die Lokomotive mit dem Führerhaus, die Räder, die Schatten des Zuges, der nach hinten als schwarzer Schweif erscheint, als brause er gegen einen Sturm. Selbst die Schrägstellung der beiden Telegrafenmasten unterstreicht sein Tempo, während Schloss und Kirche ruhig die Abendsonne auffangen. Die schiefen Telegrafenmasten sind ein Zitat: Man muss nur Rousseaus 1908 datierte „Ansicht von Malakoff" zum Vergleich heranziehen (Abb. 20), um die Übereinstimmung in den Arbeiten der beiden so verschiedenen Künstler festzustellen. Nahezu gleichzeitig ließen sie sich mit den Telegrafenmasten auf die technischen Errungenschaften ihrer Zeit ein: der leitungsgebundenen Telegrafie und Telefonie, die sich zum Ende des 19. Jahrhunderts über die Welt verbreitet hatte. In vielen Eisenbahnbildern sind Telegrafenstangen die ästhetische Begleitung der Bahn.

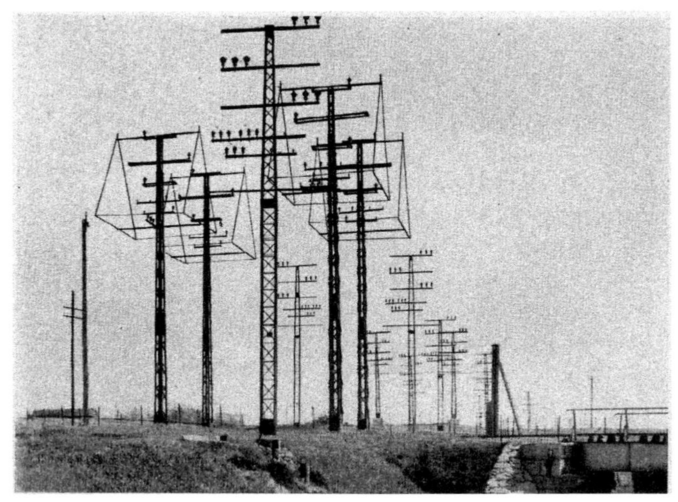

Kandinsky: Mastenwald, in „Punkt und Linie zu Fläche"

Als 1926 in den Bauhaus-Büchern Kandinskys theoretische Schrif, „Punkt und Linie zu Fläche" erschien, wurden bezeichnenderweise auch darin von ihm die Masten von Telegrafenleitungen als Lehrbeispiel genommen. „Einen lehrreichen Fall liefert eine spezielle technische Konstruktion der Masten, die für Fernleitungen der elektrischen Kraft aufgestellt werden"… „Man hat hier den Eindruck eines ‚technischen Waldes', der einem ‚natürlichen Wald' von flachgedrückten Palmen oder Tannen ähnlich sieht. Der zeichnerische Aufbau eines solchen Mastes verwendet ausschließlich die beiden Grundelemente – Linie und Punkt."[93]

Nach der deutschen Kriegserklärung an Russland am 1. August 1914 floh Kandinsky mit Gabriele Münter in die Schweiz, um dann ohne sie nach Moskau weiter zu reisen. Dort nahm er verschiedene Professuren wahr und gründete eine

„Akademie der Kunstwissenschaften". Nachdem er mit Gabriele Münter 1916 bei einem letzten Treffen in Stockholm gebrochen hatte, heiratete er im Februar 1917 in zweiter Ehe Nina Andrejewsky.

Im Januar 1918 wurde Kandinsky zum Mitglied der „Abteilung der visuellen Künste (IZO)" im russischen Volkskommissariat für Bildungswesen ernannt. Seine wichtigste Funktion aber übernahm er 1920 als erster Leiter des Moskauer „Instituts für künstlerische Kultur", wo er die führenden Künstler der russischen Avantgarde wie Kasimir Malewitsch, Vladimir Tatlin und Alexander Rodtschenko traf. Da die Einschränkungen der Kunstfreiheit durch die junge Sowjetunion für ihn zunehmend unerträglich wurden, wanderte Kandinsky mit seiner Frau im Dezember 1921 nach Berlin aus und folgte im Juni 1922 der Berufung von Walter Gropius als Lehrer für Wandmalerei an das drei Jahre zuvor gegründete Bauhaus in Weimar. Mit Lyonel Feininger, Paul Klee und Alexej von Jawlensky gründete er 1924 die Künstlergruppe „Die Blauen Vier".

Als das Bauhaus 1925 durch die konservative Mehrheit im Thüringischen Landtag aus Weimar verstrieben wurde und nach Dessau übersiedelte, bezog Kandinsky dort 1926 mit Paul Klee eines der Meisterhäuser, die Walter Gropius entworfen hatte. Auch in der letzten Phase ab 1932 in Berlin blieb er dem Bauhaus treu. Als dieses sich unter dem Druck der Nationalsozialisten 1933 selbst auflöste, emigrierte Kandinsky mit seiner Frau nach Neuilly-sur-Seine bei Paris.

1937 wurden 57 seiner Werke in deutschen Museen von den Nationalsozialisten beschlagnahmt und 14 davon in der Münchener Ausstellung „Entartete Kunst" gezeigt. Im selben Jahr beteiligte er sich an der Pariser Ausstellung „Origines et Dévelopement de l'Art International Indépendant" im „Musée Jeu de Paume". 1944 erlebte er noch seine letzte Ausstellung in der Pariser Galerie l'Esquisse. Am 13. Dezember 1944 starb Wassily Kandinsky mit 78 Jahren in Neuilly-sur-Seine. Seine Frau Nina überlebte ihren Mann um 36 Jahre. Durch sie gelangten die hinterlassenen Bilder über Verkauf oder Stiftungen an große Museen.

Im September 1980 fiel sie in ihrem Schweizer Haus in Gstaad einem Raubmord zum Opfer.

ERNST LUDWIG KIRCHNER
(6. Mai 1880 in Aschaffenburg –
15. Juni 1938 bei Davos, CH)

Ernst Ludwig Kirchner muss eine große Vorliebe für die Eisenbahn gehabt haben: Er benutzte sie häufig und malte sie oft. Obwohl er nach seinem Abitur 1901 in Chemnitz an der Technischen Hochschule Dresden ein Architekturstudium bei Fritz Schumacher aufnahm und 1905 mit dem Diplom abschloss, entschied er sich mit seinen Kommilitonen Erich Heckel, Fritz Bleyl und Karl Schmidt-Rottluff für die Malerei und zur Gründung der Dresdener Künstlergemeinschaft „Brücke". 1906 kamen Max Pechstein und zeitweilig auch Emil Nolde sowie der Schweizer Cuno Amiet dazu, 1908 auch noch Kees van Dongen. Als Max Pechstein 1911 aus wirtschaftlichen Erwägungen nach Berlin übersiedelte, folgten ihm Heckel und auch Kirchner. In Berlin begegneten die Künstler dem Kubismus und Fauvismus, was sich dann auch in ihren Werken zeigte.

Für Kirchner bedeutete der Erste Weltkrieg eine Lebenswende. Wie viele junge Männer seiner Generation hatte er sich zu Beginn als Freiwilliger gemeldet. Seine Ausbildung zum Kanonier führte bereits 1915 zu seinem Nervenzusammenbruch, demzufolge er beurlaubt wurde, in Abhängigkeit von Medikamenten geriet und schließlich in einem Sanatorium in Königstein am Taunus behandelt werden musste. Gleichwohl schuf er in dieser Zeit großformatige Wandgemälde. Danach ging Kirchner 1916 nach Davos in die Schweiz, wovon er sich weitere Genesung erhoffte.

Inzwischen hatte er 1914 über eine Werkausstellung im Kunstverein Jena so viel öffentliche Aufmerksamkeit gefunden, dass seine Lebensgefährtin Erna Schilling in Berlin durch den Verkauf seiner Arbeiten ihm die finanzielle Unabhängigkeit sichern konnte. Diese zahlte sich vor allem nach dem Ende des Ersten Weltkriegs und dem in Berlin besonders belebten kulturellen Leben der 20er Jahre aus. Inzwischen war Kirchners Gesundheit durch mehrere weitere Sanatoriumsaufenthalte soweit stabilisiert, dass er sich selbst „vermarkten" konnte, was in Aufsätzen und über Besuche von Kunsthändlern und Kunstschriftstellern geschah.

Als frühestes Eisenbahnbild Kirchners gilt „Bahnhofseinfahrt Bahnhof Löbau" von 1911. Die einzige Bahnstrecke der Sächsisch-Schlesischen Eisenbahngesellschaft (SSE) war die 1847 fertiggestellte Verbindung Dresden–Görlitz. Der 1846 eröffnete Bahnhof Löbau ist ein Ausgangspunkt mehrerer Nebenbahnen gewesen. 1851 wurde die SSE verstaatlicht. Die Vielzahl der Gleise, die damals noch von dem Rangierbedarf des Knotenpunkts bestimmt war, führt in einer weiten Linkskurve zu dem von Stadthäusern verdeckten Bahnhof, hinter dem die Schornsteine einer Zuckerfabrik zu sehen sind. Die Streckenführung in Löbau war für die gesamte Linie ein schwieriges Umfeld. Sie musste mit einem hohen Viadukt über das Löbauer Wasser geführt werden. Danach folgte die erwähnte stark ansteigende Linkskurve, die zum Bahnhof führt. Das alles ist auf expressionistische Art stark zusammengerückt und steil aufsteigend gemalt. Die violett-grünen Töne der Bodenflächen, die schimmernden Wände der Gebäude mit den blaugrauen Schieferdächern vor den bauschigen, hell getönten Wolken und einem rötlich schimmernden Himmel wirken eher bedrohlich als idyllisch.

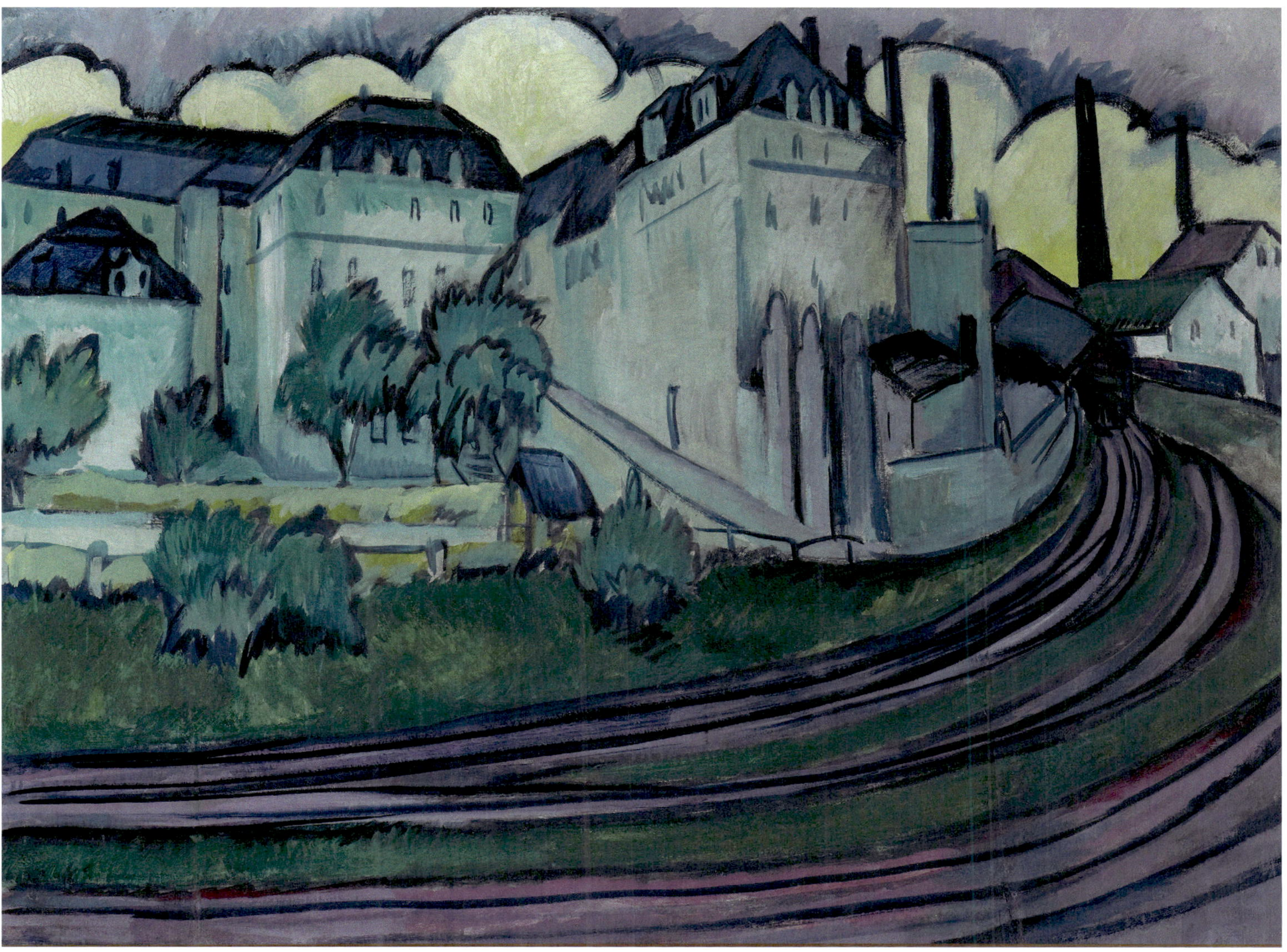

Das Bild gehört zu den letzten Bildern Kirchners aus seiner Dresdener Zeit, bevor er 1911 nach Berlin ging. Die grün-violette Farbgebung unterscheidet sich von seinen früheren, sehr farbfreudigen Arbeiten. Als Leinwandersatz diente ihm hier ein alter Arbeitskittel.

Auch beim Bild der „Rheinbrücke in Köln" von 1914 wirkt die Perspektive der violetten eisernen Bögen der Straßenbrücke und dem dahinter aufragenden Kölner Dom bedrohlich. Die unten rechts auf der Eisenbahnbrücke fahrende Lokomotive verschwindet nahezu hinter ihren Streben. Am hinteren Ende der Brücke erscheint in dessen Mitte der Kölner Dom von der Vorderseite. Eigentlich müsste man hier die Chorseite vermuten, neben der 1894 der Kölner Hauptbahnhof errichtet wurde.

Bei der Brücke handelte es sich um die sogenannte „Hohenzollernbrücke", die als Ersatz für die dem gestiegenen Eisenbahn- und Straßenverkehr nicht mehr genügende Dombrücke errichtet wurde. Die zusammen mit Hessen ab 1897 bis Ende des Ersten Weltkriegs betriebene „Königlich Preußische und Großherzoglich Hessische Staatseisenbahn" (K.P.u.G.H.St.E.) hatte sie 1907 bis 1911 für zwei Gleise und eine Straße errichtet. Nachdem auch der Preußische Staat dazu finanziell beigetragen hatte, konnte das Bauwerk 1911 in Anwesenheit von Kaiser Wilhelm II. feierlich eingeweiht werden. Die Rolle Preußens kam dabei in den vier Reiterstatuen zum Ausdruck, welche sie auf beiden Stromseiten zieren.[94] Sie war erst drei Jahre im Betrieb, als Kirchner sie im Mai 1914 malte. Auf

Einladung des Mäzens und Kunstsammlers Josef Feinhals war er nach Köln gekommen, um für die Ausstellung des Deutschen Werkbunds Wanddekorationen zu malen.

Zu Beginn des Ersten Weltkriegs im August 1914 fuhren über diese Brücke 2150 Züge mit Soldaten und Material an die Westfront. Wer an lebensgeschichtliche Zusammenhänge glaubt, findet hier Ansatzpunkte zu dem Ende, das Kirchner seinem Leben deswegen setzte, weil seine psychische Erkrankung und letztlich die Vernichtung seines Lebenswerks durch die Nationalsozialisten eine Folge dieses furchtbaren Krieges war.

Mit der Lithographie „Stadtbahnbogen" von 1915 „schafft Kirchner ein utopisches Bild der Großstadt Berlin. Straßenbahnunterführung, eiserner Fußgängersteg und Eisenbahnbrücke sind schräg gegeneinander gesetzt und gleichzeitig übereinander geschichtet. Als Diagonalen bestimmen sie die Komposition. Die Ebenen scheinen zu wanken, die Schwere der Bauten scheint nicht mehr zu existieren. Kirchner erzeugt in der Lithographie, die zu den späten Großstadtdarstellungen der Berliner Zeit gerechnet werden muss, eine Dynamik, die beängstigend wirkt, die jedoch den damaligen Zeitgeist authentisch vermittelt. Eine Untergangsvision, wie sie auch gleichzeitig in der expressionistischen Lyrik anzutreffen ist, wird heraufbeschworen."[94]

So utopisch, wie im Katalog des Hamburger Bucerius Kunstforums beschrieben, ist diese Berliner Ansicht wohl nicht. Als Mitglied der Künstlergruppe „Brücke" teilte er mit den anderen Mitgliedern die Auffassung, dass die gefährdete Welt im Sinne Nietzsches „Brücken" zwischen ihren Gegensätzen benötigt, zu denen die Kunst beitragen könne. Kirchner sah in der Stadtbahnbrücke einen konkreten Gegenstand, der ihn als Zeichner reizen

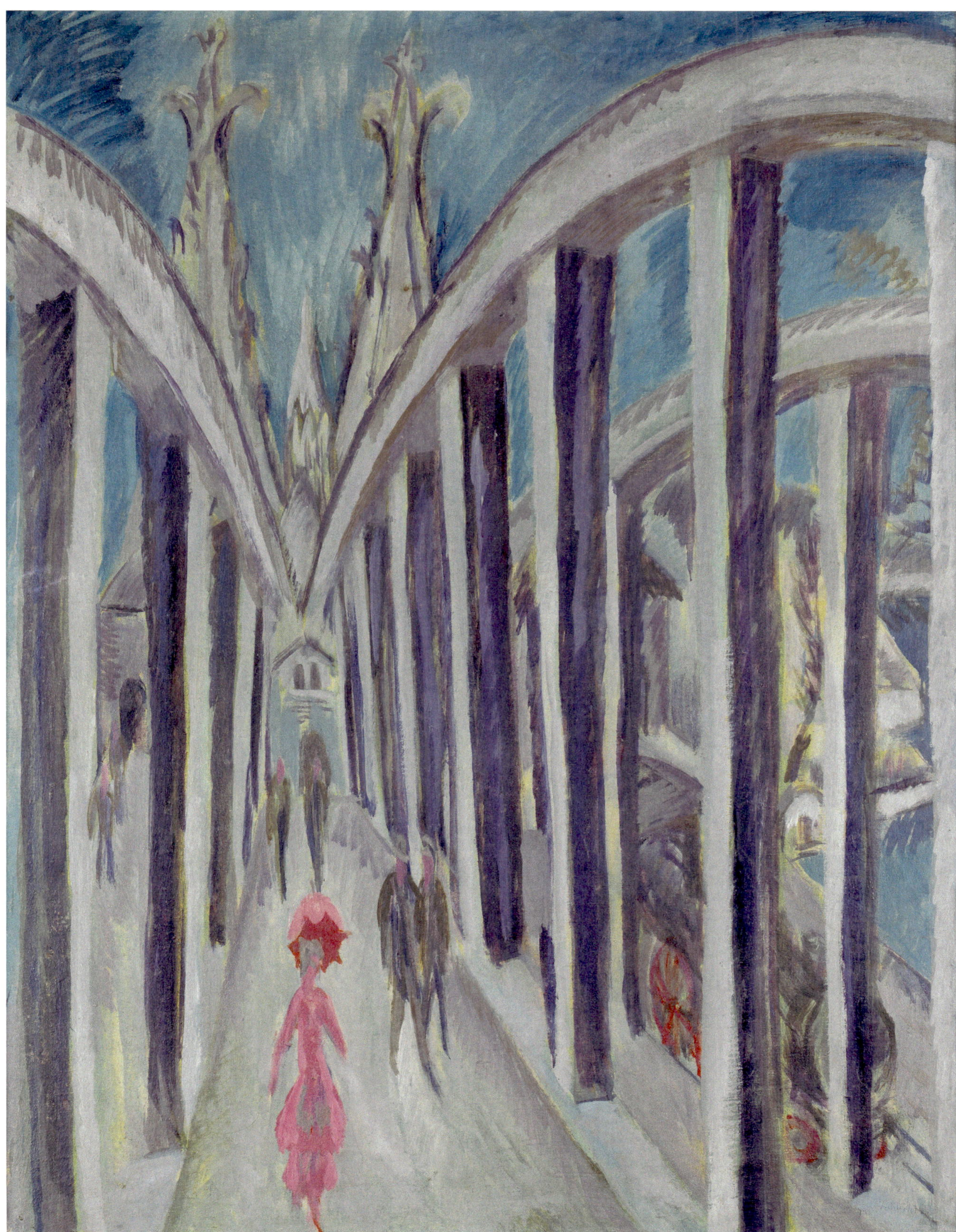

musste, in der Verschränkung von querlaufenden und sich kreuzenden Verkehrsverbindungen eine Verdichtung der Kommunikation zu beschreiben, die der Entfremdung in der Großstadt entgegenwirkt. Es ist ein bedrückendes Bild, das den Seelenzustand Kirchners zeigt, der sich in seiner gerade beendeten Militärzeit entwickelt hatte.

Die Berliner Stadtbahnstrecke ist nicht nur wegen ihrer Viaduktbögen als erste ihrer Art in Europa bekannt. Sie war auch von Anfang an die bedeutendste Verkehrsader für die Entwicklung der Stadt. Im Jahre 1873 gründete sich eine private Aktiengesellschaft für den Bau der Strecke. 1875 begannen die ersten Bauarbeiten. Da diese jedoch nur langsam vorankamen, übernahm 1878 der Preußische Staat die Aktiengesellschaft. 1882 wurde die 12 Kilometer lange Trasse zwischen dem Schlesischen Bahnhof (heute Ostbahnhof) und Charlottenburg durch den deutschen Kaiser Wilhelm II. eröffnet.

Die Trasse der Stadtbahn wurde mit Viaduktbögen so hoch gelegt, um den sie kreuzenden Straßenverkehr nicht zu stören. Deren fortlaufende Nummerierung begann am Schlesischen Bahnhof und endete am Bahnhof Savignyplatz. Von den ursprünglich 731 Stadtbahnbögen waren insgesamt 597 für gewerbliche Zwecke nutzbar. Die anderen dienten teilweise zur Unterführung der die Bahnstrecke querenden Straßen. Nach dem 1913 bestehenden Netz der Straßenbahnlinien kreuzte die mit „Grün" bezeichnete Linie die Stadt-

bahn am Bahnhof Friedrichstraße, bevor sie (ab 1916) durch den „Lindentunnel" geführt wurde, um den oberirdischen Verkehr „Unter den Linden" nicht zu belasten.

Besondere Bedeutung muss für Kirchner die „Eisenbahnüberführung" (siehe Nr. 37) gehabt haben: Im Juli 1914 richtete er sich in der Körnerstraße 45 in Berlin-Friedenau, direkt am Südring der Stadtbahn und der über die Stadtbahngleise führenden Feuerbachbrücke gelegen, eine Wohnung ein. Ein Holzschnitt aus demselben Jahr zeigt spiegelverkehrt den Blick aus dem Fenster des im Dachgeschoss gelegenen Ateliers Kirchners auf die Bahnanlagen mit dem Bahnhof Feuerbachstraße. „Die sogenannte Wannseebahn, die vom Potsdamer Platz über Steglitz und Wannsee nach Potsdam führte, verkehrte hier. Auf der die Bahngleise überquerenden Feuerbachbrücke befinden sich einige Passanten. Auf der anderen Seite der Gleise stehen Mietshäuser. Kirchner greift das Thema der modernen Stadt auf. Die Darstellung mit ihren sich überbrückenden und überkreuzenden Verkehrswegen wird zum Synonym für das Großstadttempo. Aber auch das Thema der Steinwüste klingt an durch die tristen Häuser mit ihren trostlos wirkenden schwarzen Fensteröffnungen. Kirchner rafft die Einzeldaten dicht zusammen und dynamisiert seine auf Kontrastwirkung aufgebaute Komposition durch die Betonung der Diagonalstränge."[95]

Das Thema der Großstadt spielte damals auch in der expressionistischen Dichtung eine große Rolle. Durch seine Verbindung zum „Neuen Club", zum „Neopathetischen Cabaret", und zum „Sturmkreis" um Herwarth Walden hatte Kirchner engen Kontakt zu den Dichtern, vor allem zu Georg Heym. 1911 war von Heym der Gedichtband „Der ewige Tag" erschienen, der für die Bewegung des

36 Ernst Ludwig Kirchner:
Stadtbahnbogen[96], 1915–16
Lithographie von vier Steinen in Schwarz, Blau,
Gelb und Grün, 59,6 × 51,5 cm
Kunstmuseum Bern, CH

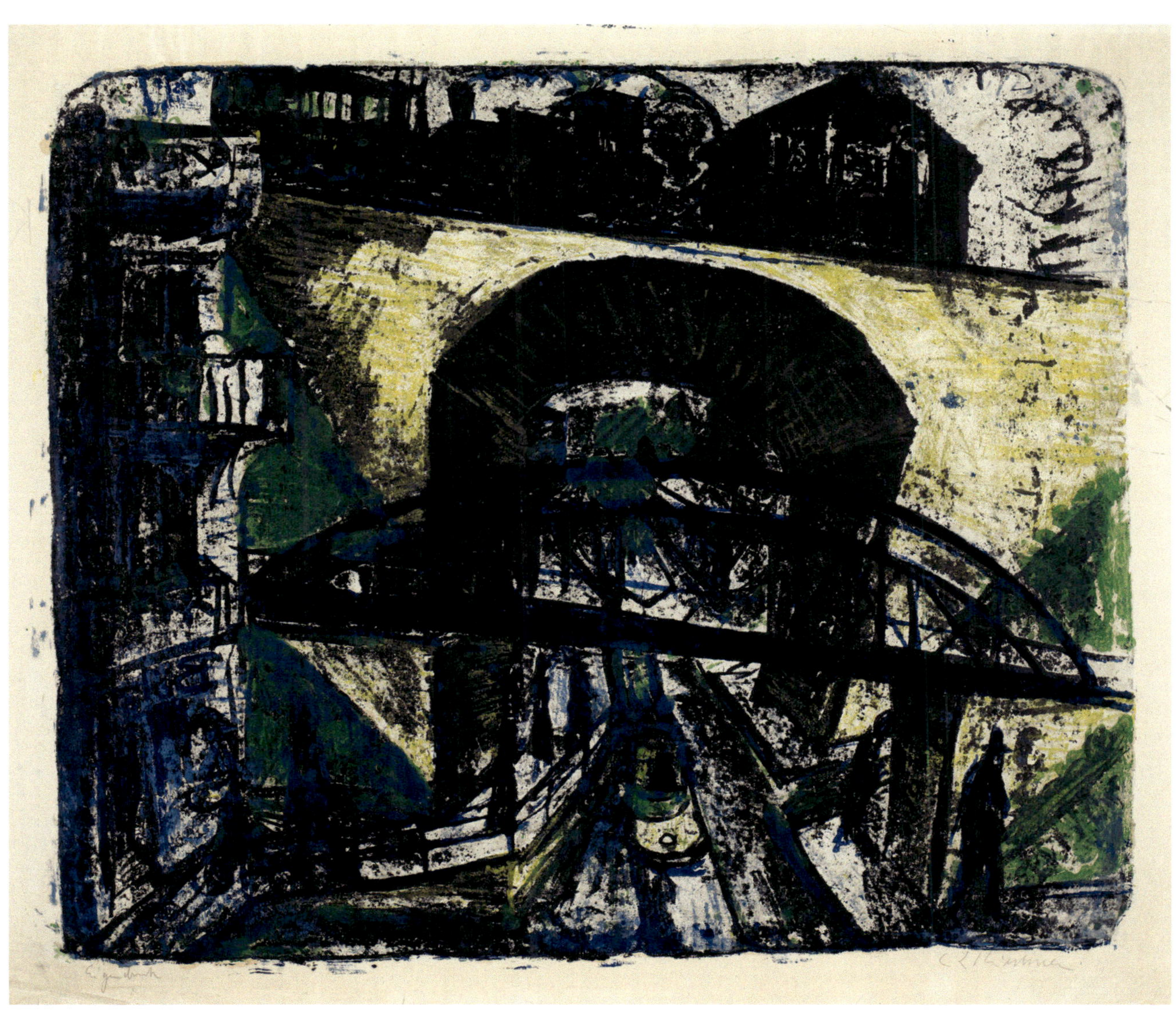

literarischen Expressionismus so charakteristische Gedichte wie die „Dämonen der Städte", „Der Gott der Stadt" oder „Berlin" enthielt, Gedichte, die in einer visionserfüllten, metaphorisch-bildstarken Sprache abgefasst waren, Sinnbilder der Verlorenheit des Menschen in der durch die Hässlichkeit der Straßen und Häuser abstoßenden Großstadt.

Ein weiteres hier nicht gezeigtes Bild Kirchners, das auch den Titel „Eisenbahnüberführung" hat, stammt aus dem Jahre 1921. Es ist mit farbiger Tinte auf Papier gemalt und entspricht dem abgebildeten Ölgemälde von 1914.

In allen Bildern begegnen sich unten neben einem kleinen Bahnwärterhäuschen zwei Dampfzüge. Die Spannung dieser Gemälde entsteht durch die Form des schräg liegenden Kreuzes der Verkehrswege im Kontrast zu den senkrecht aufragenden Wohnhäusern. Die langen Rauchfahnen der Züge bringen eine Bewegungsdynamik mit sich, die durch die statischen Elemente von Straße, Häusern und Gleisen noch verstärkt wird. Es entstehen dreidimensionale Effekte.

Die „Wannseebahn" ist der Vorläufer der heutigen S-Bahn S1 über Wannsee nach Potsdam. Anlass für ihren Bau war die Villenbesiedlung des Berliner Westens ab Mitte der 1860er Jahre. Damals erwarb der Aufsichtsratsvorsitzende der Berlin-Potsdam-Magdeburger Eisenbahn-Gesellschaft (BPME) ein Gelände in Nähe des Großen Wannsees, das er kurze Zeit darauf parzellieren ließ. 1869 regten mehrere Grundstücksbesitzer, darunter Prinz Friedrich Karl von Preußen, den Bau einer Zweigbahn zur Erschließung des Geländes am Wannsee und Schlachtensee an. Die eingleisige Strecke sollte bei Zehlendorf aus der Stammbahn Berlin–Potsdam ausfädeln.[97] Im weiteren Ausbau wurde die Strecke zweigleisig und

ab 1880 mit der Berlin-Potsdam-Magdeburger Eisenbahn-Gesellschaft zusammen verstaatlicht. Auf den von Kirchner gemalten Gleisen begegnen sich zwei Züge mit unterschiedlichen Lokomotiven, eine altmodische Lokalbahnlok und eine moderne Preußische Schnellzuglokomotive des Typs S 10, während auf der die Strecke kreuzenden Feuerbachstraße links eine gelbe Berliner Straßenbahn erscheint.

Mit der Machtergreifung der Nationalsozialisten geriet Ernst Ludwig Kirchner erneut unter starken seelischen Druck. So wurde er aus der „Preußischen Akademie der Künste", deren Mitglied er geworden war, im Juli 1937 wieder ausgeschlossen. Im selben Jahr wurden seine Bilder als „entartete Kunst" im „Haus der Kunst" in München diffamiert, aus deutschen Museen entfernt und zum Teil vernichtet. Betroffen waren davon 639 Werke. Seine sehr zahlreichen Holzschnitte, graphischen Arbeiten, Wandteppiche und plastischen Werke erfuhren ein ähnliches Schicksal. Dadurch zutiefst erschüttert und deprimiert nahm er sich am 15. Juni 1938 in seinem Haus in Davos das Leben.

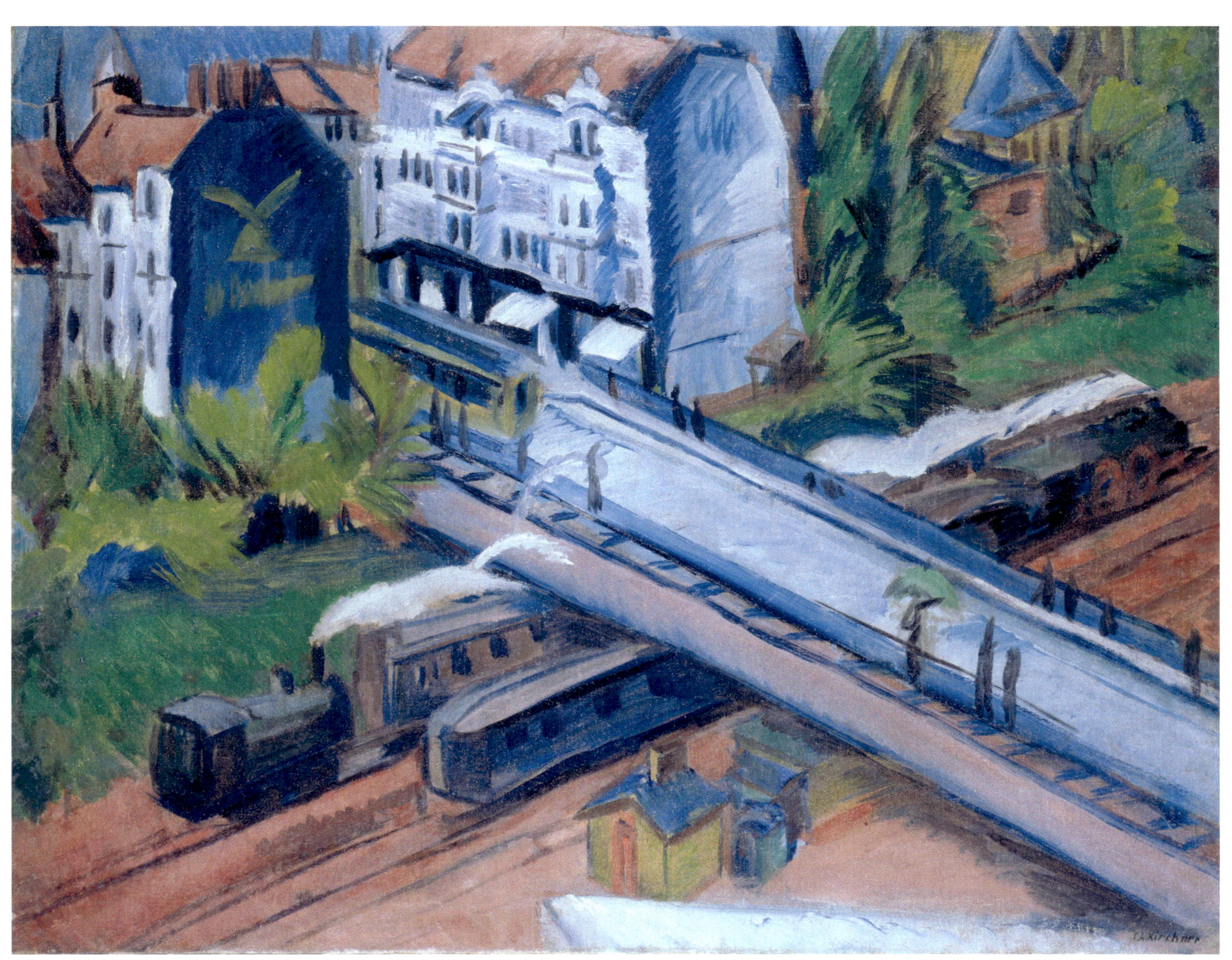

GIORGIO DE CHIRICO
(10. Juli 1888 in Volos, GR –
20. November 1978 in Rom, I)

Die Eltern Giorgio de Chiricos stammten aus Genua, wohnten in seinem Geburtsjahr aber in Volos, einer Hafenstadt im griechischen Thessalien, wo sein Vater beim Eisenbahnbau tätig war. Volos wurde damals zu einem Eisenbahnknotenpunkt für die Thessalische Eisenbahn ausgebaut, die seinen Hafen mit den umliegenden Provinzialstädten verbinden sollte. Sie war auf eine Schmalspur von 1000 mm festgelegt, was dazu führte, das bei späteren Anschlüssen an die Staatsbahn von Athen nach Thessaloniki auch ein zusätzliches Gleis für die europäische Normalspur von 1435 mm angefügt werden musste. Da 1895 und 1903 eine weitere Schmalspurbahn nach Pilion mit der Spurweite von 600 mm eingerichtet wurde, ergab sich, dass schließlich auf einer Trasse vier Schienenstränge nebeneinander lagen, die den Bahnhof Volos damals als Kuriosum auswiesen. De Chiricos Vater wird hieran mitgewirkt haben.[98]

Giorgio de Chirico studierte neben seiner akademischen Ausbildung zum Ingenieur auch Malerei an der „Nationalen Hochschule für Bildende Künste" in Athen. Nach dem Tod seines Vaters ging er 1905 zunächst nach Florenz und von 1906 bis 1909 nach München zur „Akademie der Künste". Hier wurde er vor allem von den mythischen Gemälden von Arnold Böcklin, aber auch von Franz von Stuck und Hans von Marées, besonders aber von Max Klinger beeindruckt. Auch verfehlten Schriften Arthur Schopenhauers und Friedrich Nitzsches ihren Eindruck auf de Chirico nicht. Nietzsches Beschreibung der gespenstisch leeren Plätze in Turin, ihren Arkaden und Statuen dienten ihm zur Vorlage für viele seiner frühen Werke.

Von 1911 bis 1915 lebte de Chirico in Paris und stellte in der „Société du Salon d'Automne" und der „Société des Artistes Indépendants" seine Bilder aus. In diese Zeit fallen seine Begegnungen mit Pablo Picasso, André Derain, Constantin Brâncuși und dem Dichter Guillaume Apollinaire.

1915 zog de Chirico nach dem italienischen Ferrara und gründete dort mit seinem Bruder, Alberto Savinio, und dem italienischen Futuristen Carlo Carrà die „Scuola Metafisica". Dazu gehörte auch die Gründung der Zeitschrift „Pittura Metafisica". Die Kunst des „Realismo Magico" bezeichnete der Kunsthistoriker Franz Roh als eine künstlerische Haltung, in der Alltägliches in magische Strahlen getaucht wird. Er selbst machte dazu Collagen. 1924 zog er wieder nach Paris und wurde dort begeistert von den Surrealisten empfangen, deren Malstil ihm viel verdankte. Er wurde einer der Gründer der Zeitschrift „La Révolution surréaliste". In der Mitte der 20er Jahre wandte er sich einem konstruktivistischen Stil zu, wie ihn Carlo Carrà propagierte.

Nachdem er 1930 im Sinne der faschistischen Bewegung in Italien die „Pittura Metafisica" aufgegeben hatte, malte er wieder im klassischen Stil. Da er mit diesen herkömmlichen Bildern nicht genug verdiente, kopierte und verkaufte er zu dieser Zeit auch Werke seiner metaphysischen Peri-

38 Giorgio de Chirico:
Gare Montparnasse, 1914
Öl auf Leinwand, 140 × 184,5 cm
Museum of Modern Art (MoMA), NY, USA

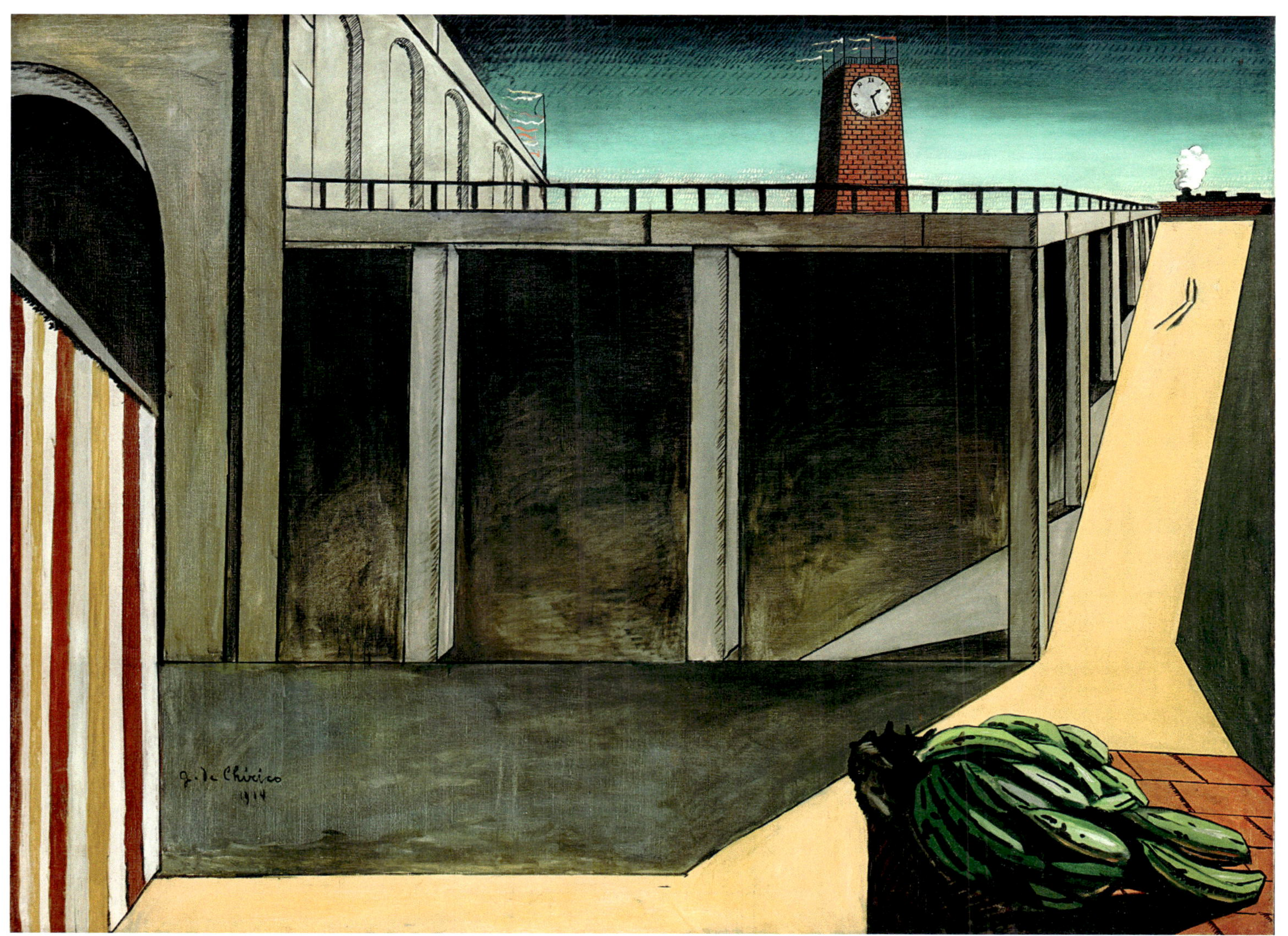

ode. In vielen von ihnen sind altmodische Lokomotiven zu sehen, die wie ein Zitat der Zeit verstanden werden können, in der sein Vater als Eisennbahningenieur in Volos tätig war.

Für die Verbindungen in die Bretagne und an die Atlantikküste wurde in Paris bereits 1840 ein Kopfbahnhof am Ende der Rue de Rennes unter dem Namen „Gare de L´Ouest - Rive gauche" gebaut. Er ist dreimal gebaut worden. Im zweiten Bauwerk ereignete sich am 22. Oktober 1895 jener spektakuläre Unfall, der die Lokomotive über den Kopfprellbock am Ende des Bahngebäudes hinaus 10 Meter tief auf den Place de Rennes hat stürzen lassen.

De Chirico hat die Zweistöckigkeit dieses Bahnhofs und die Bögen seiner zur Stadt hin ausgerichteten Arkaden zitiert sowie auch die Uhr, die auf einem hohen Turm dem Jugendstilbahnhof einst sein Gepräge gab, allerdings in das Gebäude integriert war. Der dritte Bahnhof wurde 300 Meter näher zur Stadt auf den abgetragenen Montparnasse verlegt und erhielt damit seinen Namen.

Das Bild vom „Gare Montparnasse" irritiert in jeder Hinsicht: Die Perspektiven laufen auseinander, die Windrichtung ist beim Dampffähnchen der Lokomotive eine andere als bei den Wimpeln, die hinter dem Gebäude an einem Mast wehen. Völlig unerklärlich ist die Bananenstaude auf ihrem, mit roten Platten abgedeckten Sockel im Vordergrund. De Chirico hat in dieser Art auch später Bilder konzipiert und verkauft, um damit an seine frühen Verkaufserfolge anzuknüpfen. Es blieben aber unverkennbar Kopien ohne die geheimnisvolle Aura seiner frühen Bilder.

Von Beginn des Zweiten Weltkriegs 1939 bis zu seinem Tode lebte Giorgio de Chirico in Italien. Sein Wohnhaus in Rom an der Piazza di Spagna dient seit 1999 als Museum und zeigt eine ständige Werkschau des Künstlers. Sein Grab befindet sich in der römischen Kirche San Francesco a Ripa.

HELENE CZAPSKI-HOLZMAN
(30. August 1891, Jena –
25. August 1965, Gießen)

Helene Czapski wuchs als drittes Kind des Physikers und Mathematikers Siegfried Czapski und seiner Ehefrau Marguerite, geb. Koch, in Jena auf, wo ihr Vater als rechte Hand Ernst Abbes und Bevollmächtigter der in ihrem Geburtsjahr gegründeten Carl-Zeiss-Stiftung eine verantwortungsvolle Leitungsfunktion wahrnahm. Als er bereits 1907 starb, hinterließ er seine Witwe mit acht Kindern. Helene besuchte in Jena die Carolinenschule, und begann nach der Mittleren Reife 1906 ein Kunststudium an der von Henry van de Velde gegründeten Kunstgewerbeschule in Weimar, ging danach als Meisterschülerin zu Erich Kuithan, der in Jena die Zeichenschule von Zeiss leitete. Anschließend studierte sie von 1909 bis 1911 an der von Hans Poelzig geleiteten Staatlichen Akademie für Kunst und Kunstgewerbe in Breslau, wo sie das Examen als Zeichenlehrerin ablegte. Danach arbeitete sie mit Max Beckmann in Hermsdorf und Berlin. Dabei lernte sie ihren jüdischen späteren Mann Max Holzman kennen, der ebenfalls Schüler Beckmanns war. Nach einem kurzen Parisaufenthalt wurde sie Zeichenlehrerin an der Odenwaldschule in Oberhambach. Der Erste Weltkrieg brachte sie nach Jena zurück, um dort vornehmlich an Kinder Privatunterricht zu erteilen. Aus dieser Zeit stammt wahrscheinlich das hier gezeigte Eisenbahnbild. Es könnte in der Nähe des Saalbahnhofs entstanden sein, auf den die Dame mit Kind auf einem Fußweg neben der Strecke zugeht. Auch die jenseits der Bahn gezeigte Häuserreihe bietet eine für Jena typische Stadtansicht. Vor allem aber deuten die im Hintergrund erscheinenden Doppelgipfel auf den Kernberg neben dem Hausberg hin, die beide für den Osten der Stadt kennzeichnend sind.

Die Entwicklung des Bahnwesens in Thüringen verzögerte sich lange Zeit durch die Planungsprobleme, die sich aus der Vielstaatigkeit dieses Landes ergaben. Bis Anfang des 20. Jahrhunderts befanden sich acht Thüringische Staaten sowie mehrere preußische Gebiete und einige kleine sächsische Exklaven in dem Land. Auch war das Gebiet durch Höhenzüge und Flussläufe geprägt, die den Streckenbau erschwerten. Erst nach der Gründung des Deutschen Reichs 1871 kam eine zentrale Bahnplanung auf, in die auch die Universitäts- und Industriestadt Jena einbezogen wurde. Hierbei kamen drei Verbindungen von Berlin nach München in Betracht, von denen eine über Halle und Jena nach Saalfeld führen und von dort in Lichtenfels Anschluss an das Bayerische Eisen-

Am Eisenbahndamm, 1914–17
Öl auf Leinwand, 55 × 70 cm
Städtische Museen Jena

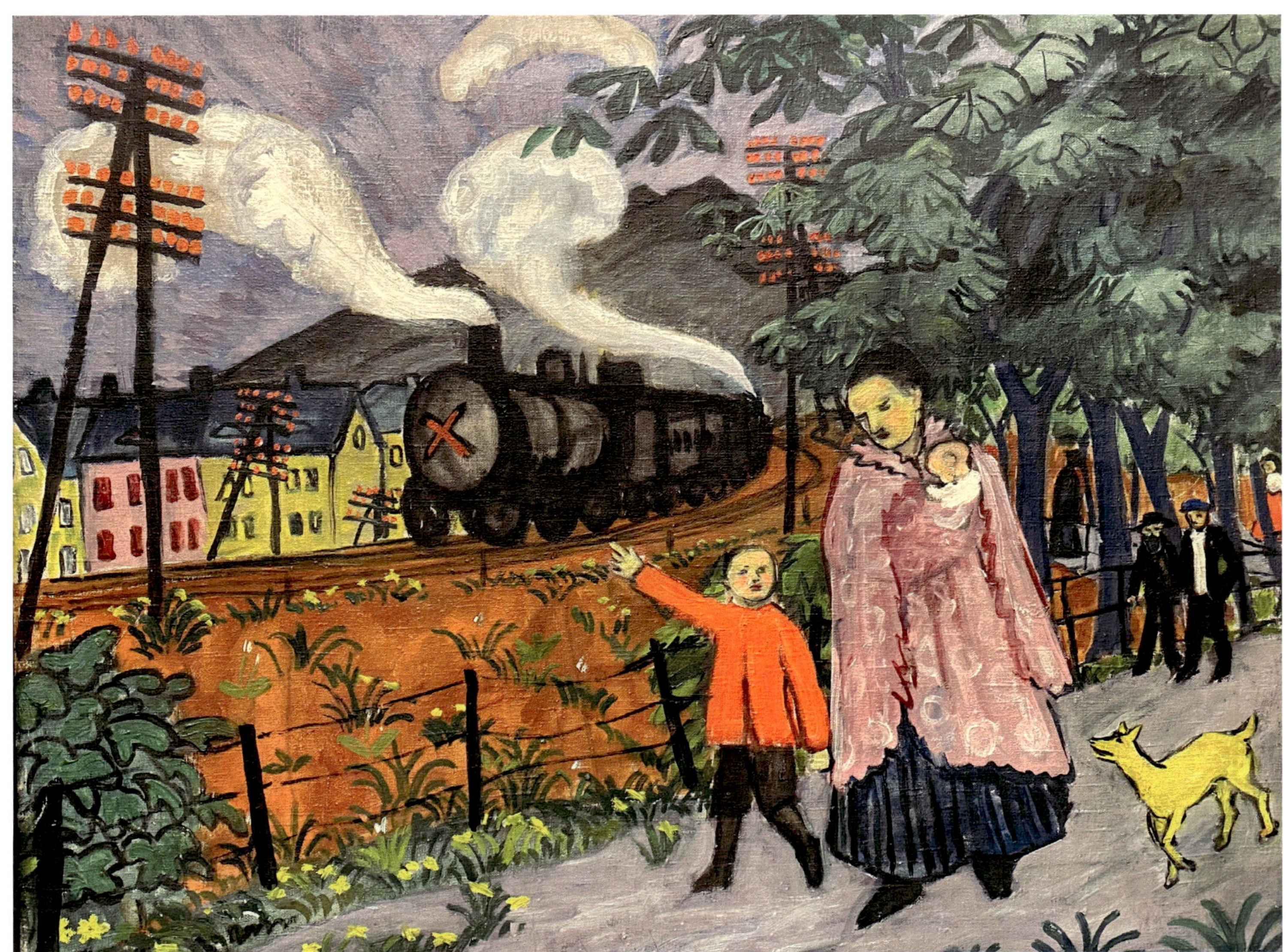

bahnnetz finden sollte. Ein erster Schritt in diese Richtung war die Saalebahn, die an der Saale entlang von Naumburg über Jena nach Saalfeld führte. Hier traf sie auf die Frankenwaldbahn, die das Thüringer Schiefergebirge überquert und bis ins bayerische Lichtenfels führt. Dieses Projekt wurde 1885 vollendet, sodass von Berlin eine schnellere Verbindung nach München bestand.

Mit der Eröffnung der Saalebahnlinie zwischen Großheringen und Saalfeld wurde 1874 in Jena der sogenannte „Saalbahnhof" in Betrieb genommen. Bald entwickelte er sich zum Jenaer Hauptbahnhof, der von 1909 bis zur Inbetriebnahme des provisorischen Haltepunktes Jena Paradies 1999 die wichtigste Station der Stadt in Nord-Süd-Richtung war. Sämtliche Züge der Bahnverbindung Berlin–München hatten hier einen Zwischenhalt. Der Typ der gemalten Lokomotive ist eher als Spielzeug aufgefasst. Der zweite Dampfkegel am Ende des Zuges kann nur durch eine zweite Lokomotive erklärt werden, die oft bei Bergstrecken – etwa im Eichsfeld – zum Schieben angehängt wurden.

PAUL DELVAUX
(23. September 1897 in Antheit, B –
20. Juli 1994 in Veurne, B)

Wie viele Maler von Eisenbahnbildern hat Paul Delvaux seine akademische Ausbildung im Jahr 1920 mit einem Studium der Architektur begonnen, ehe er dann zur Malerei an die „Académie Royale des Beaux-Arts Bruxelles" überwechselte. Seine künstlerischen Anfänge waren durch Stillleben, Seestücke und Landschaftsmalerei bestimmt. Im Stil bevorzugte er eine realistische Darstellungsweise mit Anklängen an den Impressionismus.

Nachdem er 1935 erstmals den Werken der Surrealisten begegnet war, entschied er sich für einen Stilwechsel, indem er sich die Werke des belgischen Surrealisten René Magritte zum Vorbild nahm. In den beiden Jahren 1938 und 1939 unternahm Paul Delvaux mehrere Reisen nach Italien. 1938 beteiligte er sich an einer Ausstellung der Surrealisten, die von Marcel Duchamp organisiert war. Vor allem griff er die Gedanken der Bewegung der „Pittura Metafisica" des italienischen Malers Giorgio de Chirico auf. Delvaux selbst schloss sich den Surrealisten zwar nie an, beteiligte sich aber an deren internationalen Ausstellungen. Die breite Öffentlichkeit fand seine Gemälde auf der surrealistischen Ausstellung von 1938 in Paris. Im Jahr 1959 war Paul Delvaux auch Teilnehmer an der II. documenta in Kassel.

Seine Bilder zeigen imaginäre Welten mit entrückten Traumstimmungen. Sie wirken mysteriös und strahlen eine erotische Wirkung aus.

40 Paul Delvaux:
Avandtrainen/Nachtzug, 1957
Öl auf Leinwand, 110 x 170 cm
Musées royaux des Beaux-Arts de Belgique, Brüssel, B

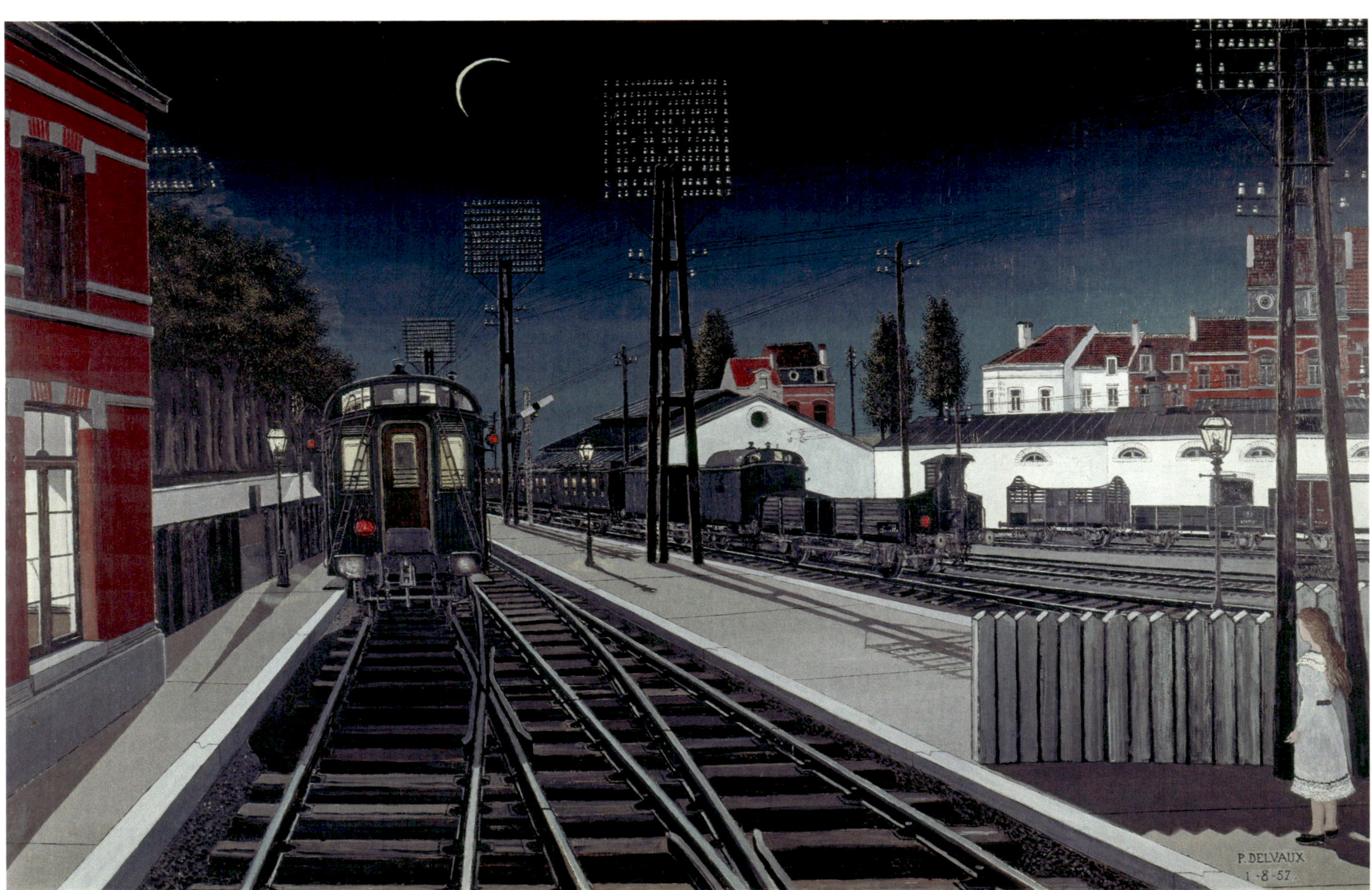

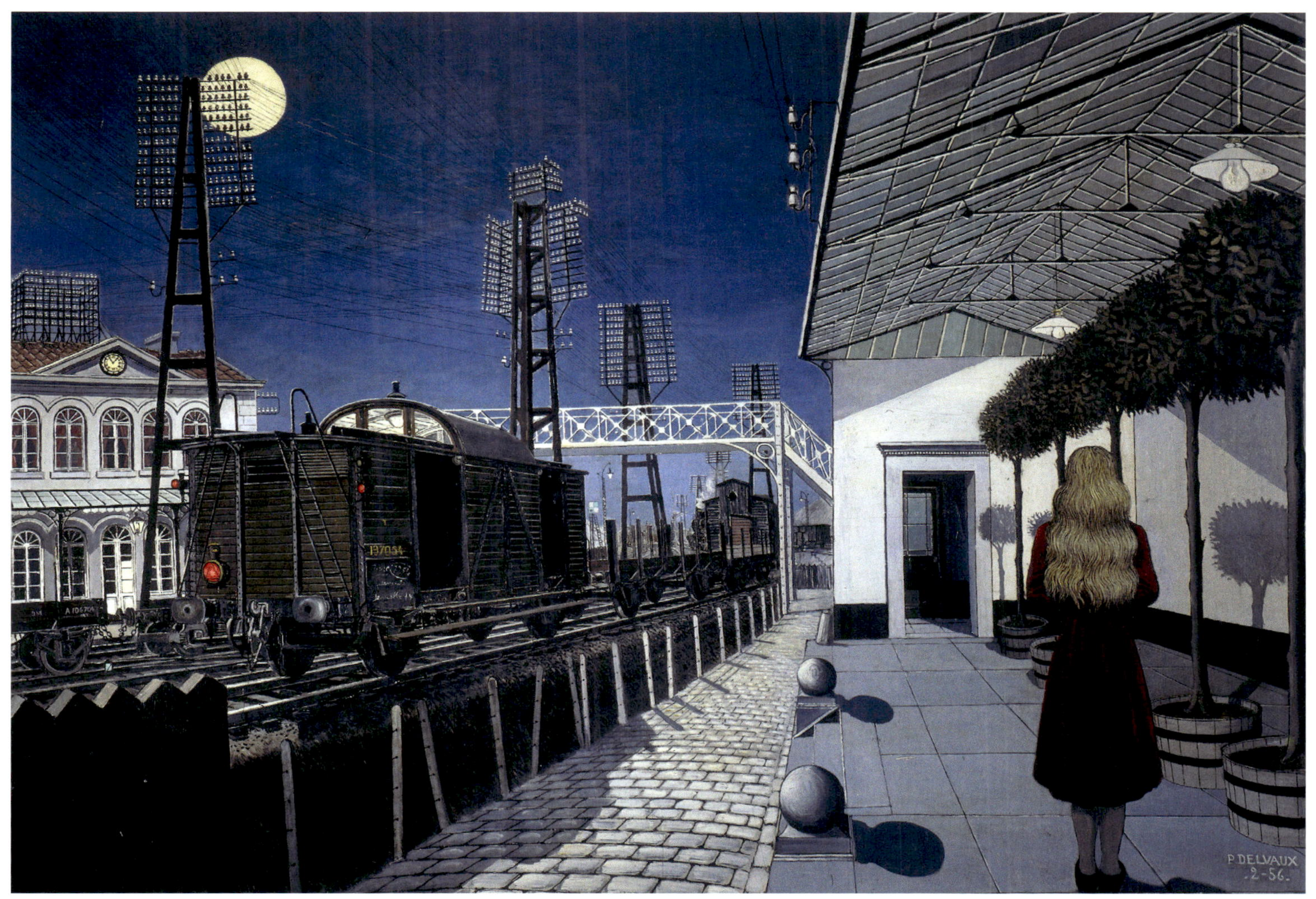

1952 folgte Delvaux einer Berufung zum Professor an einer belgischen Fachhochschule, wo er bis zum Jahr 1962 lehrte. Daneben war er auswärtiges Mitglied der Académie des Beaux-Arts in Brüssel.

Auf dem nicht gezeigten Gemälde des „Gare du quartier Léopold" sieht man nur den Gleisteil des Bahnhofs, weder Bahnsteige noch die Empfangshalle, als ob der Maler geahnt hätte, dass dies alles inzwischen in die Erde versenkt werde, nachdem in der unmittelbaren Nachbarschaft 2009 das sogenannte Europaviertel Brüssels entstanden ist. Das Empfangsgebäude des 1854 unter dem Namen „Brussel-Leopoldswijk" bzw. „Quartier-Léopold" eröffneten Luxemburger Bahnhofs hat seit 2016 die Funktion der „Station Europe" für das Europäische Parlament übernommen. Es gehörte vorher zu den ältesten Bahnhöfen Belgiens und steht mit seinem alten Empfangsgebäude inzwischen unter Denkmalschutz.

„Ungefähr 30 Jahre später sollte Delvaux dieses Motiv unter vollkommen anderen Gesichtspunkten wieder aufgreifen. In den 50er Jahren wird der Bahnhof zum beziehungsreichen Ambiente für Delvauxs nackte Frauengestalten, seine Jünglinge und kleinen Mädchen. Bahnhof blieb für ihn seitdem ein unerschöpfliches Thema".[99]

Das Gemälde „Avandtrainen/Nachtzug" betont die Perspektive besonders durch die Gleisführung im Bereich einer Doppelweiche. Aber auch der benachbarte, mit einem querlaufenden Zaun abgetrennte Bahnsteig und die Züge dahinter verstärken diese Wirkung. Das Signal steht auf

Fahrt. Der Mond allerdings zeigt in seiner Phase eine unnatürliche Morgenstellung. Die Schatten der Telegrafenmasten wiederum lassen Vollmond vermuten. Die weißen Häuser und Mauern leuchten von innen: Das alles gehört zum surrealen Ambiente des sonst so exakt gemalten Bildes. Delvaux liebt es, seine Bilder in Nachtlicht zu tauchen: Mond, Lichter und Feuerschein in der Dämmerung machen sie geheimnisvoll.

Paul Delvaux gehört zu jenen Malern, die in der Eisenbahn ein Symbol der Sehnsucht in die Ferne erblicken. Bahnhöfe werden von ihm als schöne Anlagen gezeigt, die in eine Atmosphäre des Verweilens getaucht sind, wie sie vor einem Aufbruch ins Unbekannte angebracht erscheint. Dabei werfen die gemalten Wagen, Masten, Signale und Gebäude ebenso ihre Schatten wie sie ihrerseits einen Schein auf ihre Umgebung abgeben. Er kommt nicht von den gezeigten Lichtquellen wie Lampen oder dem Mond, der bei ihm gern in verschiedenen Phasen hoch an einem abendlichen oder frühmorgendlichen Himmel steht, sondern aus ihrem Inneren.

Das Gemälde „Heiligabend" enthält alle diese Elemente in seiner sur-realen Form. Das unvermeidliche junge Mädchen in Rückenansicht, das auch in anderen Bahnhofsbildern Delvauxs häufig steht, deutet auf Warten, der Titel auf Hoffnung. Allerding wird nie ein Zug für sie ankommen, wie der an der Bahnsteigkante entlanglaufende Zaun zeigt.

REINHOLD NÄGELE
(17. August 1884 in Murrhardt –
30. April 1972 in Stuttgart)

Der Maler Reinhold Nägele trug nicht nur einen typisch schwäbischen Namen. Er war auch mit seinen Werken ganz und gar der württembergischen Landeshauptstadt Stuttgart verbunden. Seine Ausbildung begann er mit einer Lehre bei seinem Vater, einem Dekorationsmaler. Danach besuchte er das Dillmann-Realgymnasium in Stuttgart. Von 1905 bis 1908 studierte er Malerei an der dortigen Königlichen Kunstgewerbeschule und der entsprechenden Einrichtung in München.

Eine Ausstellung seiner Arbeiten in der Galerie Paul Cassirers in Berlin verhalf ihm 1907/08 zu größerer Bekanntheit. 1914 hielt er sich zu Studien in Paris auf, musste aber mit Beginn des Ersten Weltkriegs nach Deutschland zurück, wo er bei einer Fliegerersatzabteilung in Böblingen diente.

1923 war Nägele einer der Mitbegründer der „Stuttgarter Sezession" und wurde deren stellvertretender Leiter. 1931 gründete er mit anderen Künstlern die „Vereinigung Freunde schwäbischer Grafik". Diese wurde 1937 unter den Nationalsozialisten aufgelöst, nachdem sie sich geweigert hatte, Nägele als „jüdisch versippten" Künstler auszuschließen. Nägeles jüdische Ehefrau, Alice Nördlinger, durfte bereits seit 1933 nicht mehr als Ärztin praktizieren. Auf Vermittlung des kaufmännischen Direktors der Stuttgarter Firma Robert Bosch, Hugo Borst und des von diesem eingeschalteten Robert Bosch konnte die Familie Nägele über Paris und London nach New York emigrieren. Hier beschränkte Nägele sich auf Stadtansichten von

New York, etwa dem Times Square, um seinen Lebensunterhalt zu sichern. Nach dem Tod seiner Frau kehrte Nägele 1963 nach Deutschland zurück, wo er neun Jahre später mit 87 Jahren verstarb.

Bekannt wurde der Künstler vor allem durch seine süddeutschen Stadtansichten und Landschaften. Er schuf aber auch Porträts und surreale Bilder. Dabei bevorzugte er Aquarell-, Tempera- und Gouache-Techniken. Hervorgetreten ist er jedoch mit seiner Hinterglasmalerei.

In den frühen 20er Jahren des vorigen Jahrhunderts wich der Expressionismus dem neuen Lebensgefühl der Nüchternheit, einem Gefühl des Bodenständigen, aber auch des Völkischen. In seinem Manifest „Septemberschrei" hatte der Expressionist Ludwig Meidner 1919 hymnisch davon Abschied zu nehmen gefordert, um sich der Realität der Gegenwart zuzuwenden. Das galt für die Literatur ebenso wie für die bildende Kunst.

Eine Ausstellung „Die neue Sachlichkeit" fand vom 14. Juni bis zum 18. September 1925 in der Städtischen Kunsthalle Mannheim statt. Genau in diese Zeit fallen unsere hier gezeigten Bilder von Nägele bis Sheeler als bestimmenden Ausdruck der Zeit. Auch die Mystifizierer wie de Chirico, Roh, Magritte und Radziwill, wohl auch Hopper verbinden ihre Arbeiten mit diesem nüchternen Blick. Hundert Jahre nach ihrer Erfindung wird hier die Eisenbahn

42 Reinhold Nägele:
Abbrucharbeiten am alten Stuttgarter Hauptbahnhof, 1924
Öl und Tempera auf Karton, 55,5 × 42,8 cm
Kunstmuseum Stuttgart

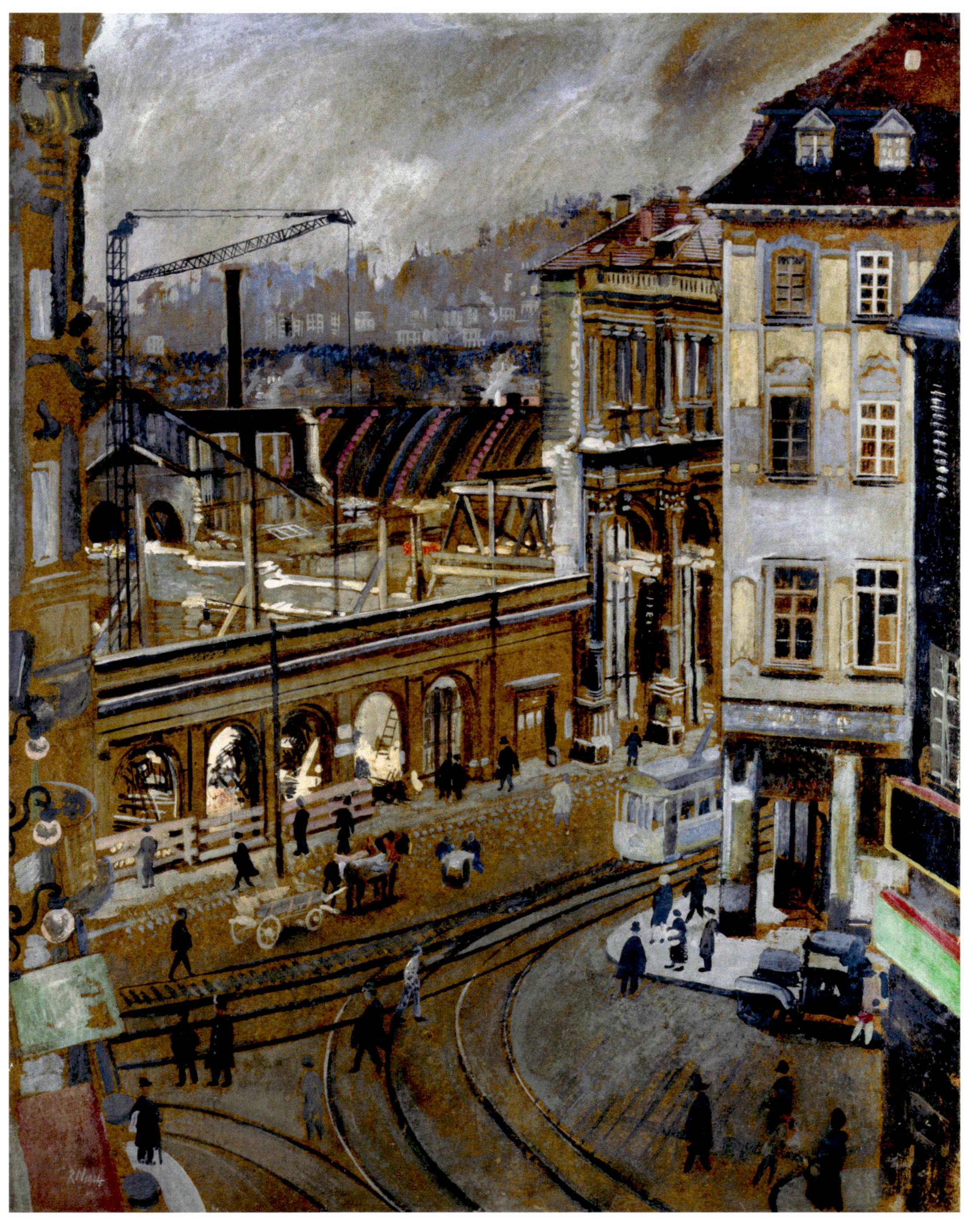

nicht mehr als optimistisches Symbol der aufstrebenden Industrialisierung unserer Welt gesehen, sondern in einer Verfallszeit schon mit nostalgischem Abschiedsgedanken.

Das gezeigte Bild vom Abbruch des Stuttgarter Bahnhofs kann aktueller nicht sein: Es geht um die Vorbereitung des Stuttgarter Bahnhofneubaus nach den Entwürfen von Paul Bonatz durch Abriss des alten Empfangsgebäudes im Jahre 1924. Ein Vergleich mit der historischen Aufnahme dieses Bahnhofs bei Pleuer zeigt, dass dessen Fassade zur Stadt gerade noch steht. Der Teilabriss und Umbau des Bonatzbaus für Stuttgart 21 hat ähnliche Arbeiten ausgelöst und wird wohl erst zu dessen 100-jährigem Jubiläum fertig werden.

FRANZ RADZIWILL

(6. Februar 1895 in Strohausen bei Oldenburg – 12. August 1983 in Wilhelmshaven)

Franz Radziwill stammt aus einer Familie mit sieben Kindern. Nach seiner Geburt zog die Familie nach Bremen, wo sich der Vater als Töpfermeister niederließ. Die Volksschuljahre von 1901 bis 1909 verbrachte Franz dort in einer sogenannten „Freischule" und absolvierte danach bis 1913 eine Maurerlehre. Von 1913 bis 1915 studierte er an der „Höheren Technischen Staatslehranstalt für Architektur" in Bremen und begann zu malen. Durch seinen Mentor, den Architekten Karl Schwally, kam er mit den Künstlerkolonien in Fischerhude und Worpswede in Verbindung, wo er unter anderen die Künstler Bernhard Hoetger, Otto Modersohn und Heinrich Vogeler traf. Danach zog Radziwill nach Dangast, von wo aus er zahlreiche Reisen in die Niederlande, nach Dresden, Hamburg und Köln unternahm.

Während des Ersten Weltkriegs wurde er als Sanitäter eingesetzt und geriet 1918 in englische Kriegsgefangenschaft, aus der er 1919 entlassen wurde. Zurück in Bremen begann er mit expressionistischen Holzschnitten, die sich an den Arbeiten der Künstler der „Brücke" orientierten und schloss sich der Bremer Künstlervereinigung „Der grüne Regenbogen" an. Über seine Bekanntschaft mit Wilhelm Niemeyer kam er mit den Malern Karl Schmidt-Rottluff, Erich Heckel, Max Pechstein, George Grosz und Otto Dix in Verbindung und konnte so an der Ausstellung „Freie Sezession" der Galerie Cassirer in Berlin teilnehmen.

Das 1928 entstandene Gemälde vom „Todessturz Karl Buchstätters" befindet sich im Folkwang-Museum Essen. Der junge, gerade 17jährige Schüler Franz Radziwill wohnte nahe dem Neuenlander Flugfeld in Bremen, als er erleben musste, wie ein Testflieger abstürzt. In der für ihn typischen akribischen Malweise schildert Radziwill 18 Jahre später den Unglücksort als eine geradezu gespenstische Szenerie von ebenso beunruhigender wie bedeutungsvoller Stimmung. „Der Flugzeugabsturz steht unmittelbar bevor. Der vor einem schwarzen Himmel sichtbare Doppeldecker zielt mit einer steilen Abwärtsbewegung auf die Siedlung, deren schlafende Bewohner nichts von der drohenden Gefahr wissen. Noch steht die Backsteinarchitektur des Bahnwärterhäuschens unversehrt, noch zeigen die Holme der Schrankenanlage wehrhaft in den Himmel und sind die von der Bahntrasse und dem offenen Meer eingeschlossenen Wohnhäuser intakt. Im Unterschied zu den Surrealisten malte Radziwill in ihren realistischen Details alltägliche Bildräume, die durch eine häufig nur latent wirksame, magisch aufgeladene Erzählung in ein surrealistisches Szenario umgedeutet werden."[100]

1931 wurde Radziwill Mitglied der „Novembergruppe" in Berlin, die sich auf die Novemberrevolution berief und viele zeitgenössische Künstler der „klassischen Moderne" vom „Sturm" über „DADA" bis zum „Bauhaus" zusammenbrachte. Sie wurde von den Nationalsozialisten 1933 verboten. Im Mai 1933 trat Radziwill in die NSDAP ein und erhielt noch im selben Jahr eine Professur an der Kunstakademie Düsseldorf, wurde aber 1935 wegen „pädagogischer Unfähigkeit" wieder entlassen. Obwohl er zunächst ein Mitläufer der Nationalsozialisten war, wurden die früheren expressionistischen Arbeiten von diesen als „entartet" eingestuft und in der Hamburger Kunsthalle

beschlagnahmt. Auch wurde ihm 1938 ein Ausstellungsverbot auferlegt. Von 1936 bis 1939 fuhr er als Gast der Kriegsmarine auf Schiffsreisen zu den karibischen Inseln, nach Brasilien, Nordafrika, Spanien, Großbritannien und Skandinavien, wurde danach eingezogen und an der Westfront, im Lazarett und beim Feuerwehrdienst in Wilhelmshaven eingesetzt. Später wurde er vom Wehrdienst befreit.

Nach dem Zweiten Weltkrieg erhielt er 1964 das Künstlerstipendium der „Villa Massimo" in Rom und zahlreiche niedersächsische Auszeichnungen sowie 1971 das Große Bundesverdienstkreuz. Auch wurde er zu seinem 85. Geburtstag durch die Eintragung ins Goldene Buch der Stadt Oldenburg geehrt.

Bekannt sind rund 850 Ölbilder, 2000 Aquarelle, Zeichnungen und bemalte Postkarten sowie 35 druckgrafische Arbeiten. Im Landesmuseum Oldenburg werden zahlreiche Werke von ihm verwahrt und ausgestellt, viele sind aber auch in Privatbesitz.

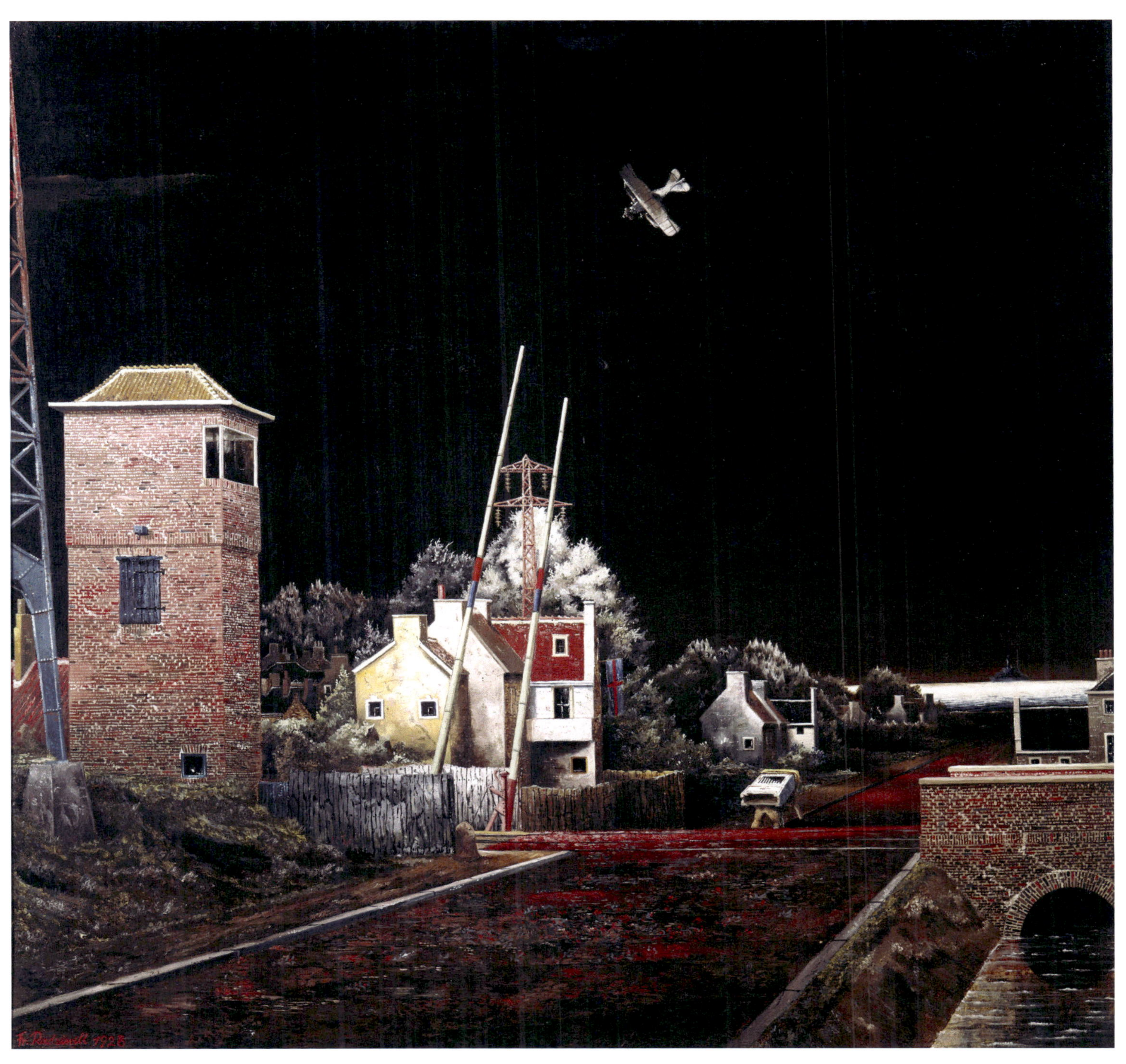

XAVER FUHR
(23. September 1898 in Neckarau bei Mannheim – 16. Dezember 1973 in Regensburg)

Xaver Fuhr begann seine Ausbildung zum Maler und Aquarellisten als Autodidakt und orientierte sich zunächst an der Kunst von Paul Cézanne, Vincent van Gogh und den Künstlern der „Brücke". Schon früh aber bildete er seinen eigenen Stil aus, bei dem Elemente der „Neuen Sachlichkeit" und des „Kubismus" aufgegriffen wurden. Bereits 1920 erwarb die Kunsthalle Mannheim mehrere Werke von ihm. Ihr Direktor Gustav Friedrich Hartlaub verschaffte ihm überdies im Mannheimer Schloss ein Atelier, in dem er auch wohnen konnte. Mehrere Ausstellungen in Berlin, Danzig, Düsseldorf und Lübeck machten ihn bekannt und führten dazu, dass er in den Deutschen Künstlerbund aufgenommen wurde. 1929 besuchte Xaver Fuhr Kopenhagen, 1930 Florenz. Als er 1931 vom Künstlerbund den Villa Romana-Preis zuerkannt bekam, verbrachte er die damit verbundenen zehn Monate ebenfalls in Florenz.

Die frühen Bilder Fuhrs betrafen vornehmlich aquarellierte Stadtansichten und Landschaften. Sie waren holzschnittartig kantig, betonten die Umrisse und blieben farblich eher dunkel. Später wurden die Farben reicher, die Formen weicher, wenn auch das Konstruktive immer wieder betont wurde. Das Bild von der Rheinbrücke steht noch im Bann seiner konstruktivistischen Phase mit harten Formen und dunklen Farben. Die Brücke stand auf dem Platz einer römischen Holzbrücke, die aber den Abzug der Römer nicht überlebte. Das ganze Mittelalter über herrschte hier ein Fährbetrieb. Erst vor 150 Jahren kamen das Königreich Bayern und das Großherzogtum Baden überein,

mit der ersten festen Eisenbahnbrücke zwischen beiden Staaten eine dauerhafte Verbindung zu schaffen, die am 25. Februar 1867 als Stahlfachwerkbrücke zwischen Ludwigshafen und Mannheim eröffnet wurde. Die daneben liegende Straßenbrücke wurde im August 1868 eingeweiht. Die dargestellte Brücke hatte zwei Portale mit Statuengruppen: Die badischen Seite zeigte eine Minerva zum Schutz von Handel und Industrie; die bayerische Seite eine Germania und Palatina.

Bei aller Gegenständlichkeit der Darstellung sind die Bilder Xaver Fuhrs durch Andeutungen geprägt, die über ihre Thematik hinausweisen. Berühmt wurde sein Werk „Mannheimer Vision" von 1931, das ein später über die Stadt hereinbrechendes Unheil anzukündigen scheint.

Dieses bewahrheitete sich auch beim Künstler selbst, als ihm nach 1933 Berufsverbot erteilt, seine Bilder in öffentlichen Museen beschlagnahmt und einige sogar in der Münchner Ausstellung „Entartete Kunst" diffamiert wurden. Bereits seit 1936 von der Gestapo überwacht, wurde der Maler 1942 als „politisch unzuverlässig" denunziert. Mit seiner Ehefrau Josefine verzog er sich nach Nabburg (Oberpfalz). Die in ihrer Wohnung in Mannheim verbliebenen Werke wurden bei einem Luftangriff zerstört.

Nach dem Zweiten Weltkrieg erhielt Xaver Fuhr einen Ruf als Professor an die „Akademie der Bildenden Künste" in München, wo er von 1946 bis zu seiner Pensionierung lehrte. 1950 zog er nach Regensburg. Hier verbrachte er zurückgezogen seine letzten Lebensjahre. 1958 erhielt er die Albertus-Magnus-Medaille der Stadt Regensburg, 1963 den Hans-Thoma-Preis und 1968 den Kulturförderpreis dieser Stadt. Der Kunstkritiker und Wegbereiter der Moderne, Franz Roh, hatte sich durch Ausstellungen und Publikationen stets für Xaver Fuhr eingesetzt.

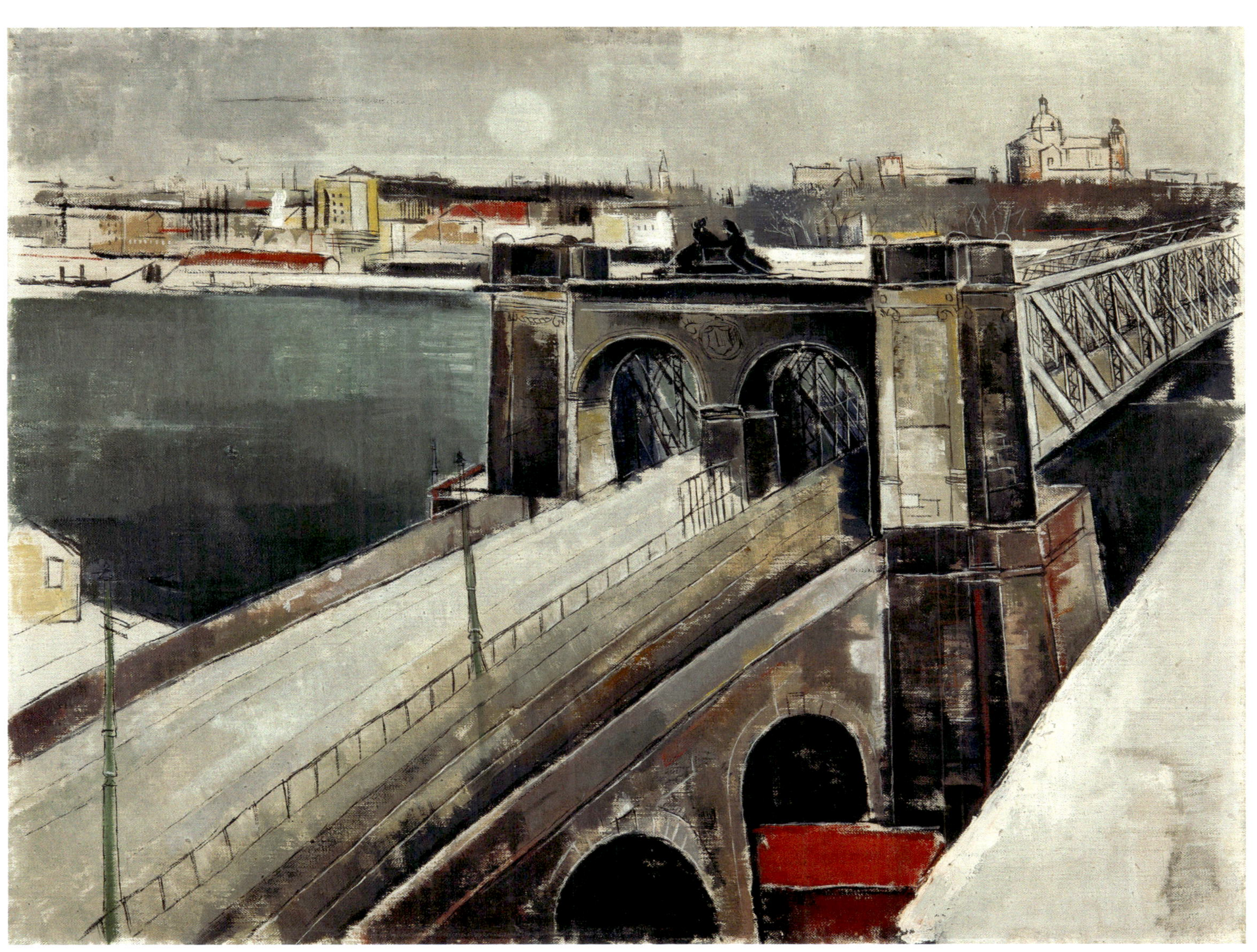

FRANZ ROH
(21. Februar 1890 in Apolda –
30. Dezember 1965 in München)

Franz Roh studierte Philosophie, Literatur, Geschichte und Kunstgeschichte in München, Leipzig und Jena, in Basel bei Ernst Heidrich und in Berlin bei Adolph Goldschmidt. Von 1916 bis 1919 war er Assistent von Heinrich Wölfflin am Kunsthistorischen Seminar der Universität München. 1920 wurde er mit einer Arbeit über „Die Holländische Malerei des 17. Jahrhunderts" promoviert. Anschließend erhielt er an der Münchner Universität einen Lehrauftrag für Neuere Malerei. Auch schrieb er Kritiken für die Zeitschriften „Cicerone" und „Das Kunstblatt".

1925 veröffentliche Franz Roh ein Buch über die Probleme der neuesten europäischen Malerei, in dem er die europäischen Stilrichtungen nach dem Expressionismus untersuchte. Darin führte er den Begriff des „Magischen Realismuś" ein. Wegen seines Engagements für die moderne Kunst, die die Nationalsozialisten als „entartet" titulierten, wurde er 1933 einige Monate im KZ Dachau in „Schutzhaft" genommen und verlor seine Stellung an der Universität. Daraufhin beschäftigte er sich in den folgenden Jahren wieder mehr mit Fotografie und Papiercollagen.

Nach dem Zweiten Weltkrieg arbeitete er für die in München erscheinende US-amerikanische „Neue Zeitung" und für Radio München. Diese Tätigkeit brachte ihn in näheren Kontakt mit zeitgenössischen Künstlern wie George Grosz, Kurt Schwitters, Willi Baumeister, Max Ernst und Xaver Fuhr. Rohs Buch „Der verkannte Künstler: Studien zur Geschichte und Theorie des kulturellen Mißverstehens", das er während seiner „inneren Emigration" nach 1933 begann, erschien 1948. Im selben Jahr nahm er an der Münchner Universität seinen Lehrauftrag wieder auf. Nachdem seine erste Frau Hilde gestorben war, heiratete er 1946 die Kunsthistorikerin Juliane Bartsch, die bis 1937 den Mannheimer Kunstverein leitete und zu einer der wichtigsten Kunstschriftstellerinnen im Nachkriegsdeutschland avancierte.

1951 wurde Roh erster Präsident der neu gegründeten deutschen Sektion der „Association Internationale des Critiques d'Art" (AICA). 1958 gab er den Vorsitz an Will Grohmann ab. 1952 gründete er in Berlin die erste deutsche Artothek, eine Kunstverleihstelle, die Vorbild für viele weitere in Deutschland wurde. 1958 erschien seine „Geschichte der Deutschen Kunst von 1900 bis zur Gegenwart" im Bruckmann-Verlag in München.

1961 hatte er in der Galerie von Otto Stangl eine erste Ausstellung seiner Collagen, und 1962 erschien sein Buch „Entartete Kunst – Kunstbarbarei im Dritten Reich" im Fackelträger Verlag, Hannover. Eine zweite Ausstellung seiner Collagen unter dem Titel „Metamorphosen – Gegenständliche Collagen" zeigte die „Galerie Parnass" 1963 in Wuppertal. Er selbst schrieb dazu: „Seit dem Kubismus wurde die Montage eine beträchtliche Äußerungsform des 20. Jahrhunderts. Kubismus und Surrealismus haben aus diesen Möglichkeiten eine Kunstform entwickelt. Aber sie scheint überhaupt nahezuliegen, wenn ein pluralistisches Lebensgefühl herrscht. Es gibt ein Lebensgefühl, welches die Welt weder als anthropozentrisch noch schön har-

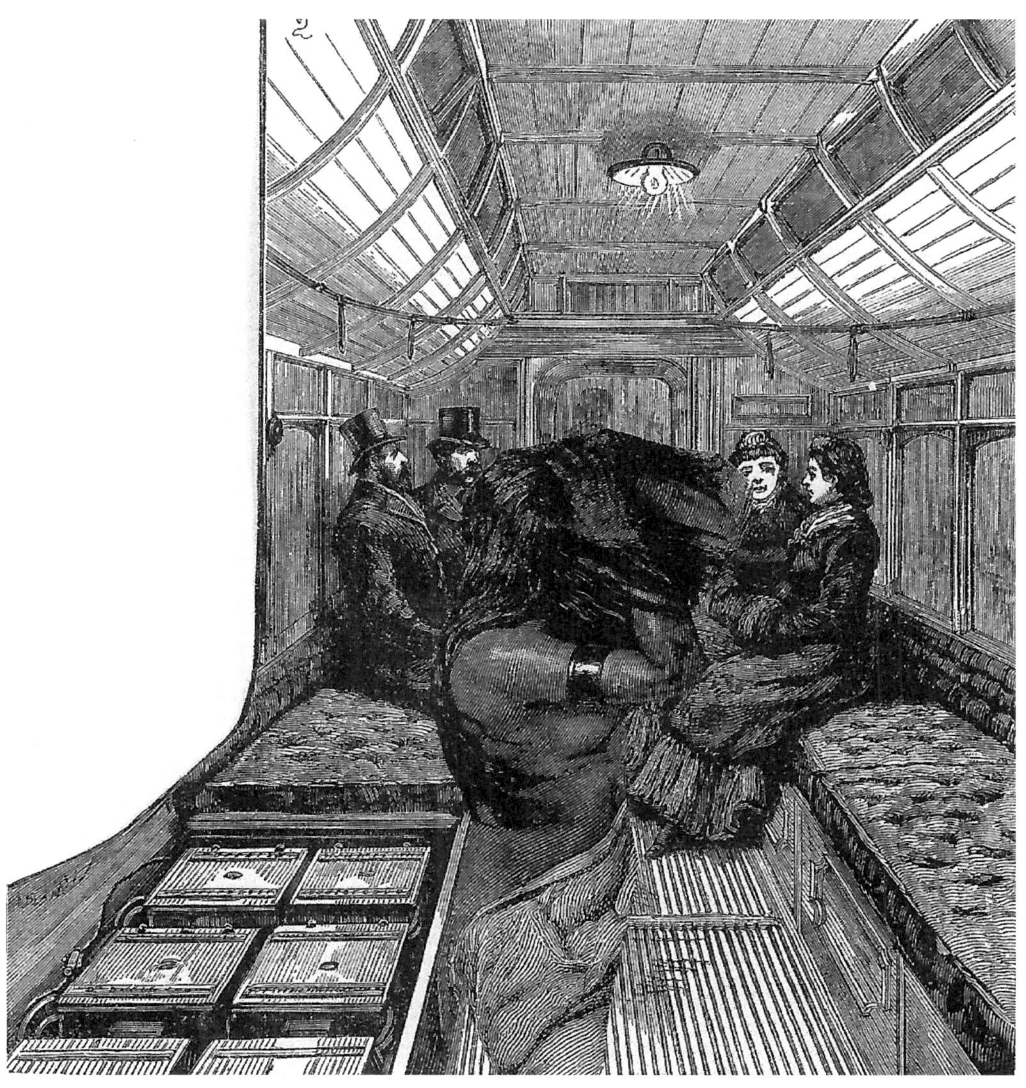

46 Franz Roh:
Malice bäumt sich gegen Technik, Urvogel hört zu, o.J. (1930)
Holzstichcollage
Städtische Galerie im Lenbachhaus, München

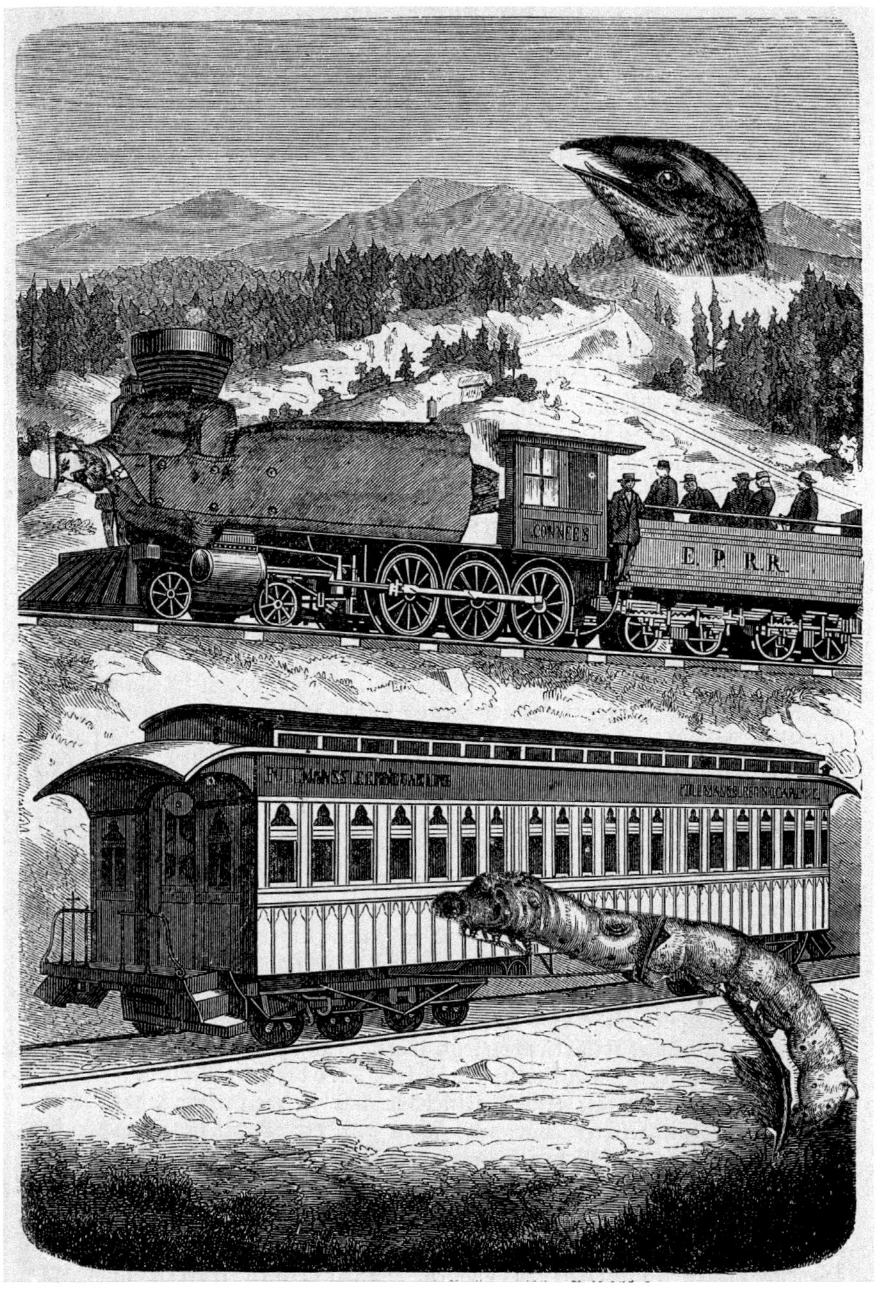

monisch empfindet, vielmehr als Spannungsbezug und Verschränkung von Einheiten, die niemals völlig ineinander aufgehen...

Auch heute kann derartiges als ein gewisses Gleichnis gelten, für das Kleinste wie das Größte, ob wir nun ans Atom oder den Makrokosmos denken oder an die Beziehung von Individualseele und Kollektiv. Man soll hier den Schrecken der Lebenszerklüftung erfahren."[101]

Das Innere des Salonwagens mit dem „Dämonischen Abteil" zeigt neben den verhangenen Fenstern mit Oberlicht eine elektrische Lampe, deren Licht auf einen mit schwarzem Tuch umhüllten voluminösen kantigen Gegenstand fällt. Vier Personen in schwarzen Röcken und Mänteln bilden eine Art Trauergesellschaft. Sie sitzen auf gepolsterten Seitenbänken einander gegenüber, links die Männer mit Zylinder und Gehrock, rechts die Frauen in langen Überkleidern. Zwischen ihren Beinen wälzt sich ein schlangenschuppiges, schlauchartiges Wesen, das an Malice erinnert, mit einer, sich am Boden flach ausbreitenden Häutung, als wäre das völlig normal. Neben der Sitzbank der Herren erscheint ein, vom Sitzpolster nicht bedecktes Unterteil der Bank mit Kästen, die einen mit Holzleisten verstärkten Korbdeckel zu haben scheinen. Das Reizvolle dieser Collagen ist, dass sie zusammen mit ihrem Titel der Fantasie wie dem Schauder breiten Spielraum lassen.

Hierzu schrieb der Münchner Kunsthistoriker Armin Zweite: „Die Collage ‚Malice bäumt sich gegen Technik. Urvogel hört zu' vermittelt offensichtlich folgende Botschaft: Technik und Verkehr instrumentalisieren den Menschen, stören, bedrohen und vergewaltigen die Natur, das heißt die Landschaft, aber auch die in ihr heimischen Kreaturen. Das eigentlich Bedrohliche hat sich nämlich unkenntlich gemacht und im Technischen versteckt. Es ist der Mensch mit Hut und Mantel, der sich mit dem technischen Aggregat identifiziert, in ihm aufgeht und zum Teil einer Maschine wird, in diesem Fall zum Langkessel der Lokomotive. Es geht nicht um den Gegensatz von Kultur /Tradition und Zivilisation/ Moderne .... sondern um den Widerspruch von Natur und Technik, von Lebenswelt und Industrialisierung." [102]

Franz Roh starb im 75. Lebensjahr in München. Sein schriftlicher Nachlass befindet sich im Deutschen Kunstarchiv des Germanischen Nationalmuseums in Nürnberg, ein Teil der Korrespondenz von Künstlern und Freunden mit Franz Roh im „Getty Research Institute" in Santa Monica, Kalifornien, USA. Die Fotografien sind als Teil der „Fotosammlung Wilde" an die Bayerischen Staatsgemäldesammlungen in der „Pinakothek der Moderne" gekommen. Nachlassverwalter ist der Münchner Arzt Richard Hampe. Roh war ein Schulkamerad meines Vaters in Weimar und mit beiden Frauen, Hilde und Juliane, ein lebenslanger Freund der Familie. Nicht zuletzt ist seinem Einfluss zu verdanken, dass diese sich mit Bauhausmöbeln und moderner Kunst eingerichtet haben.[103]

CHARLES SHEELER
(16. Juli 1883 in Philadelphia PA USA –
7. Mai 1965 in Dobbs NY USA).

Charles Sheeler ist von seiner Ausbildung her Fotograf. Von 1903 bis 1906 studierte er an der „School of Industrial Art" in Philadelphia und an der „Pennsylvania Academy of the Fine Arts" bei William Merritt Chase. 1908 reiste er nach Europa, wo er in Paris dem realistischen Kubismus von Georges Braque und Pablo Picasso begegnete. Zurück in den USA bezog er 1910 zusammen mit dem Künstler Morton Schamberg ein Farmhaus in Doylestown, Pennsylvania, in dem sie bis zu dessen Tod 1918 wohnten und im Stil des Fotorealismus malten. Dieses Haus und seine Umgebung bildeten auch ihre häufigsten Motive.

1919 ließ Sheeler sich in New York nieder und begann damit, Industrielandschaften, Interieurs und Stillleben zu malen. 1920 drehte er zusammen mit Paul Strand den Kurzfilm „Manhatta", einen der ersten künstlerischen Filme der USA überhaupt, in dem New York mit seinen Hochhäusern, seinen Fähren, Schleppern und Seeschiffen, seinen Brücken und auch seinem Eisenbahn- und Autoverkehr filmisch gezeigt wird.

1927 wurde er von der Ford Motor Company beauftragt, ihr Werk in River Rouge, Michigan, zu fotografieren. Der Künstler empfand diesen Auftrag als besonders anregend, denn er schuf anschließend seine wichtigsten Ölgemälde. Die Industrielandschaften mit ihren Spiegelungen und Schatten zeigen eine abstrahierende Kälte, die sie in die Nähe von Hopper, Magritte und Rousseau rückt.

1927 bekam Sheeler den Auftrag, das neue River Rouge Fabrikgebäude bei Detroit für die Ford Motor Company zu fotografieren. Es war der größte industrielle Komplex mit mehr als 75.000 Arbeitern, welches Fords Modell A in Nachfolge des berühmten Modell T produzierte. Seine Fotos wurden für die Werbung benutzt, inspirierten ihn aber auch selbst als besondere Herausforderung. 1930 begann er von der Anlage sechs Ölbilder zu malen.

„American Landscape" und ein weiteres Gemälde von derselben Fabrik zeigen, wo Zement abgelagert wird, der bei der Produktion von Autos anfällt. Die Silos dienen zur Lagerung dieses Materials bis zu seiner Verschiffung zwecks Verkaufs. Dabei assoziiert der Maler die entstehende Landschaft mit der klassischen Landschaft von Griechenland und Rom, an deren Tempelbauten die Silos ihn erinnern. Die Funktionalität dieser Bauten, wie sie auch der französische Architekt Le Corbusier seiner Architektur zugrunde legt, verband bei Sheeler die Gegenwart mit der Antike.

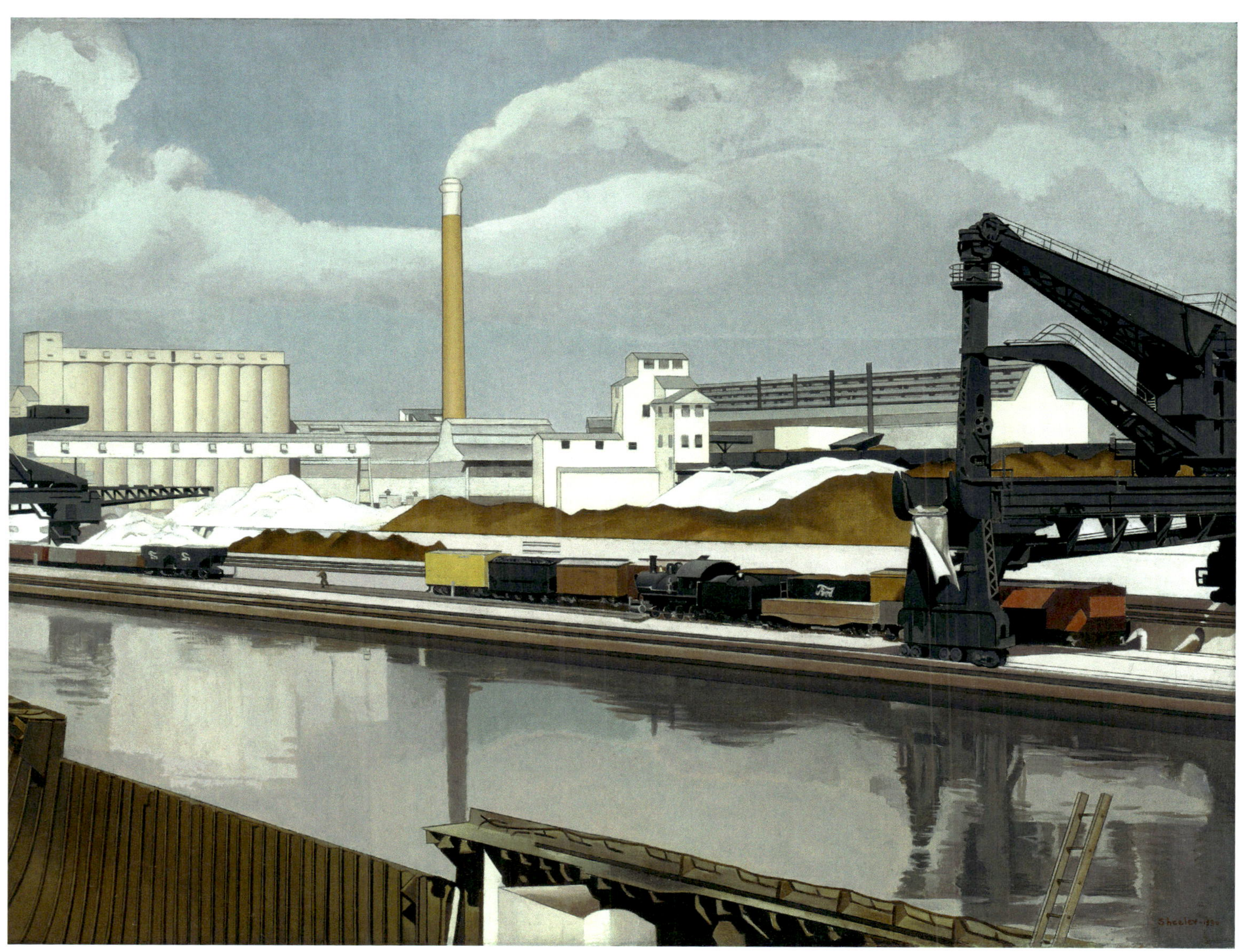

GEORG SCHRIMPF
(13. Februar 1889 in München –
19. April 1938 in Berlin)

Georg Schrimpf war Autodidakt. Er zeichnete von Kindheit an aus dem Kopf und nach Vorlagen und kopierte Bilder, die ihm besonders gefielen. 1913 besuchte er für acht Tage in München eine Malschule. Seine Selbstzweifel waren so stark, dass er seine Arbeiten vor fremden Augen versteckte, außer vor seinem Freund, dem Schriftsteller Oskar Maria Graf, der wie Schrimpf auch eine Ausbildung als Bäcker absolviert hatte. Dieser sandte einige Blätter nach Berlin an die Zeitschrift „Die Aktion". Sie wurden sofort angenommen. So wurde er mit seinen Holzschnitten Mitarbeiter der Zeitschriften „Die Aktion" und „Der Sturm" des Publizisten und Kunstmäzens Herwarth Walden, der diese Zeitschriften förderte.

Schrimpf arbeitete neben dem Holzschnitt vor allem mit Kohle, Kreide und Öl. Sein Werk ist von der „Neuen Sachlichkeit" bestimmt. Seine Themen waren vor allem Frauen, Kinder und menschenleere Landschaften in zarter Farbgebung. Damit stehen die Bilder Schrimpfs in deutlichem Gegensatz zu seinem bewegten Wanderleben, das ihn durch Deutschland und Europa führte.

Er selbst stand mit seiner Gesellschaftskritik und revolutionären Gesinnung den Künstlern seiner Zeit besonders nahe. Er hatte sich früh mit linkem Gedankengut beschäftigt und war kurz Mitglied der SPD gewesen. Die Reden von Erich Mühsam sollen ihn so beeindruckt haben, dass er sich dessen Gruppe „Tat" anschloss und mit ihm und Oskar Maria Graf nach Ascona zum Monte Verità ging.

Das Ölgemälde „Bahnübergang" mutet wie eine Architektenzeichnung an. Seine klaren Linien, die auch die Darstellung der Natur einbeziehen, eine von links einfallende Beleuchtung, die auf eine flache Morgen- oder Abendsonne hinweist, die Perspektive der Schienenstränge mit dem rosa schimmernden Horizont vermitteln den Eindruck vollendeter Harmonie. Das mit Rotlicht auf „Halt" gestellte Signal deutet auf Stillstand auch des Verkehrs hin. War es das, was er sich für eine Welt mit ihren klaren Formen und gedämpften Farben erträumte?

Anlass dafür gab es genug: Im Februar des Jahres 1925 starb Reichspräsident Friedrich Ebert, erschien nach seiner Entlassung aus der Haft in Landsberg von Adolf Hitler „Mein Kampf" und wurde die NSDAP neu gegründet. Im April zog das von Rechten aus Weimar vertriebene Bauhaus nach Dessau, Hindenburg wurde Reichspräsident. In den Folgemonaten räumten französische und belgische Besatzungstruppen das Ruhrgebiet. Zum Ende des Jahres gelang mit dem Locarno-Vertrag die Rückkehr Deutschlands in die Völkergemeinschaft. Bezeichnenderweise wurde in dieser Zeit in der Kunsthalle Mannheim die erste Ausstellung zur „Neuen Sachlichkeit" eröffnet, in der auch Schrimpfs Werke gezeigt wurden.

Für meine Eltern hatte Georg Schrimpf zum 11. September 1925 die Geburtsanzeige meiner Schwester Roswitha entworfen. Ebenfalls stammt wahrscheinlich von ihm auch die Kohlezeichnung einer Frau, die unserer jungen Mutter ähnlich sieht. Meine Großeltern Czapski in Jena waren mit Georg Schrimpf befreundet.

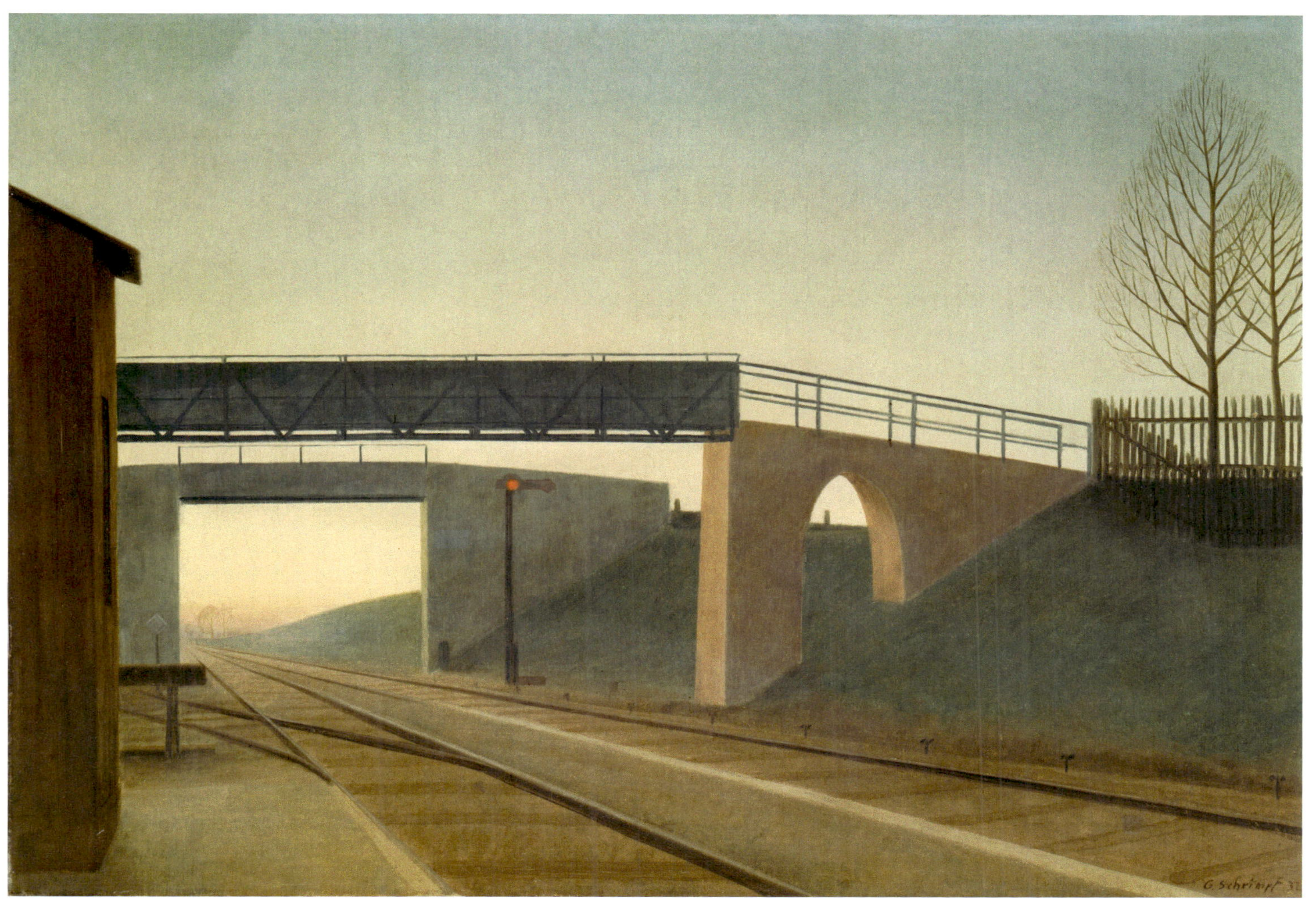

RENÉ MAGRITTE
(21. November 1898 in Lessines, B –
15. August 1967 in Brüssel, B)

Im Alter von zwölf Jahren begann René Magritte bereits mit dem Malen und Zeichnen. Mit vierzehn Jahren hatte er die traumatische Erfahrung machen müssen, dass sich seine Mutter eines Nachts in dem nahen Fluss Sambre ertränkte. Daraufhin zog der Vater mit den drei Söhnen nach Charleroi, einer Industriestadt, die durch Bergbau, Stahlherstellung und Glasindustrie sowie durch ihre frühe Arbeiterbewegung bekannt wurde. Dort besuchte René das Gymnasium. Mit fünfzehn Jahren lernte er die zwei Jahre jüngere Georgette Berger kennen, die später sein Modell wurde. Zu dieser Zeit entstanden seine ersten impressionistischen Arbeiten. Von 1916 bis 1918 studierte er an der „Académie royale des Beaux-Arts de Bruxelles". Nachdem er Georgette 1920 zufällig im Brüsseler Botanischen Garten wiedergetroffen hatte, heirateten sie im Jahr 1922. Damals verdiente Magritte seinen Lebensunterhalt als Musterzeichner zunächst in einer Tapetenfabrik und ab 1923 als Plakat- und Werbezeichner. Im selben Jahr verkaufte er sein erstes Bild, das Porträt der Sängerin Evelyne Brélia. Der Maler E. L. T. Mesens führte ihn in die dadaistische Bewegung ein und Magritte wurde 1925 Mitarbeiter der Zeitschrift „Œsophage", im folgenden Jahr von „Marie". Er beschloss, die Gegenstände nur noch mit ihren augenfälligen Details zu malen. Erst ab 1926 wurde es ihm möglich, durch feste Verträge mit der Brüsseler Galerie „Le Centaure" sich ausschließlich auf seine künstlerische Produktion zu konzentrieren. In dieser Galerie hatte er auch 1927 seine erste Einzelausstellung. Von 1929 bis 1966 betätigte sich Magritte als Redakteur mehrerer Zeitschriften und Zeitungen, drehte Kurzfilme und hielt Vorträge über seine Arbeiten.

Um diese Zeit wandte sich René Magritte dem Surrealismus zu. Ab 1930 lebte er wieder in Brüssel. Nach der Schließung der Galerie „Le Centaure" im Jahre 1932 wurde E. L. T. Mesens sein Kunsthändler. Er befreundete sich mit André Breton, Paul Éluard, Joan Miró, Hans Arp und später auch mit Salvador Dalí und war mit mehreren Werken in der „Exposition Internationale du Surréalisme" vertreten, die 1938 in der „Galerie Beaux-Arts" in Paris stattfand.

1947 hatte Magritte seine erste Ausstellung in New York. 1956 gewann er den Guggenheim-Preis für Belgien. 1959 war er Teilnehmer der II. documenta in Kassel. 1967 wurde ihm vorgeschlagen, mehrere seiner Gemälde als Skulpturen ausführen zu lassen. Er zeichnete die Entwürfe, machte die Gussformen und signierte die Modelle. Unerwartet starb er kurz darauf 69-jährig in seiner Brüsseler Wohnung an Krebs. Sein letztes Bild blieb bis zum Tod seiner Frau 1986 unvollendet auf der Staffelei stehen. Begraben ist er auf einem Friedhof im belgischen Schaarbeck.

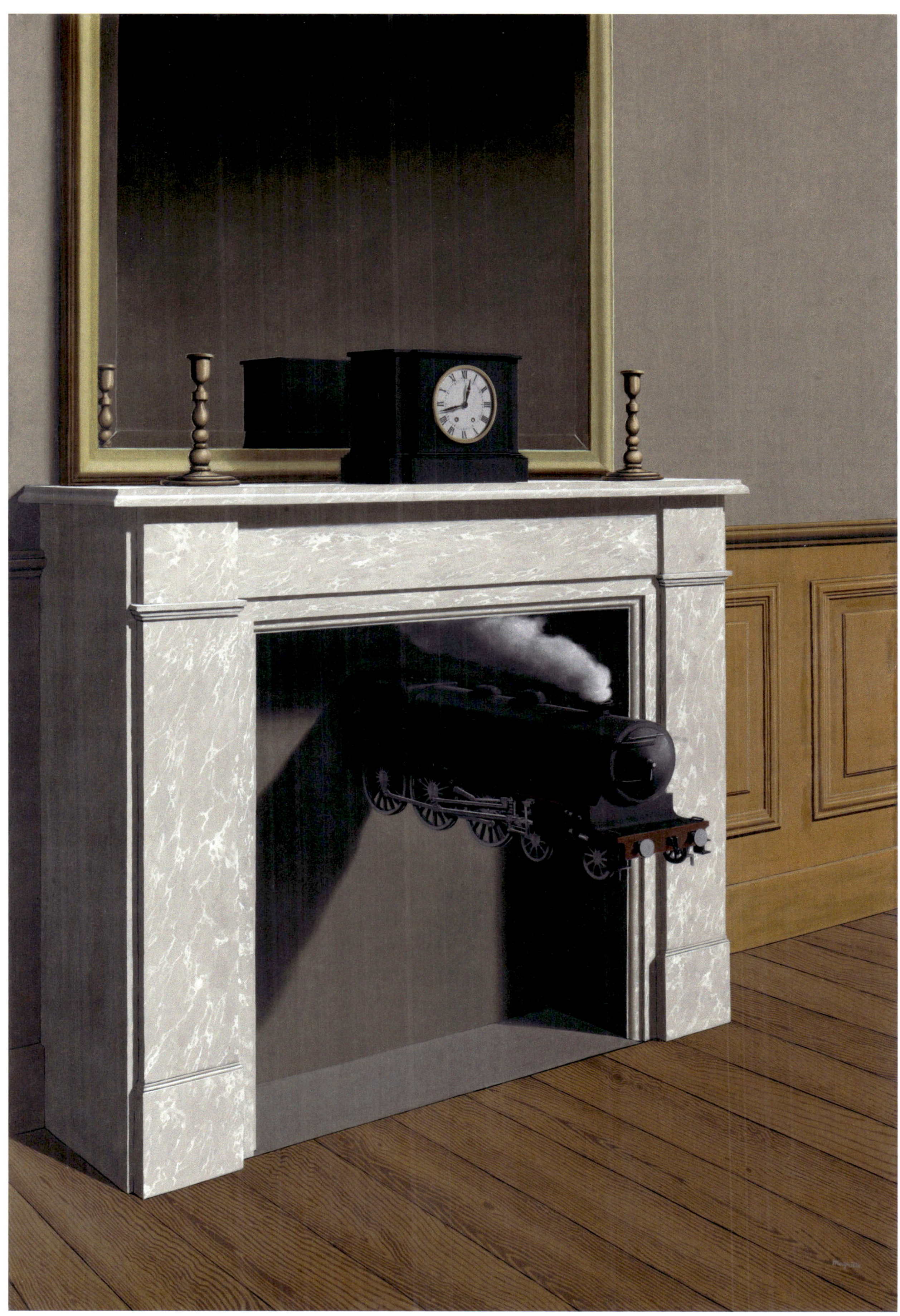

In einem Vortrag vom 20. November 1938 hat Magritte im Königlichen Museum der Schönen Künste in Antwerpen zu dem Bild „La Durée Poignardée" ausgeführt: „In einer Nacht im Jahre 1936 wachte ich in einem Zimmer auf, in das man einen Käfig mit einem schlafenden Vogel gestellt hatte. Eine großartige Täuschung ließ mich den Vogel in dem Käfig durch ein Ei ersetzt sehen. Ich besaß plötzlich ein neues Mysterium, poetisch und erstaunlich, denn der Schock, den ich verspürte, wurde gerade durch die Affinität von zwei Gegenständen, nämlich Käfig und Ei, hervorgerufen, während ich früher diesen Schock bewirkte, in dem ich Gegenstände ohne jegliche gemeinsame Wurzeln zusammenbrachte. Was die Lokomotive anbelangt, so ließ ich sie anstelle des üblichen Ofenrohres aus der Feuerstelle eines Kamins in einem Esszimmer zum Vorschein kommen. Diese Metamorphose nennt sich ,Die erstochene Zeit'"[104].

Belgien schuf als erstes Land in Kontinentaleuropa nach einem staatlichen Gesamtplan ein zusammenhängendes Eisenbahnnetz. Bis 1842 baute der belgische Staat die Eisenbahnen im Lande selber. Danach verkaufte er Konzessionen, zunächst überwiegend an englische Gesellschaften, dann an eine Tochter der französischen „Compagnie des chemins de fer du Nord", sodass schließlich etwa 600 Kilometern staatlicher Bahnen eine mehrfache Streckenlänge in privater

Hand gegenüberstand. Ende des 19. Jahrhunderts kaufte der Staat diese jedoch wieder zurück und gründete die „Société nationale des chemins de fer belges (SNCB)". In ihrem heute noch verwendeten Firmensymbol, welches der belgische Architekt Henry van de Velde 1936 entwarf, steht sprachneutral der Buchstabe B in einem liegenden Oval.

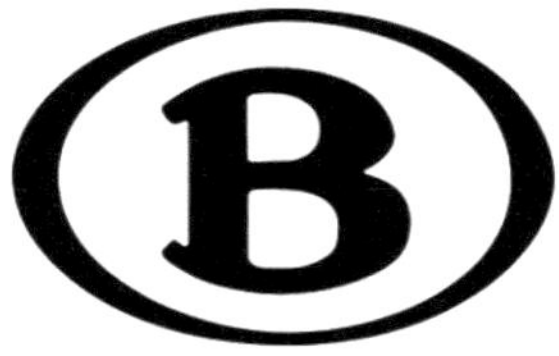

Charleroi, der Ort, in dem Magritte aufwuchs, ist mit Verbindungen nach Brüssel und Antwerpen, Lüttich, Lille und Paris sowie Regionalstrecken einer der wichtigsten Eisenbahnknoten Belgiens. Die abgebildete Lokomotive gehört zu der Belgischen Serie „Locomotive d`express 10", die René wohl als Kind erlebt haben mag. Sie wurde ab 1910 gebaut.

MAX BECKMANN
(12. Februar 1884 Leipzig –
27. Dezember 1950 New York, USA)

Zu den bedeutendsten Malern der ersten Hälfte des 20. Jahrhunderts gehört zweifellos Max Beckmann. Seine außergewöhnliche Begabung bestand nicht nur in seiner besonderen Art der malerischen Darstellung, die es auf den ersten Blick erlaubte, seine Werke von denen seiner Zeitgenossen zu unterscheiden. Vor allem waren es die Themen, die er zur Darstellung brachte und die, bei aller realitätsnahen Gestaltung, durch ihre Inhalte ein ebenso weites wie tiefes Nachdenken bis zur Mystifizierung ihres Gegenstandes zeigen.

Von 1899 bis 1903 hatte er an der Kunstschule in Weimar unter Frithjof Smith studiert, danach 1903/04 in Paris, Genf und in Berlin. 1906 wurden seine Arbeiten erstmals in Ausstellungen in der Berliner Sezession und im Künstlerbund Weimar gezeigt. Auch wurde ihm in diesem Jahr der älteste deutsche Kulturpreis für junge Künstler, der Villa Romana-Preis, zuerkannt, der mit einem zehnmonatigen Aufenthalt in Florenz verbunden war.

Am Ersten Weltkrieg nahm er zunächst als Sanitätssoldat teil, erlitt aber 1915 einen Nervenzusammenbruch, sodass er vom weiteren Dienst freigestellt wurde. In dieser Zeit entstand sein harter, ausdrucksstarker Malstil, der sich zunächst in Zeichnungen und Radierungen zum Kriegsgeschehen zeigte und später auch seine Gemälde bestimmte.

Seit 1925 war Beckmann zunächst Lehrer am „Städelschen Kunstinstitut" und nach deren Fusion mit der Frankfurter Kunstgewerbeschule auch an dieser. Frankfurt am Main wurde damit die Stadt, in der er am längsten gelebt hat. Ihr Großstadtbetrieb schien ihn anzuziehen, aber auch die Lehrtätigkeit hat ihm gefallen. Ab 1928 machte Beckmann längere Reisen mit Aufenthalten in Paris und Holland. 1930 wurde sein Vertrag noch einmal um fünf Jahre mit der Begründung verlängert, dass der Künstler auch der Hochschule ein erhebliches Prestige vermittle. Gleichwohl wurde ihm nach der Machtergreifung der Nationalsozialisten unter der formalen Berufung auf die Brüningsche Sparverordnung vom 12. September 1931 gekündigt.[105]

Ab 1933 lebte und arbeitete Beckmann zunächst in Berlin, ging 1937 nach Paris und emigrierte 1938 in die Niederlande nach Amsterdam.

Im September 1941 und im Mai/Juni 1942 hielt sich Max Beckmann im niederländischen Valkenburg auf. Nach seinem Tagebuch hat er danach in Amsterdam am 28. Februar 1942 „Zwei Stillleben und eine Landschaft (Eisenbahnbrücke) entworfen".[106] Am 13. März nennt er die Arbeit schon „Valkenburg-Eisenbahn".[107] Sieben Tage später notiert er: „Heftig an der Frühlingslandschaft mit Eisenbahn aus Valkenburg gemalt." Am 3. April heißt es: „Frühlingslandschaft mit Regenbogen fertig gemacht, ebenso ‚Möwen im Sturm.'" Am 27. April folgt dann „Nach dem Regenbogen und den beiden Plastiken am Atelierfenster gearbeitet. Ziemlich anstrengend. Mit Regenbogen immer noch nicht zufrieden."[108]

50 Max Beckmann:
Eisenbahnlandschaft mit Regenbogen, 1942
Öl auf Leinwand, 89 × 125 cm
Sammlung Firmengruppe Ahlers, Herford

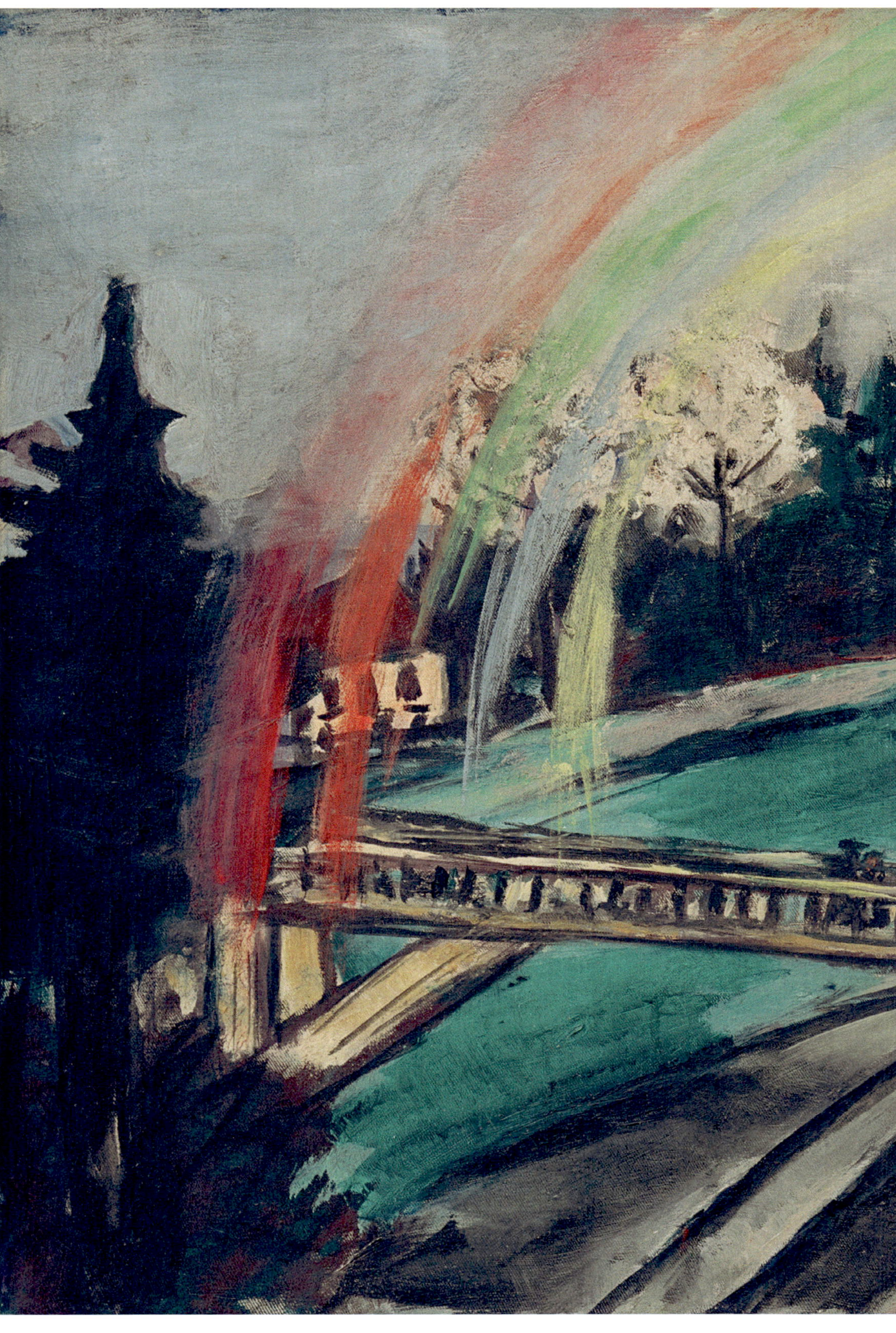

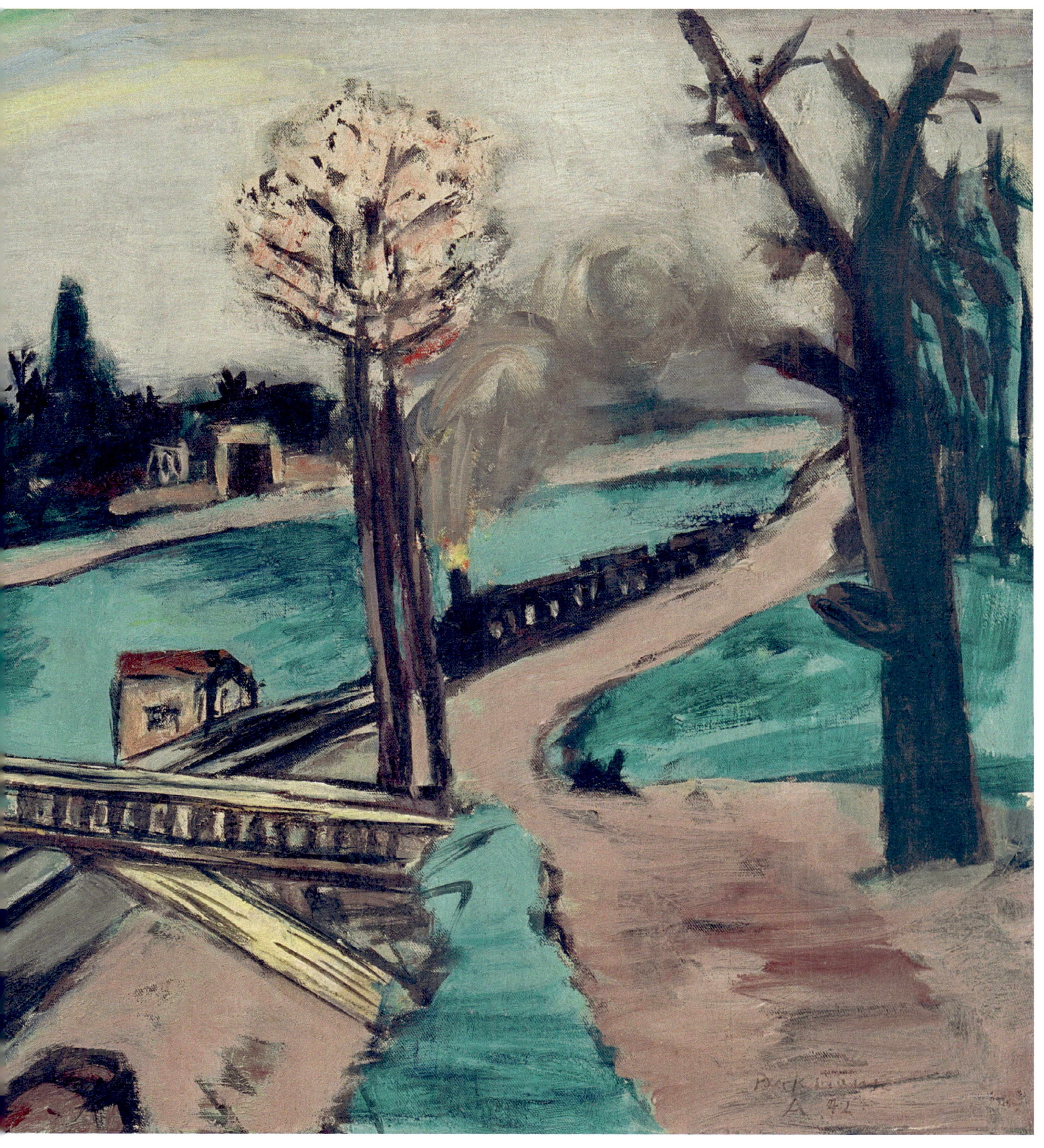

„Ein angenehmer, milder Frühlingstag an einem holländischen Flussufer. Gerade hat es noch geregnet, die beiden blühenden Kirschbäume sehen frisch gewaschen aus, ein glänzender Regenbogen überwölbt die Holzbrücke. Friedlich und heiter empfängt die Natur den Gast, der seine enge Großstadt-Existenz für ein paar Stunden verlassen hat. Beckmanns Regenbogen ist ein Manifest des heraufkommenden Frühlings; frisch und tauig und rar sieht er aus. Die Ordnung der Farben ist nicht naturalistisch wiedergegeben, sie sind durcheinander gemischt wie Blumen in einem überraschend dargebotenen Strauß. Wenn andere Maler Regenbogen malen – Rubens, Caspar David Friedrich, Franz Marc fallen uns hier ein – so hielten sie sich natürlich an das physikalische Spektrum. Beckmann zaubert seinen privaten Regenbogen her."[109]

Die Eisenbahn erscheint rechts am Ufer des Flüsschens „Kleine Geul", das im belgischen Eynatten entspringt und bei Meerssen in die Maas mündet. Sie kommt von Valkenburg, einem sehr hübschen alten Städtchen, das als Ausflugs- und Urlaubsziel beliebt ist und an der 1853 errichteten Fernbahnlinie Aachen-Maastricht liegt. Diese 36 km lange Bahnlinie ist die erste gewesen, die von Deutschland in die Niederlande führte. Sie diente dem Verkehrsanschluss an die Häfen des Landes, was zunächst vor allem für die Kohlegruben von Bedeutung war. Der Bahnhof Valkenburg steht als ältester niederländischer Bahnhof unter Denkmalschutz und ist noch heute im regulären Betrieb.

Von dem umfangreichen Werk Max Beckmanns ist das Ölgemälde vom „Frankfurter Hauptbahnhof" von 1942 besonders bekannt. Nach seinem Tagebuch begann er am 29. Juli 1942 in seinem Amsterdamer Exil mit der Arbeit an diesem Bild, die er am 5. September um 5 Uhr früh beendete.[110] Es ist damit über neun Jahre nach seinem Fortgang von Frankfurt entstanden. „Um Mitternacht saß er zuweilen in dem südlichen Bahnhofsrestaurant, das durch eine riesenhafte bordeauxrote Portiere in zwei Teile aufgespalten war, rechts ein Tempel des 19. Jahrhunderts. Der Maler saß da, wo eine große Palme stand und trank Champagner. Rings um ihn die weiße Leere der Tücher von unbesetzten Tischen."[111]

Das Bild zeigt in fahlen, blau-grünlichen Farben die gesamte Vorderfront des Bahnhofs, gesehen von einem Eckhaus der Kaiserstraße. Ein einsames Paar ist vor dem sonst so belebten Bahnvorplatz zu sehen. Vorn links sitzt eine schwarze Katze und zeigt ihr Profil. Sie schaut erstarrt am Bahnhof vorbei auf die dahinter liegende, unsichtbare Stadt. Der tiefstehende Sichelmond am Himmel deutet auf Abendstimmung. Sie entsprach Max Beckmanns damaliger Lebenssituation. Der Abschied von Frankfurt ist ihm schwer gefallen. Seine zweite Ehefrau Mathilde, von ihm „Quappi" genannt, notierte später: „Als Max Frankfurt verließ – von den deutschen Städten war es ihm die liebste – fühlte er wohl, dass es ein Abschied für immer sei. Wenn er darüber auch kaum gesprochen hat – ich wusste, wie traurig es ihn machte."[112]

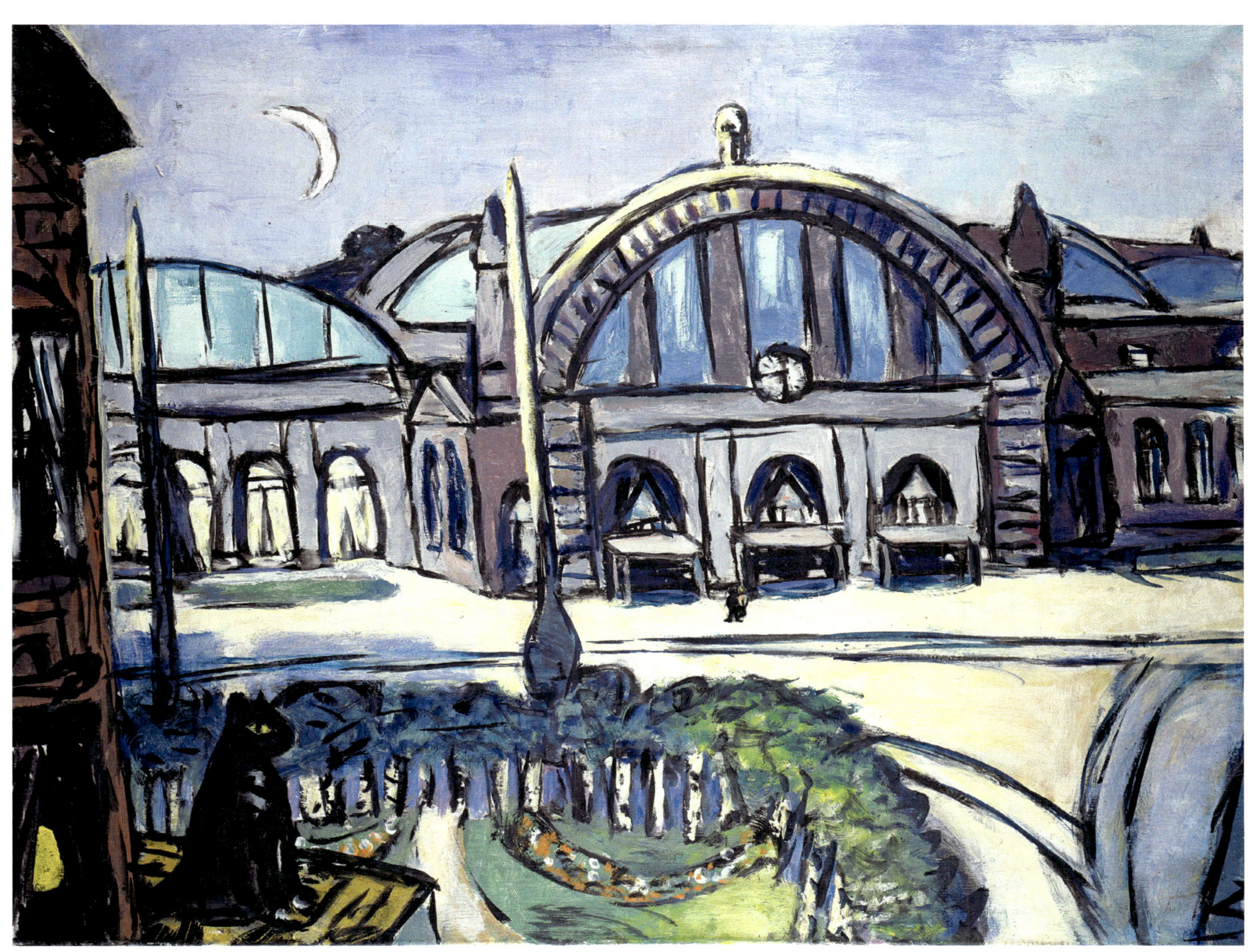

SCHLUSSLICHT

Kunst überhöht das Leben in jeder Hinsicht. Sie öffnet den Zugang zur Seele des Menschen, was immer darunter verstanden sein will. Das gilt vor allem bei der Musik, deren Klänge und Rhythmen ihn tief rühren und bewegen können. Aber auch die bildende Kunst kann sie ansprechen und Gedanken auslösen, die nicht nur die Seele streicheln, sondern ihn auch zum Handeln motivieren. Die Technik wird gerne der Kunst gegenüber gestellt. Ihr unzweifelbarer Verdienst ist zunächst ihr unmittelbarer Nutzen für Industrie und Wirtschaft. Das gilt im besonderen Maße für die Eisenbahn. Sie hat vor allem die Kommunikation unter den Menschen befördert, indem sie Reisen erleichterte und beschleunigte. Sichtbar hat sie zum Abbau von gesellschaftlichen Schranken zwischen den Menschen beigetragen, ihre ökonomische Existenz verbessert und ihren politischen Wandel zur Demokratie gefördert.

Das alles haben auch die Eisenbahnmaler gesehen und zum Teil thematisiert. Sie haben aber auch gesehen und angemerkt, dass die Eisenbahn ebenso wie die dadurch geförderte Industrie dazu geführt haben, Natur und Umwelt zu belasten, wenn nicht sogar zu zerstören. Die Veränderung und sogar Zerstörung der natürlich gewachsenen Landschaft, die Verdichtung und Verfremdung der Städte und Gemeinden, die Anpassung des Lebensstils an die industrialisierte Welt und der in ihr beschäftigten Menschen, das alles geht auch an dem Künstler nicht vorüber, der besonders sensibel auf die Welt eingeht. Der jüngste Schritt ist die Digitalisierung der Arbeitswelt anstelle der analogen Beziehungen, die vorher die menschliche Gemeinschaft bestimmten.

In den knapp 200 Jahren, die seit dem Aufkommen der Eisenbahn verstrichen sind, war die Hälfte der Zeit vom Einsatz fossiler Stoffe – Kohle, Koks und Holz – für ihren direkten Antrieb bestimmt. Die allgemein bewunderte Lokomotive mit ihrem Dampfschweif bestimmte ihr Bild. Das „Dampfross" hatte das bis dahin den Landverkehr beherrschende Pferd verdrängt und auf die Bereiche Spiel und Sport reduziert. Es war als Arbeitstier in der Landwirtschaft und als Reittier beim Militär durch Maschinen ersetzt worden Allein dieser Vorgang hat den größten kulturellen Wandel der Menschheit ausgelöst, dessen letzte Spuren von der frühesten Antike bis zur nächsten Gegenwart gelegentlich noch zu finden sind, vom Hufeisen über der Tür als Glücksbringer bis zum Eisenring am alten Stadttor zum Anbinden der Reitpferde.

Die Künstler, die sich, aus welchen Gründen auch immer, der Eisenbahn zugewandt haben, sind auf die unterschiedlichste Weise in deren Besonderheit eingedrungen. Für Turner, Menzel, Pissarro, Monet, Caillebotte, Guillaumin, Pleuer und Nägele war es vorrangig, die Bewunderung der neuen Technik und die Kunst mit dem darzustellen, was sie kennzeichnet: Kraft und Geschwindigkeit, beides Zustände, die sich zur Erfassung durch Maler nicht besonders gut eignen. Unsere Darstellung hat zu beschreiben versucht, wie ihnen das dennoch gelungen ist.

Andere Künstler wie Cézanne, Signac, van Gogh, Boccioni, Fuhr, Sheeler, Schrimpf und Beckmann haben die Eisenbahn in ihren Landschaftsbildern vorgefunden und sich damit auseinandergesetzt. Dabei zeigt sich vielfach eine kritische Anmerkung zu deren Verletzung, auf die in unserer Darstellung eingegangen wird. Bei Cézanne kommt dazu, dass er Bewegliches überhaupt nicht gern malte, sondern selbst bei Portraits Wert auf vollständige Bewegungslosigkeit legte. Ihm geht es um die innere Strahlkraft von Personen und Sachen, die seine Bilder prägt.[115] Beides trifft auf seine hier gezeigten Werke durchaus zu.

Wirklich kritisch wird es bei Künstlern wie Feininger, de Chirico, Kandinsky, Kirchner oder Delvaux, aber auch bei Roh oder Magritte, die ihre Eisenbahndarstellungen doppelsinnig und sogar spaßig verfremden. Wo die Sozialkritik von Käthe Kollwitz und Hans Baluschek dazu kommt, bleibt der Malstil zugunsten der gesellschaftspolitischen Aussage eher konventionell. Eine Sonderstellung nimmt Hopper ein, dessen Bilder mit und ohne Menschen in ihrer Sachlichkeit zur Einsamkeit passen und auch für die Eisenbahn Stilllegung bedeutet.

Auf Seiten der Technik war die Begegnung mit der zeitgenössischen Kunst nicht so fruchtbar. Ihre Formen folgten zwar den technischen Notwendigkeiten, lehnten sich aber noch lange Zeit an das Herkömmliche an und versuchten es auf ihre Weise weiterzuführen. Selbst bei den Lokomotiven blieb es lange Zeit dabei, dass ihre Antriebstechnik am Räderwerk außen sichtbar war und sogar durch rote Anstriche noch betont wurde. Die Welt der Kunst blieb von der Technik weitgehend getrennt und jeder Bereich folgte seinen Gesetzen.

Bei den ersten Bahnhöfen gab es eine Zweiteilung in einen technisch gestalteten Eisenbahnbereich mit den Zügen und Passagieren und einem Empfangsteil für die Fahrkartenschalter und Wartesäle, später auch für Zeitungsstände und Läden. Erst in jüngerer Zeit sind bei neueren Bahnhöfen und Eisenbahnbrücken Bauten entstanden, die technische Zweckmäßigkeit und ästhetische Wahrheit mit formaler Schönheit verbinden. Die Um- und Neubauten des spanischen Architekten Santiago Calatrava in Zürich-Stadelhofen, Luzern, Liège-Guillemin (Lüttich) oder für die TGV Station Lyon Saint-Exupéry sind hervorragende Beispiele einer zeitgemäßen ästhetischen Gestaltung.

In ganz anderer Weise hat der österreichische Künstler Friedensreich Hundertwasser aus Anlass der Expo 2000 in Hannover den benachbarten wilhelminischen Bahnhof Uelzen mit Elementen bereichert, die eine wunderbare Verbindung von Technik, Architektur und Kunst ergeben hat und der zum Publikumsmagnet geworden ist. [116] Die zur Zeit laufenden denkmalsgerechten Restaurierungen schöner Bahnhofsbauten, die auch von der Deutschen Stiftung Denkmalpflege unterstützt werden, sind sehr zu begrüßende Bemühungen der europäischen Eisenbahnverwaltungen. Technische Museen wie das Germanische Museum Nürnberg, Technische Museum Berlin, Deutsche Museum München und in vielen kleineren Bahnhöfen und Stationen zeigen, dass die Eisenbahn einen nostalgischen Wert besitzt wie andere wichtige künstlerische und technische Kulturdenkmäler.

Allerdings bestand zwischen Architektur und Kunst schon immer eine große Nähe. Die großartigen Grab- und Tempelbauten aller Hochkulturen der Welt und unserer eigenen Antike, die Kirchen, Klöster und Schlösser des Mittelalters und vor allem der Renaissance und des Barock sind neben ihrer Funktion immer auch Meisterwerke der bildenden Kunst gewesen und zeigen den inneren Zusammenhalt dieser ursprünglich gar nicht getrennt gesehenen Disziplinen. Dazu gehört natürlich auch die nicht zu unterschätzende plastische Kunst in und um diese Bauten.

Wie die Lebensläufe einiger der in dieser Ausstellung im Buch vertretenen Künstler bestätigen, waren die Übergänge von der Architektur zur bildenden Kunst bei vielen fließend. Als der Eisen- und Stahlbau aufkam, entstanden solche Werke wie das Garabit-Viaduct von 1884/88 über die Truyère im französischen Massif Central oder der 1887 bis 1889 als Eingang zur Weltausstellung in Paris errichtete Eiffelturm. Beide wurden von dem Ingenieur Gustave Eiffel entworfen und verwirklicht, der bezeichnenderweise seine Ausbildung der „École Centrale des Arts et Manufactures" in Châtenay-Malabry bei Paris verdankt. Viele der Bahnhofshallen sind auch Kunstwerke der Eisen- und Stahltechnik. Bei den Transportmitteln von der Lokomotive bis zu den Personenwaggons haben Designer mitgewirkt, deren Namen nur in den seltensten Fällen allgemein bekannt wurden.

Die Hochgeschwindigkeitszüge (ICE) der deutschen Bahn wurden von den Reisenden besonders gut angenommen und sind darüber hinaus zum begehrten Exportschlager geworden. Das ist, neben der Technik, ganz wesentlich dem Design dieser Züge zu verdanken. Es stammt ursprünglich von Alexander Neumeister, Jahrgang 1941. Er hatte von 1963 bis 1968 Industriedesign an der „Hochschule für Gestaltung Ulm HfG" bei den Professoren Walter Zeischegg und Hans Gugelot studiert und 1966 beim internationalen Designwettbewerb der Carrozzeria Bertone den 1. Preis gewonnen. Schon an den frühen Konzepten für den Schienen-Hochgeschwindigkeitsverkehr in Deutschland, darunter der Hochleistungs-Schnellbahn-Studie war er beteiligt. 1982 hatte er, in Form eines Auftrags über Designstudien zur Gestaltung der Mittelwagen des ICE-Vorläuferzuges, den ersten Designauftrag im ICE-Bereich erhalten. Die von ihm entwickelten charakteristischen ICE-Merkmale des durchgehenden Fensterbandes und die Frontpartien wurden in allen bisherigen ICE-Baureihen umgesetzt. Er gestaltete ihre schnittige äußere Form bis ins kleinste Detail der Inneneinrichtung.

Das Beispiel zeigt, welche wichtige Rolle die Verbindung von Kunst und Technik für das Produktdesign spielt. Neben der 1953 gegründeten „Hochschule für Gestaltung Ulm" hatte schon das 1919 gegründete Bauhaus in Weimar und Dessau die Funktion, Architekten, Künstler, Handwerker und Ingenieure gemeinsam in der ästhetischen Gestaltung moderner Produkte für die Praxis auszubilden.

Es träumte vom „Neuen Menschen" in einer demokratischen Weltgemeinschaft. Beide Einrichtungen wurden unter dem Vorwand finanzieller Engpässe, letztlich jedoch aus politischen Gründen geschlossen, weil die Idee mit ihrem kreativen Ansatz und ihren sozialpolitischen Zielen, für die Bevölkerung bezahlbare industrielle Produkte zu schaffen, von der Wohnung bis zu Gebrauchsgegenständen reichte und konservative Kräfte dagegen aktivierte.

Auch die in dieser Zeit aufkommenden Ansätze zu Volksbildung und Reformpädagogik hatten nach dem großen, alles verschlingenden Ersten Weltkrieg keine ausreichende Zeit, dafür Lehrkräfte auszubilden. Außerdem wurden die solche Ansätze tragenden Persönlichkeiten von den Nationalsozialisten ausgegrenzt oder ins Ausland vertrieben. Dort erfuhren sie oft eine weltweite Aufmerksamkeit. Einige dieser Künstler sind auch in unserer Buch-Ausstellung vertreten. Eine Nachfolgeinstitution für das Bauhaus oder die Hochschule für Gestaltung in Ulm ist nicht entstanden. So muss die Lücke ohne ein übergreifendes, gemeinsames Konzept von den zahlreichen technisch und künstlerisch orientierten Hochschulen gefüllt werden, die sich über Deutschland verteilen.

Auch auf europäischer Ebene ist die Gründung einer solchen Institution nicht in Sicht, wäre aber eine Antwort auf die wachsende globale Konkurrenz auf diesem Gebiet. Das gilt umso mehr, als absehbar geworden ist, dass von der Entwicklung der Antriebstechnik von fossilen Kraftstoffen Abschied genommen werden muss, um die Natur zu erhalten. Die zu Anfang der Entwicklung der Eisenbahn auch von den hier vertretenen Künstlern angedeuteten Vorbehalte gegenüber einer Störung von Natur und Landschaft durch ihre Anlagen und Abgase erhalten damit neuen Auftrieb. Die DB selbst geht auf diesem Weg voran, indem sie sich auf Ökostrom umstellt. Das gibt Hoffnung.

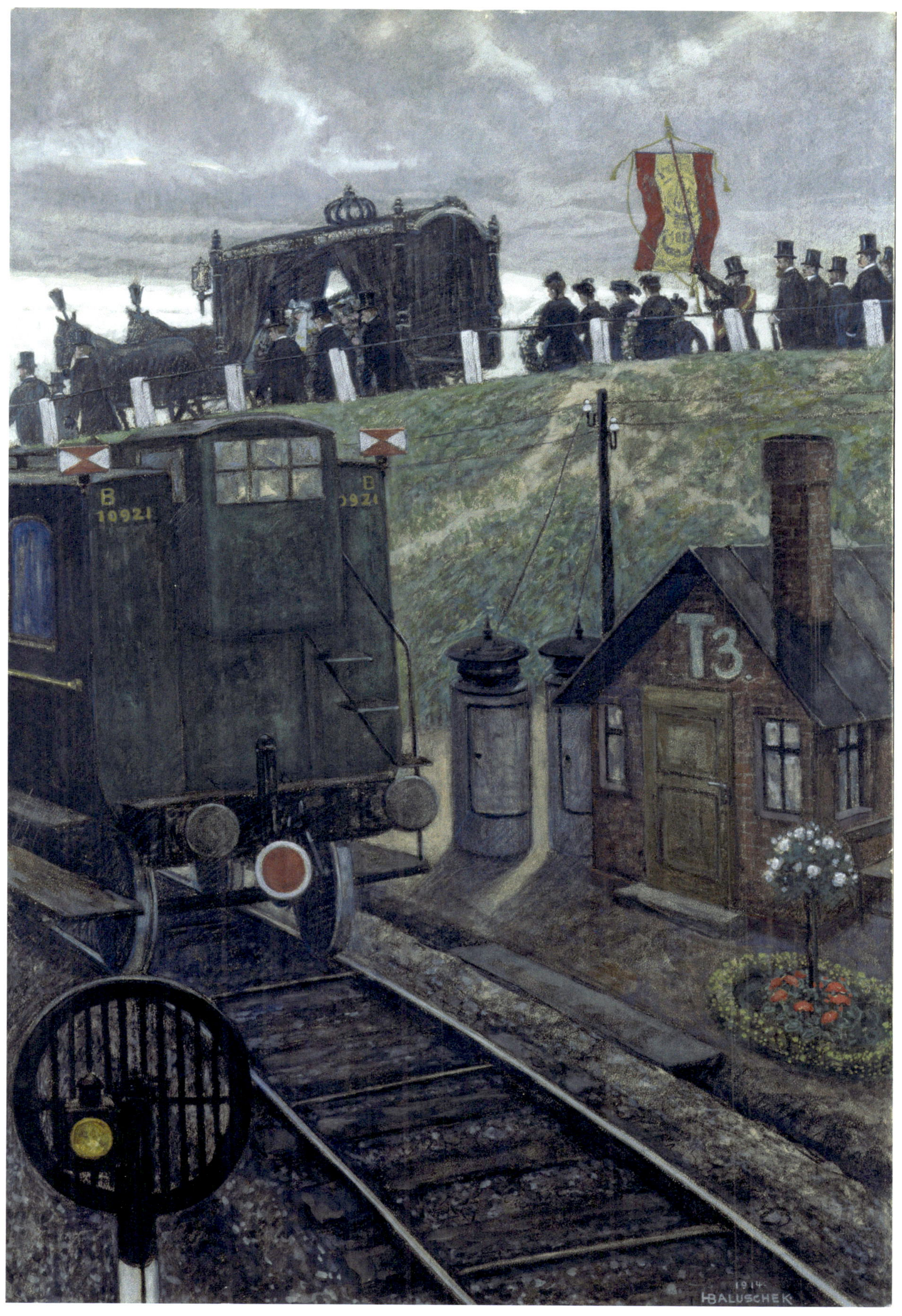

B
10921
B
10921
T3.
1914
H BALUSCHEK.

Edward Hopper:
Railroad Sunset, 1929
Öl auf Leinwand, 74,5 × 122,2 cm
Whitney Museum of American Art, N.Y., USA
(Ausschnitt)

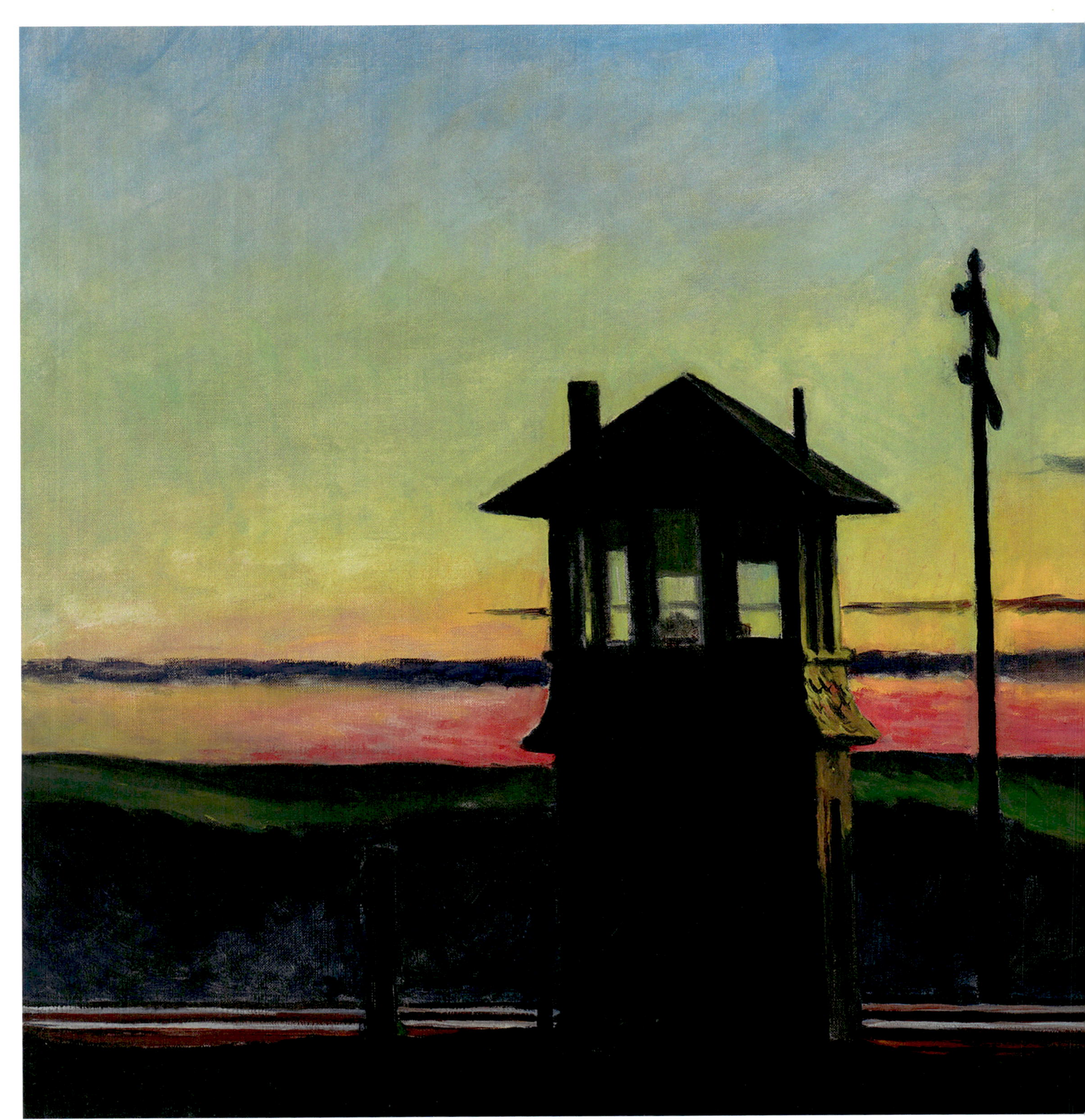

DER ANHANG

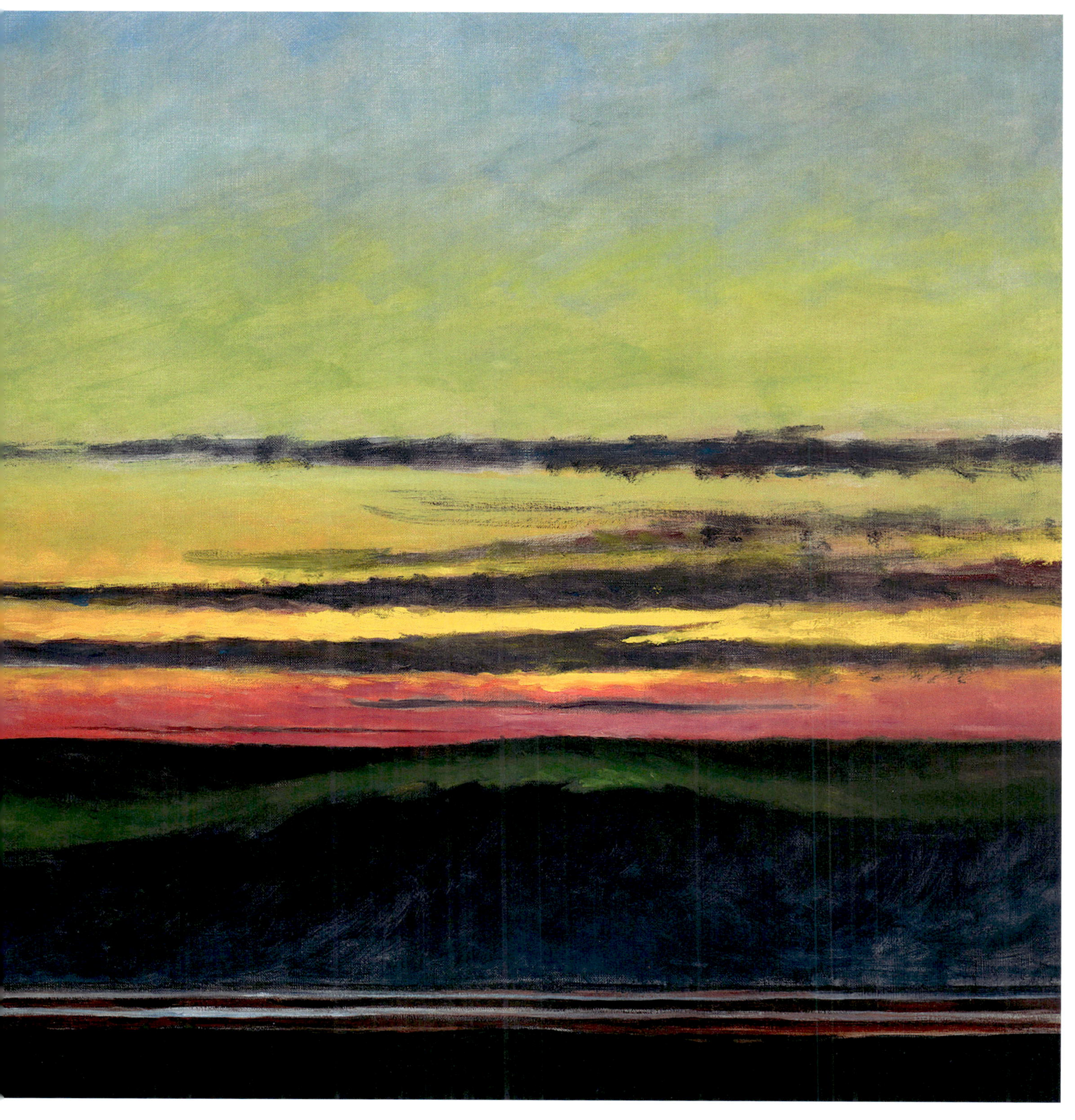

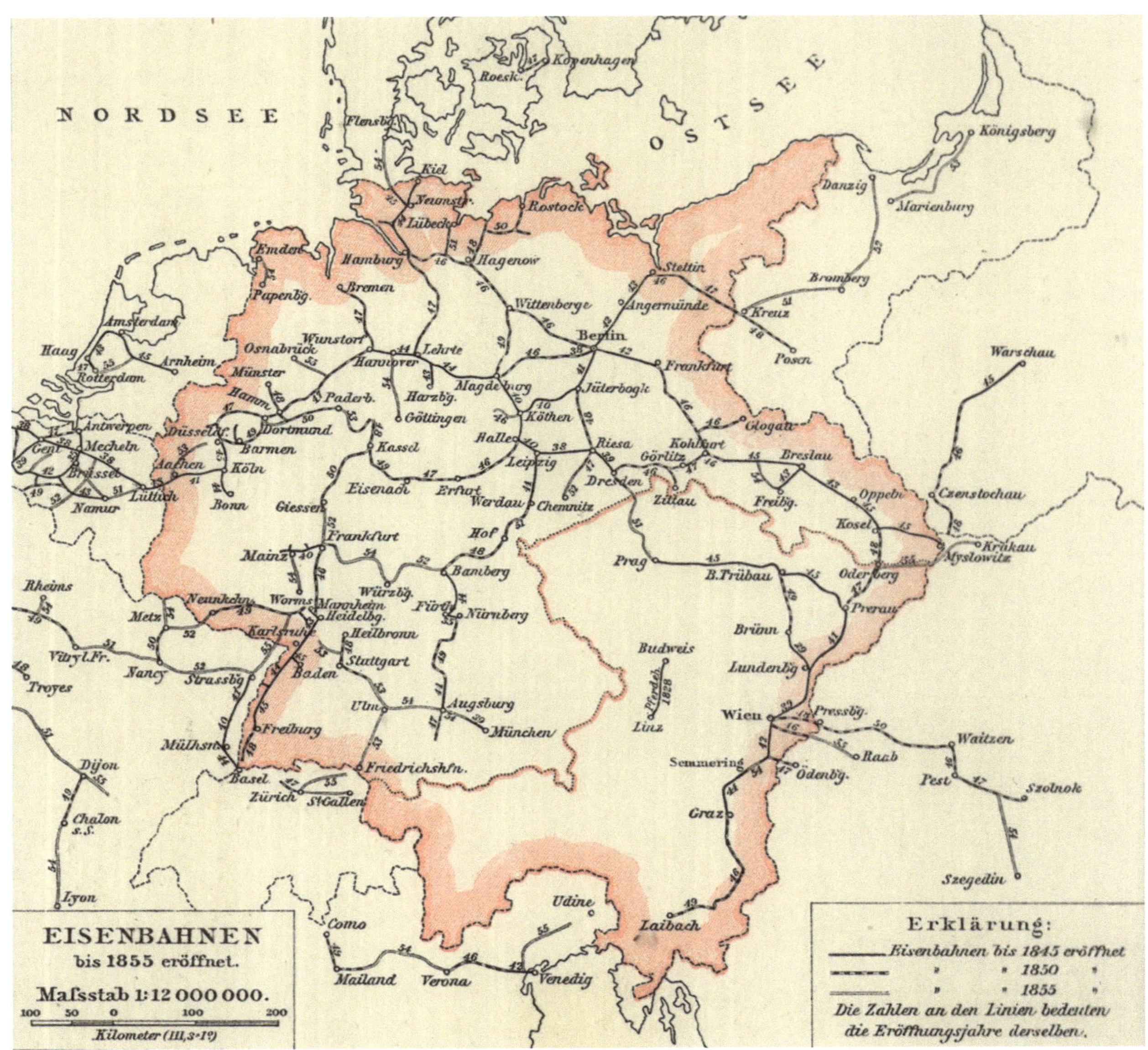

Karte aus: Professor G. Droysens Allgemeiner Historischer Handatlas in sechsundneunzig Karten, Bielefeld und Leipzig 1886

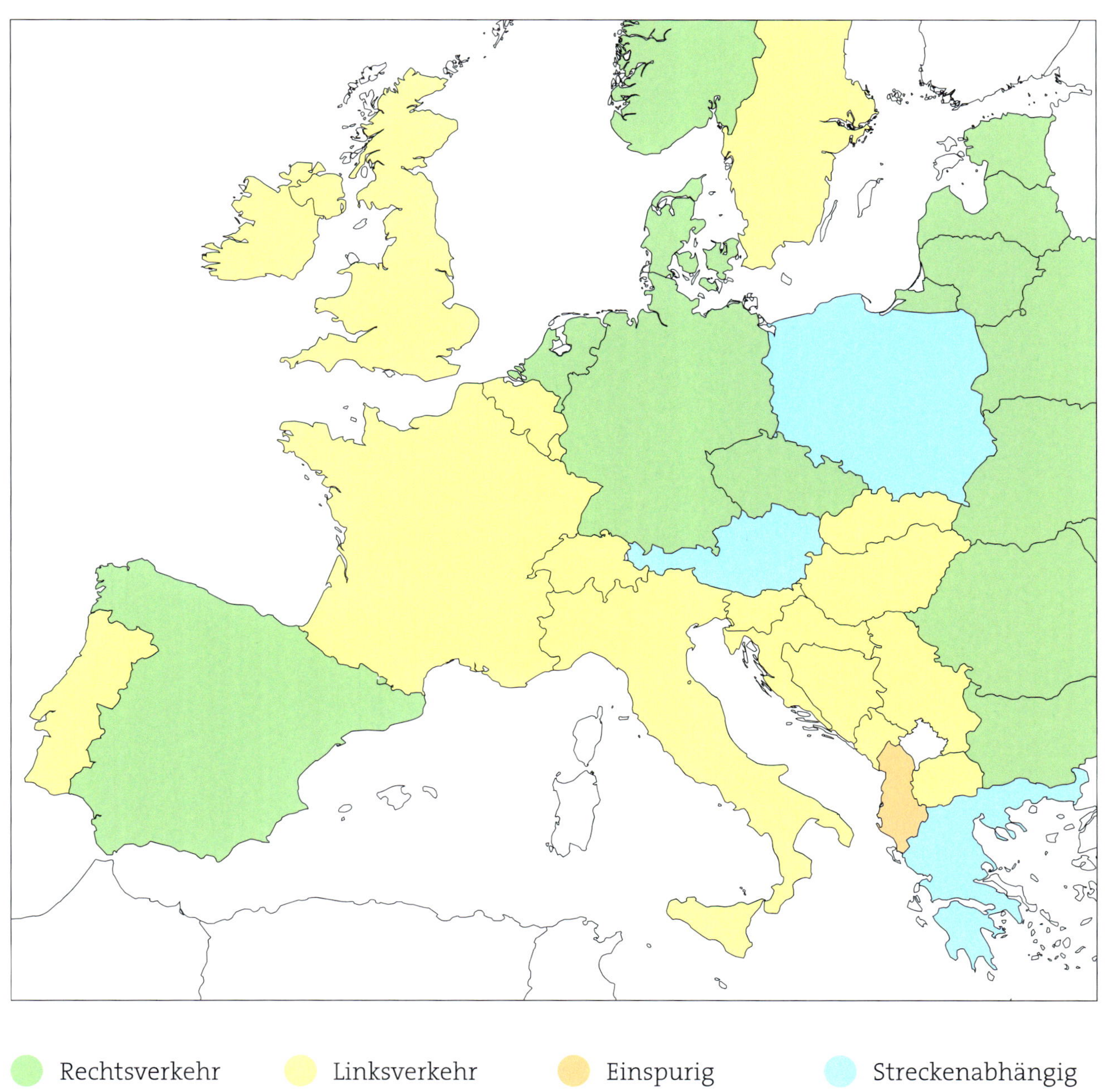

Rechtsverkehr
Linksverkehr
Einspurig
Streckenabhängig

PERSONENREGISTER DER KÜNSTLER

ANMERKUNGEN

Vorwort

1. Michael Kurth Ulf und Waldemar Haußen, Die Weimar-Berka-Blankenhainer Eisenbahn, Freiburg/Brsg. 2007, S. 5 ff.
2. Wilhelm Flitner, Erinnerungen 1898-1945 Gesammelte Schriften, Paderborn, 1986, Band 11, .S. 27 ff.

Frontlicht

3. Johannes Mahr, Die Eisenbahn in der deutschen Dichtung. Der Wandel eines literarischen Motivs im 19. und im beginnenden 20. Jahrhundert, München 1982
4. Karin von Maur, Vom Klang der Bilder, München, London, New York 1999
5. Johannes Kurze, Die Eisenbahn in der Kunst, Bonn 1958
6. Wulf Schadendorf, Das Jahrhundert der Eisenbahn, Bibliothek des Germanischen Nationalmuseums Nürnberg zur Deutschen Kunst und Kunstgeschichte, Herausgegeben von Ludwig Grote, Band 24, München 1965
7. Heinrich Lützeler, Die Eisenbahn in der Malerei, Bonn 1971
8. Wolfgang Schivelbusch, Geschichte der Eisenbahnreise. Zur Industrialisierung von Raum und Zeit im 19. Jahrhundert, Frankfurt am Main, 4. Auflage, Mai 2007
9. Peter Paul Dahms, Die Anfänge des Personenverkehrs per Eisenbahn in Preußen 1835-1860, Diss., TU Berlin 2015 (Digitalisat: http://dx.doi.org/10.14279/depositonce-4676)
10. Kunstforum Länderbank (Hrsg.), Katalog zur Ausstellung, Die Eisenbahn in der Kunst, Kunstforum Länderbank, Österreichische Bundesbahn, 1987

Die Technik

11. Wulf Schadendorf, a.a.O., S.8
12. Reinhart Koselleck, Der Aufbruch in die Moderne oder das Ende des Pferdezeitalters, in: Historikerpreis der Stadt Münster 2003, S. 23ff.; Stefano Saracino, Der Pferdediskurs im England des 17. Jahrhunderts, Historische Zeitschrift, Berlin/Boston 2015, Band 300, Heft 2, Seiten 341–373

13. Ralf Roman Rosberg, Geschichte der Eisenbahn, Neuauflage Künzelsau 1984, S. 18
14. Friedrich Kluge, Etymologisches Wörterbuch der deutschen Sprache, Berlin/New York, 23.Aufl. 1999, S. 73
15. Moriz Heyne, Deutsches Wörterbuch, Leipzig 2. Aufl.1905, Spalte 269 f.
16. Erwin Berghaus, Auf den Schienen der Erde. Eine Weltgeschichte der Eisenbahn, München 1960
17. „Strecke" ist der Ausdruck für die Verbindung zwischen zwei Punkten und wurde zunächst im Bergbau, dann aber auch vielseitig auf andere Abstände übertragen. M. Heyne, Deutsches .Wörterbuch, a.a.O., Band 3, Spalte 859 f.
18. Lothar Gall/Manfred Pohl (Hrsg.), Die Eisenbahn in Deutschland. Von den Anfängen bis zur Gegenwart, München 1999. S. 14 f.
19. Friedrich List, Ueber ein sächsisches Eisenbahnsystem als Grundlage eines allgemeinen deutschen Eisenbahnsystems und insbesondere über die Anlegung einer Eisenbahn von Leipzig nach Dresden, Leipzig 1833
20. Auf Drängen von G. Stephenson hatte die Verwaltung der Bahnlinie Manchester-Liverpool, die 1829 noch im Bau war, einen Wettbewerb ausgeschrieben, um eine leistungsfähige und zuverlässige Lokomotive herauszufinden. Das Rennen fand auf einer Teilstrecke statt. Für den Wettbewerb wurden zehn Lokomotiven gemeldet, fünf beteiligten sich am Rennen und von ihnen überzeugte die „Rocket": Sie brachte kontinuierlich Leistung, zog eine beachtliche Last und es gab keine technischen Pannen.
21. Peter Paul Dahms, a.a.O., S 125 ff.
22. Wulf Schadendorf, a.a.O., S. 58 Abb. 96
23. Peter Paul Dahms, a.a.O,. S. 125 ff.
24. Die Gleisspur von 1435 mm der Gleise der Stockton-Darlington Railway war durch die aus der Römerzeit überlieferten Wagenspuren bestimmt worden, die in England die Hauptverkehrsstraßen prägten.
25. Arnold Esch, Römische Straßen in der Landschaft; das Nachleben antiker Straßen um Rom.

26. Maximilian Jahns, Max Maria Freiherr von Weber, in: Allgemeine Deutsche Biographie 41 (1896), S. 349 [Digitalisat]
27. Victor Freiherr von Röll, Enzyklopädie des Eisenbahnwesens, Berlin, Wien 1913, Band 4, S. 149-152
28. Peter Paul Dahms, a.a.O., S.31 ff.
29. Johann-Günther König, Pünktlich wie die deutsche Bahn? Eine kulturgeschichtliche Reise bis in die Gegenwart, Springe 2017, S.121
30. Johann Peter Eckermann, Gespräche mit Goethe in den letzten Jahren seines Lebens. 26. Originalauflage, Wiesbaden 1975, S. 532
31. Carl August von Steinheil, Benutzung der Eisenbahn bey Anlage galvanischer Telegraphie. Bericht an das Kgl. General-Conservatorium in München 1838; Abdruck in: „Rundfunk und Museum". Zeitschrift des Rundfunkmuseums der Stadt Fürth, Heft 72, März 2010, S. 25
32. Wulf Schadendorf, a.a.O., S.28
33. Definition: Die Fahrkarte (Billet, Ticket) ist eine verkörperte Gedankenerklärung, die als Bestätigung des gezahlten Fahrpreises für eine bestimmte Strecke und Entfernung als Urkunde zum Beweis im Rechtsverkehr geeignet und bestimmt ist und einen Aussteller erkennen lässt. Verkörperung bedeutet, dass die Urkundssubstanz nicht flüchtig sein darf (Perpetuierungsfunktion). Auch muss die Gedankenerklärung visuell (oder mit Lesegerät) wahrnehmbar sein.
34. Dem Klassensystem entsprechen bei Theatern, Opernhäusern und Konzertsälen die Ränge. wobei das Parkett ursprünglich den Bürgern zugewiesen war. Auch gesellschaftliche Einstufungen bedienen sich der Rangbezeichnung, die aus der französischen Sprache übernommen wurde.
35. Kopfbahnhof Altona um 1906

Der Mensch

[36] Julien Offray de La Mettrie, L`homme machine. (1748 im holländischen Exil publiziert)

[37] Bernd Schuchter, Herr Maschine oder vom wunderlichen Leben und Sterben des Julien Offray de La Mettrie, Wien 2018

[38] Wolfgang Schivelbusch, a.a.O., S. 121 ff.

[39] Esther Fischer-Homberger, Railway Spine und traumatische; Neurose –Seele und Rückenmark, Medizinhistorisches Institut der Universität Zürich, Separatabdruck aus Gesnerus 27 (1970) Heft 1/2, Aarau/ferner http//fischer-homberger.ch/fileadmin/pdf/die buechse der pandora.pdf.

[40] Wolfgang Schivelbusch, a.a.O., S. 15 f.;35 ff.

[41] Carlo Rovelli, Die Ordnung der Zeit, Mailand 2017, deutschsprachige Ausgabe September 2018, S. 37 ff

[42] Carlo Rovelli. a.a.O., S. 66 ff.

[43] Frank R. Max, Der Reclam Verlag. Eine kurze Chronik, Stuttgart 2003, S. 29. 1930 wurden diese Automaten wieder abgeschafft, da sie technisch anfällig waren.

[44] Wolfgang Schivelbusch, a.a.O., S. 51 ff.

[45] Es kam 1886 mit dem von Carl Benz gebauten ersten Auto als dreirädrigem „Benz-Patent-Motorwagen Nummer.1" auf die Welt.

[46] Theodor Fontane hat am 6. 1. 1880 die Ballade „Die Brück`am Tay" geschrieben. Theodor Fontane, Gesamtausgabe, München 1962, Band XX, S. 165; Anm. S. 741; Max Eyth, Die Brücke über die Ennobucht, in: Hinter Pflug und Schraubstock, Stuttgart 1955 (Online-Version beim Projekt Gutenberg-DE – Erstausgabe: 1899)

[47] Lothar Gall/Manfred Pohl, a.a.O., S. 239

[48] Lothar Gall/Manfred Pohl, a.a.O., S. 241; hierzu ferner Saul Friedländer, Das Dritte Reich und die Juden, Band II, 1939-1945, München 2006, Register S. 1090 „Eisenbahn" S. 691-896, 872-876 und 1008-1011.

[49] https://de.wikipedia.org/wiki/S-Bahn Berlin GmbH (23.03.2020)

[50] Johann-Günther König, a.a.O., S.95 und Anm.100

Die Maler

[52] Tilman Rothermel, Zeichenkritisches System, in: www.tilmanrothermel.de

[53] Walter Benjamin, Das Kunstwerk im Zeitalter seiner technischen Reproduzierbarkeit, Frankfurt am Main 1968, S. 19 ff.

[54] Martin Warnke, Hofkünstler. Zur Vorgeschichte des modernen Künstlers, Köln 1985

[545] Piroschka Dossi, Hype Kunst und Geld, München 2007

[56] Patriotische Gesellschaft von 1765. Dem öffentlichen Wohle. 250 Jahre Denken und Handeln für Hamburg, Hamburg 2015, S. 6 ff, 10ff.

[57] Wolfgang Schivelbusch, a.a.O., S 51 ff.

Der Katalog

[58] John Gage, Turner, Rain, Steam and Speed, Art in Contest, Edited by John Fleming and Hugh Honour, Allen Lane, London 1972, S.22; Werner Meyer, in: Züge, Züge. Die Eisenbahn in der zeitgenössischen Kunst, herausgegeben von W. Meyer/R. Damsch-Wiehager, Katalog. 19.6.-4.9.1994, Galerie der Stadt Esslingen/Städt. Galerie Göppingen 1994, S.14 f. gibt an, sie sei vom Typ „Luciole" gewesen, wozu ein Beleg fehlt.

[59] Monika Wagner, William Turner, München 2011, S. 90 f.

[60] James Hamilton, Turner und die neue Naturauffassung von 1800 bis 1850, in: William Turner, Maler der Elemente,. Ausstellungskatalog des Bucerius Kunstforums, kuratiert von Inés Richter-Musso und Ortrud Westheider, Hamburg 2011, S.70.f.

[61] Wulf Schadendorf, a.a.O., S. 17

[62] John Gage, a.a.O., S.11 ff.

[63] John Gage, a.a.O., S. 75

[64] .M. Butlin/E. Joll, The Paintings of J.M.W. Turner, Rev. Ed. Textteil New Haven/London 1984, S.9 f.

[65] John Gage, a.a.O., S. 68

[66] Werner Hoffmann, Menzels verschlüsseltes Manifest in Werner Hoffmann (Hrsg.) u.a. „Menzel, der Deutbare", Ausstellung der Kunsthalle Hamburg vom 22.5.1982 - 25.7.1985, München 1982, S.39 f.

[67] Victor Freiherr von Röll, a.a.O., Berlin, Wien 1912, Band 2., S. 235 f.

[68] Dahms, a.a.O., S.73 und Fn. 156

[69] Museum Liverpool, The Nelson-Atkinson Museum of Art, Kansas City, New Haven and London, 2008, S. 259. In anderen Quellen sind für die ersten aus England gelieferten Lokomotiven der Berlin-Potsdamer Eisenbahn z.T. andere und auch mehrere Namen vermerkt. „Pegasus", "America" und "Prussia" wurden danach von Norris in Philadelphia gebaut und geliefert. (Deutsche Reichsbahn, Hundert Jahre Eisenbahn Berlin-Potsdam (Hrsg.), Deutsche Verkehrsgeschichte, Bd. I/1-2, Leipzig 1839) I/1-2, Leipzig 1839

[70] Bandmann, a.a.O., S.26 zu Abb. 16

[71] Lützeler, a.a.O., S.84, zu Abb. 50

[72] Peter Handke, Die Lehre der Sainte-Victoire, Frankfurt am Main 1980. S.29 f.

[73] Gottfried Boehm, Paul Cézanne. Montaigne Sainte Victoire. Eine Kunst-Monographie. Insel-Verlag 1988, S.91

[74] John Gage, a.a.O., S.68 nennt das Bild Pissarros „Penge Station, Upper Norwood" und meint auch, es sei unter dem Eindruck von Turners Gemälde„Rain, Steam and Speed" entstanden.

[75] Jean Renoir, Mein Vater Auguste Renoir, Dt. Ausgabe, München 1962, S. 152 f. zit. nach Wulf Schadendorf, a.a.O., S. 80

[76] Marc Combe, in:Kennedy/Treuherz, a.a.O., Cat.58

[77] Fritz Erpel (Hrsg.), Vincent van Gogh: Sämtliche Briefe in der Neuübersetzung von Eva Schumann, Band 5, Zürich 1966, S. 306

[78] Käthe Kollwitz, Skulptur „Mutter mit totem Sohn" ist auf Wunsch Helmut Kohls mit Zustimmung der Kollwitz-Erben vergrößert und 1993 wieder in der Neuen Wache aufgestellt worden.

[79] Götz Adreani, Henri Rousseau-Der Zöllner Grenzgänger zur Moderne, Buch zur Ausstellung, Kunsthalle Tübingen, 3.2-17.6 2001 mit weiteren Ausführungen

[80] Diese Hinweise verdanke ich dem Bahnexperten Ulrich Neumann vom Kölner Museumsbahnhof Bellevue.

81 Damit könnte das Spottlied zusammenhängen: *Auf der schwäbschen Eisebahne gibt's gar viele Haltstatione, Schtuegert, Ulm und Biberach, Meckebeure, Durlesbach. Trulla, trulla, trullala, /trulla, trulla, trullala.*

82 Gabriele Kiesewetter, Hermann Pleuer (1863–1911). Leben und Werk. Die Entdeckung der Geschwindigkeit, Stuttgart 2000

83 Martin Köttering, Hochschule für bildende Künste Hamburg, in: Dem öffentlichen Wohl. 250 Jahre Denken und Handeln für Hamburg. Eine Denkschrift für die Patriotische Gesellschaft von 1765 zum 250. Jubiläum, Hamburg 2015, S.10f.

84 Wolfgang Büche, in: Lyonel Feininger, Von Gelmenroda nach Manhattan. Retrospektive der Gemälde. Herausgegeben von Roland März, Nationalgalerie Staatliche Museen, Stiftung Preußischer Kulturbesitz, Berlin, 1998, S. 23 f.

85 Wolfgang Büche, a.a.O., S. 51

86 Ulrich Luckhard/ Martin Faass (Hrsg.) Lyonel Feininger, Die Zeichnungen und Aquarelle. Ausstellungskatalog Hamburger Kunsthalle 23.1.-5.4.1998

87 Ortrud Westheider, Railroad Crossing, „Modern Life. Edward Hopper und seine Zeit", Ausstellung und Katalog Bucerius Kunst Forum Hamburg, 9.5-30.8.2009, S.146

88 Ortrud Westheider, Railroad Sunset, in: „Modern Life. Edward Hopper und seine Zeit", a.a.O., S.150

89 Zitiert bei Margit Bröhan, Hans Baluschek. 1870–1935. Maler, Zeichner, Illustrator. 2. erweiterte Auflage, Bröhan-Museum, Berlin 2002, Fn.34 S.80 ff.

90 S. Anmerkung 89

91 S. Anmerkung 89

92 Josef Ostler, Garmisch und Partenkirchen 1870-1935. Der Olympiaort entsteht, Tübingen 2000. Der Ort selbst bekam erst 1935 wegen der 1936 dort geplanten Olympischen Winterspiele seinen Doppelnamen.

93 Wassily Kandinsky, Punkt und Linie zu Fläche. Beitrag zur Analyse der Malerischen Elemente. 1. Vierfarbendruck 102 Figuren 25 Tafeln, Bauhausbücher Band 9, München 1926, Typografie Herbert Bayer, S.97 Fn. 1

94 Auf der rechten Rheinseite nördlich König Friedrich Wilhelm IV, südlich Kaiser Wilhelm I, auf der linken Rheinseite nördlich Kaiser Friedrich III. und südlich Kaiser Wilhelm II.

95 Magdalena M. Moeller (Hrsg.), Kirchner, „Das expressionistische Experiment". Mit Beiträgen von Alexander Elling, Günther Gercken, Regina Klein, Magdalene Schlosser und Rainer Schoch, Ausstellungskatalog des Bucerius Kunstforums, Hamburg 29.5.-7.9.2014, 2015

96 Provenienz, 1922 Städtische Kunsthalle Mannheim [alte Innen. 689], 28. August 1937. Beschlagnahme durch Reichsministerium für Volksaufklärung und Propaganda (RMfVP) [EK-Nr. 6088], 22. Mai 1940 erworben vom RMfVP durch Hildebrand Gurlitt. Durch Erbgang an Cornelius Gurlitt, München / Salzburg, 6. Mai 2014, Legat an das Kunstmuseum Bern

97 Peter Bley, 175 Jahre Berlin-Potsdamer Eisenbahn. 175 Jahre Eisenbahn in Preußen, Berlin 2013, S.103 ff.

98 Video im Internet, Volos, „Excursion in Pilion with steam" und „Pilion Bahn Griechenland nahe der Stadt Volos von Ano Lechonia nach Miles.

99 Reinhilde Hammacher-van den Brande (Hrsg.), Paul Delvaux, Kunsthalle der Hypo-Kulturstiftung, München, 20. 1.-19.3.1989, München 1989, S. 46

100 Begleittext zu dem Bild im Museum Folkwang Essen

101 Franz Roh, Antimonumentales, Warum ich montiere, in: Franz Roh. Magischer Realismus, München 2015, S. 55 f.

102 Richard Hampe, Armin Zweite (Hrsg.), Franz Roh, Magischer Realist, München 2015, S. 33

103 Wilhelm Flitner, Erinnerungen a.a.O. mit zahlreihen Nachweisungen, S. 413

104 Frederik Leen, Gisèle Ollinger-Zinque (Hrsg.), René Magritte 1898-1998. Stuttgart, Zürich 1998, S.47f.

105 Klaus Beckmann, Max Gallwitz (Hrsg.) Max Beckmann, Frankfurt 1915 – 1933, Eine Ausstellung zu seinem 100.Geburtstag, 18.11 1983 bis 12. 2.1984, Städtische Galerie im Städelschen Kunstinstitut, Frankfurt/Main 1983, S. 337

106 Max Beckmann, Tagebücher 1940 -1950, Zusammengestellt von Mathilde Q. Beckmann, Herausgegeben von Erhard Göpel, München Zürich 1984, S.42

107 Max Beckmann, Tagebücher 1940-1950, a.a.O., S.44 f.

108 Max Beckmann, Tagebücher 1940-1950, a.a.O., S. 45

109 Hans Martin Erffa (Hrsg.), Max Beckmann, Katalog der Gemälde, Bearbeitet von Eckard Göpel und Barbara Göpel im Auftrag der Max Beckmann Gesellschaft herausgegeben von der Fritz Thyssen Stiftung, Berlin 1976, Band I, S. 130

110 Max Beckmann, Tagebücher 1940-1950, a.a.O., S.50 und 52. Erworben wurde das Bild von dem ehemaligen Schüler Beckmanns, Theo Garve, für 1500 Reichsmark, dann mit Stiftungsgeldern vom Stadtgeschichtlichen Museum Frankfurt/Main erworben und dem Städelschen Kunstinstitut als Leihgabe überlassen.

111 Benno Reifenberg, Was da ist, Frankfurt 1963, S. 16.

112 Mathilde Q. Beckmann, Mein Leben mit Max Beckmann, München 1983, S. 12.

AUSGEWÄHLTE LITERATUR

Allgemeines Lexikon der Bildenden Künstler von der Antike bis zur Gegenwart. Begründet von Ulrich Thieme und Felix Becker bzw. des XX. Jhdt. Hans Vollmer, Lizenzausgabe, München 1992

Erwin Berghaus, Auf den Schienen der Erde. Eine Weltgeschichte der Eisenbahn, München 1960

Kunsthalle Bremen (u.a.) Antje Brigitte Finsmark, Dorothee Hansen und Gry Gedin, Über das Wasser — Gustave Caillebotte. Ein Impressionist wieder entdeckt, Bremen 29.6-02.10.2008

Peter Paul Dahms, Die Anfänge des Personenverkehrs per Eisenbahn in Preußen 1835-1860, Diss. TU Berlin 2015 S.31 ff. Digitalisat. http://dx.doi.org/10.14279/depositonce-4676

Damsch-Wiehager, Katalog. 19.6.-4.9.1994, Galerie der Stadt Esslingen/Städt. Galerie Göppingen 1994

John Gage, Turner Rain, Steam and Speed, Art in Context, London 1970

Lothar Gall/ Manfred Pohl (Hrsg.), Die Eisenbahn in Deutschland. Von den Anfängen bis zur Gegenwart, München 1999

Ian Kennedy / Julian Treuherz, The Railway in the Age of Steam, National Museum, Liverpool, The Nelson-Atkinson Museum of Art, Kansas City, London 2008

Johann-Günther König, Pünktlich wie die Eisenbahn? Eine Kulturgeschichtliche Reise bis in die Gegenwart, Springe 2017

Michael Kurth, Ulf und Waldemar Hausen, Die Weimar-Berka-Blankenhainer Eisenbahn. Von der Berk`schen Bimmel` zur Ilmtalbahn, Freiburg 2007

Johannes Kurze / Günther Bandmann, Die Eisenbahn in der Kunst, Deutsche Bundesbahn (Hrsg.), Bonn 1958

Heinrich Lützeler, Die Eisenbahn in der Malerei, Bonn 1971

Johannes Mahr, Eisenbahnen in der Deutschen Dichtung. Der Wandel eines literarischen Motivs im 19. und beginnenden 20. Jahrhundert, München 1982

Karin von Maur, Vom Klang der Bilder, München, London, New York 1999

Werner Meyer, in: Züge Züge: Die Eisenbahn in der zeitgenössischen Kunst, herausgegeben von W. Meyer/ R.

Carlo Rovelli, Die Ordnung der Zeit, deutschsprachige Ausgabe, September 2018

Wulf Schadendorf, Das Jahrhundert der Eisenbahn, Bibliothek des Germanischen Nationalmuseums Nürnberg zur Deutschen Kunst- und Kulturgeschichte, herausgegeben von Ludwig Grote, Band 44, München 1965

Wolfgang Schivelbusch, Geschichte der Eisenbahnreise. Zur Industrialisierung von Raum und Zeit im 19. Jahrhundert, Lizenzausgabe, Frankfurt am Main, 4. Auflage, Mai 2007

Uwe M. Schneede, Van Gogh in Arles, München 1989

Klaus Albrecht Schröder, Katalog zur Ausstellung Die Eisenbahn in der Kunst, unter Mitwirkung von Regine Friedrich, Kunstforum Länderbank, Wien, 8. Oktober bis 6. Dezember 1987, Wien 1987

Stadtteilarchiv Ottensen (Hrsg.), Achtung! Zug fährt ab, Eisenbahngeschichte in Altona und Ottensen. Arbeitsalltag — Nachbarschaft — Umbruch, Hamburg-Altona 2014

Martin Wellner, Bahnhöfe der Welt, München 2020

Dieter Ziegler, Eisenbahnen und Staat im Zeitalter der Industrialisierung, Die Eisenbahnpolitik der deutschen Staaten im Vergleich, Stuttgart 1996

Überregional bedeutende Eisenbahnmuseen

Stiftung Deutsches Technikmuseum Berlin
DB Museum Koblenz
Verkehrsmuseum Nürnberg (DB Museum der Deutschen Bahn AG und Museum für Kommunikation)
Deutsches Museum München
Eisenbahnmuseum Bochum
Miniaturwunderland Hamburg

BILDNACHWEIS

Cover Claude Monet: Arrival of the Normandy Train, Gare Saint-Lazare, 1877, Öl auf Leinwand, 60,3 x 80,2 cm, Art Institut of Chicago, USA / © 2020. The Art Institute of Chicago / Art Resource, NY/ Scala, Florence
Cover Rückseite © Siehe auch Abbildung 5

1 The National Gallery, London, UK / © 2020. Copyright The National Gallery, London/Scala, Florence
2 Nationalgalerie SMB, Berlin / © bpk-Bildagentur/ Foto: Jörg P. Anders
3 Bayerische Staatsgemäldesammlungen, München/ © bpk-Bildagentur
4 The Courtauld, London, UK / © 2020. DeAgostini Picture Library/Scala, Florence
5 The Courtauld, London, UK / © picture alliance/akg-images
6 National Gallery of Art (NGA), Washington D.C., USA / © 2020. Photo Fine Art Images/Heritage Images/Scala, Florence
7 Philadelphia Museum of Art / Art Ressource, N.Y., USA / © bpk-Bildagentur
8 Harvard Art Museums, Cambridge, MA, USA / © bpk-Bildagentur
9 Pinacoteca Giuseppe de Nittis, Palazzo della Marra, Barletta, I / © Scala Florenz
10 Brooklyn Museum, N.Y., USA / © Bridgeman Images, Berlin
11 Van Gogh Museum, Amsterdam, NL / © 2020. Photo Fine Art Images/Heritage Images/Scala, Florence
12 Sammlung E.G. Bührle, Zürich CH / © picture alliance/akg-images
13 Musée Rodin, Paris © Agence photographique du musée Rodin - Jérome Manoukian
14 Rijksmuseum, Amsterdam, NL / © picture alliance/akg-images

15 Musée Angladon - Collection Jacques Doucet, Avignon, F / © bpk Bildagentur
16 Puschkin-Museum Moskau, RUS, © picture-alliance/akg-images
17 © Käthe Kollwitz-Museum, Köln
18 The Metropolitan Museum of Art New York, N.Y., USA / © bpk-Bildagentur
19 Privatsammlung / © Bridgeman Images, Berlin
20 Privatsammlung / © Scala Florenz
21 Kunstmuseum Stuttgart / © picture alliance/akg-images
22 Stiftung Sammlung Ziegler im Kunstmuseum Mülheim an der Ruhr / © VG Bild-Kunst, Bonn 2020
23 Museum für Kunst und Gewerbe, Hamburg / © VG Bild-Kunst, Bonn 2020
24 Heirs of Josephine N. Hopper / VAGA at ARS, N.Y. USA/ picture alliance/Avalon, © VG Bild-Kunst, Bonn 2020
25 Whitney Museum of American Art, N.Y., USA / © picture alliance/akg-images / © VG Bild-Kunst, Bonn 2000
26 Whitney Museum of American Art, N.Y., USA / © 2020. Digital image Whitney Museum of American Art/ Licensed by Scala / © VG Bild-Kunst, Bonn 2020
27 Heirs of Josephine N. Hopper / VAGA at ARS, N.Y. USA / © 2020. Addison Gallery of American Art, Phillips Academy, Andover/Art Resource, NY/Scala, Florence / © VG Bild-Kunst, Bonn 2020
28 Museo Civico di Belle Arti, Lugano, CH © alamy Stock Photo
29 Privatbesitz / © picture alliance/akg-images
30 © Milwaukee-Art-Museum, Wisconsin, USA
31 Stadtmuseum Berlin /Reproduktion Michael Setzpfand © picture alliance/akg-images
32 Berlinische Galerie, Berlin / © picture alliance/akg-images
33 Städtische Galerie im Lenbachhaus und Kunstbau München / Gabriele Münter Stiftung 1957 / © bpk-Bildagentur
34 Museum Albertina Wien, Sammlung Batliner / © Albertina Fotostudio
35 Nationalgalerie SMB, Berlin / © bpk-Bildagentur/ Foto: Jörg P. Anders

36 © Kunstmuseum Bern, CH, Legat Cornelius Gurlitt 2014

37 Museum Ludwig, Rheinisches Bildarchiv Köln / © bpk-Bildagentur

38 Museum of Modern Art (MoMA), N.Y., USA / © 2020. Digital image, The Museum of Modern Art, New York/Scala, Florence / VG Bild-Kunst, Bonn 2020

39 © Städtische Museen Jena, Foto: Werner Flitner

40 Musées royaux des Beaux-Arts de Belgique, Brüssel, B / © Westermann - ARTOTHEK / © VG Bild-Kunst, Bonn 2020

41 Privatbesitz / © picture alliance/akg-images / © VG Bild-Kunst, Bonn 2020

42 Kunstmuseum Stuttgart / © Foto Kunstmuseum Stuttgart / © VG Bild-Kunst, Bonn 2020

43 Museum Folkwang Essen / © picture alliance/Artcolor / © VG Bild-Kunst, Bonn 2020

44 Kunsthalle Mannheim / © bpk-Bildagentur/ Foto: Cern Yücelas / © VG Bild-Kunst, Bonn 2020

45 Nachlass Franz Roh, Dr. Hampe, München

46 Städtische Galerie im Lenbachhaus und Kunstbau München / © bpk-Bildagentur

47 Museum of Modern Art (MoMA), N.Y., USA / © 2020. Digital image, The Museum of Modern Art, New York/Scala, Florence

48 Nationalgalerie SMB, Berlin / © bpk-Bildagentur

49 Art Institute of Chicago / Art Resources N.Y., USA / © bpk-Bildagentur / © VG Bild-Kunst, Bonn 2020

50 Sammlung Firmengruppe Ahlers / © picture alliance/akg-images / © VG Bild-Kunst, Bonn 2020

51 Städel Museum, Frankfurt am Main / © bpk-Bildagentur / Foto: Ursula Edelmann / © VG Bild-Kunst, Bonn 2020

52 Kupferstichkabinett, SMB, Berlin / © bpk-Bildagentur / Foto: Reinhard Saczewski

Weitere Abbildungen

Seite 10/11 © Siehe auch Abbildung 47
Seite 15 © picture alliance, Frankfurt
Seite 16 © Archiv Ellert & Richter Verlag, Hamburg
Seite 21 © Archiv Egbert Kossak, Hamburg
Seite 24/25 © Siehe auch Abbildung 17
Seite 28 © Wikimedia Commons
Seite 32/33 © Siehe auch Abbildung 3
Seite 38/39 © Siehe auch Abbildung 33
Seite 116 Wassily Kandinsky, Punkt und Linie zu Fläche. Beitrag zur Analyse der Malerischen Elemente, Bauhausbücher Band 9, München 1926, Verlag Albert Langen München, abgedruckt auf S. 96-97
Seite 162/163 © Siehe auch Abbildung 26
Seite 164 Karte von G. Droysen: Eisenbahnen bis 1855 eröffnet
Seite 165 Karte Rechts-Linksverkehr (aus: Wikipedia, bearbeitet)

DANK

Ich danke Marita Ellert-Richter und Gerhard Richter sowie ihren Mitarbeitern für ihre Bereitschaft und professionelle verlegerische Hilfe bei der Verwirklichung dieses Projekts. Mir hat es Freude gebracht, die Bilder auszuwählen und zusammen mit dem Verlag zu beschaffen und daraus ein Buch werden zu lassen.

Die damit verbundenen organisatorischen Aufgaben hatte ich mir vorher nicht vorstellen können. Da waren zunächst die professionellen Bildbeschaffer von Kunstwerkfotos wie die bpk-Bildagentur Berlin der Stiftung Preußischer Kulturbesitz, bei der mir vor allem Cornelia Reichert geduldig half. Auch Katja Lehmann von SCALA Florenz stand mir stets hilfreich zur Seite.

Bei weiteren Bildern konnte ich durch direkte Kontakte mit den Einrichtungen, die die Kunstwerke besitzen, digitalisierte Fotos beschaffen. Danken möchte ich Maria Salina und Marina Oganyan vom Puschkin-Museum, Moskau, Ruth Nagel von der Sammlung E. G. Bührle, Zürich, Veronika Großer von der Stiftung Kunstmuseum Stuttgart, Joachim Hiltmann vom Museum für Kunst und Gewerbe (MKG), Hamburg, Ingrid Kastel von der Albertina in Wien, Paola Capozza vom MASI, Lugano und Sebastian Ehlert von der Stiftung Sammlung Ziegler im Kunstmuseum Mülheim an der Ruhr.

Manche Museen hatten die Belieferung von Bildmaterial aus ihren Beständen an Unterorganisationen delegiert, was zwar die Beschaffung umständlicher machte, im Ergebnis aber hilfreich war. Auch dem Städtischen Museum Jena mit Susanne Bartsch bin ich dankbar, dass sie mir das Bild meiner Tante Helene Czapski-Holzman zugänglich machte, das von meinem Cousin Werner Flitner für dieses Buch fotografiert wurde.

Die insgesamt 52 Abbildungen des Katalogs enthalten Werke von 31 Künstlern und zwei Künstlerinnen. Nur bei zwölf bestanden noch Urheberrechte. Hierfür ist die VG-Bild-Kunst, Bonn, zuständig, bei der sich freundlicherweise Uta Raschke darum kümmert.

Bleibt mir noch die Freude, meinen beiden Lektoren dafür zu danken, dass sie die Ausführungen kritisch gegengelesen haben: Dirk Klose, meinen langjährigen Freund aus der gemeinsamen Zeit bei der VW-Stiftung in Hannover, und Ulrich Naumann, welcher die Technischen Informationen zur Eisenbahn überprüft hat. Er leitet selber ein kleines Eisenbahnmuseum mit dem unter Denkmalschutz stehenden Bahnhof Belvedere in Köln-Müngersdorf.

VITA

Hugbert Flitner, geboren 1928, Studium der Rechtswissenschaften an den Universitäten Hamburg, Freiburg und Heidelberg; große juristische Staatsprüfung 1958; Promotion; 1962 bis 1971 VW-Stiftung, Hannover; 1971 Vorstand Fritz Thyssen Stiftung, Köln; 1975 Admin. Vorstand Gesellschaft für Mathematik und Datenverarbeitung, St Augustin; 1979 bis 1991 Ltd. Verwaltungsbeamter Universität Hamburg; 1992 Berater Universität of Namibia, Windhuk; 1991 Vorstand Alfred Toepfer Stiftung F.V.S., Hamburg; 2003 bis 2009 Stiftungsrat Bürgerstiftung Hamburg; 2009 bis 2016 Beirat Patriotische Gesellschaft Hamburg

IMPRESSUM

Bibliografische Information der Deutschen
Nationalbibliothek

Die Deutsche Nationalbibliothek verzeichnet diese
Publikation in der Deutschen Nationalbibliografie;
detaillierte bibliografische Daten sind im Internet
über http://dnb.d-nb.de abrufbar.

ISBN 978-3-8319-0784-7

Text und Bildauswahl: Dr. Hugbert Flitner,
Hamburg

Redaktion: Ellert & Richter Verlag, Hamburg

Gestaltung: BrücknerAping, Büro für Gestaltung,
Bremen

Gesamtherstellung: Grafisches Centrum Cuno
GmbH & Co. KG, Calbe

www.ellert-richter.de
www.facebook.com/EllertRichterVerlag